JN292494

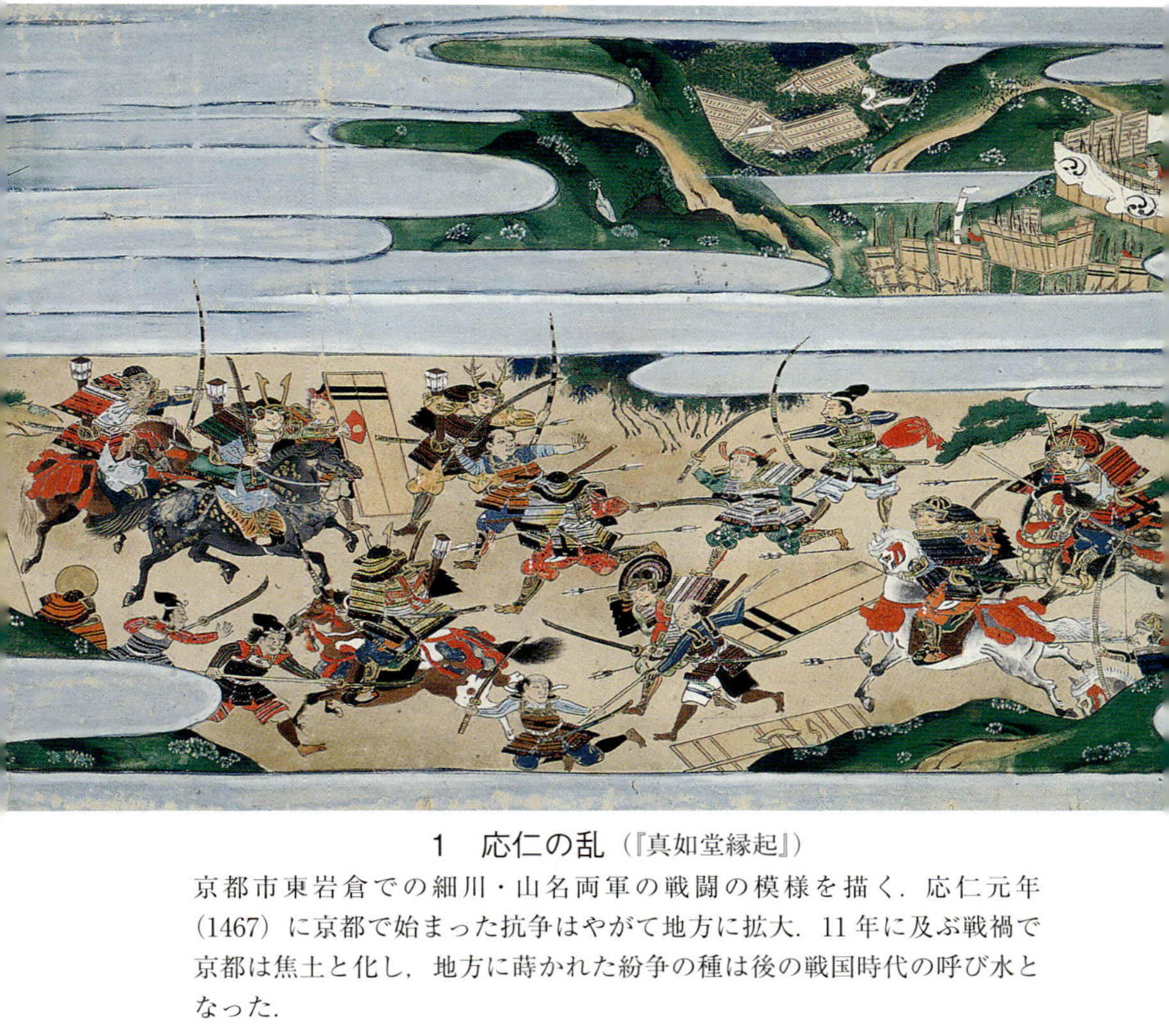

1　応仁の乱（『真如堂縁起』）

京都市東岩倉での細川・山名両軍の戦闘の模様を描く．応仁元年（1467）に京都で始まった抗争はやがて地方に拡大．11年に及ぶ戦禍で京都は焦土と化し，地方に蒔かれた紛争の種は後の戦国時代の呼び水となった．

2　菅浦の四足門《しそくもん》

琵琶湖の北に位置する菅浦の地は，立地上漁業・水運を主な生活の糧としつつ，「惣村」として自治的な村落の運営を行っていた．村の入り口に立つ茅葺きの門は，村の結束と外部との抗争の歴史を物語っている．

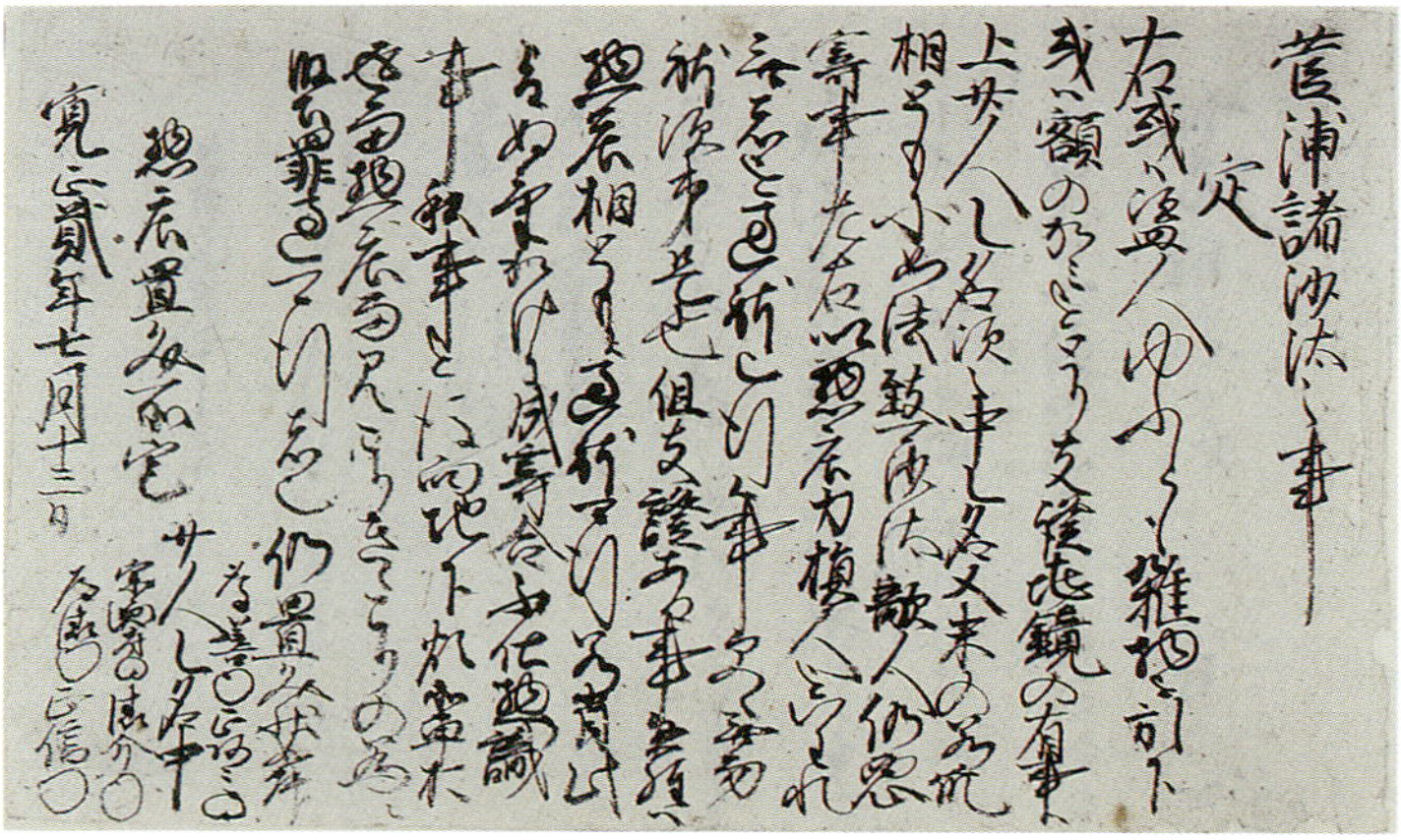

菅浦諸沙汰之事

定

惣庄置文如件

寛正貳年七月十三日

3　菅浦惣庄置文《おきぶみ》（寛正 2 年 7 月 13 日）

菅浦は中世の文書を数多く伝えている．堺相論の経緯や村内の掟を記したもの，後世への伝達を目的とした置文など，数多くの文書群は『菅浦文書』として整理され，惣村の実態を知る上で貴重な史料となっている．

4　川中島の戦い（『川中島合戦図屛風』）

越後の上杉謙信と甲斐信濃の武田信玄による川中島の戦いは，各地域に領国を形成した大名同士が国境付近で争う「国郡境目相論《こくぐんさかいめそうろん》」の典型とされる．場面は武田に信濃を追われ上杉を頼った村上義清の進撃を描く．

5　朝倉館跡庭園

越前朝倉氏が拠点とした一乗谷は，計画的に整備された城下町であった．写真の朝倉館跡庭園ほか発掘調査により判明した複数の庭園には，当時の京文化の影響が色濃く，一乗谷の文化的成熟度をうかがわせる．

6　朝倉館復元模型

一乗谷の中心であった朝倉氏の居館を，発掘調査の成果や同時代の将軍御所などを参考に復元した模型．なお，五代義景が足利義昭を一乗谷に迎えた際，館は拡張工事が行われた可能性が高いという．

日本中世の歴史 6

戦国大名と一揆

池　享

吉川弘文館

企画編集委員

木村茂光

池　　享

目次

配

図版目次

〔口絵〕

〔挿図〕

序章　戦国とは何か

争乱の時代

本巻が扱うのは、一五世紀後半から一六世紀後半までの一世紀、政治的事件でいうならば、応仁《おうにん》の乱から織田信長の上洛までの歴史である。この時代は、ふつう「戦国時代」と呼ばれている。実際、全国各地で争乱が繰り返されており、有名な甲斐《かい》(山梨県)の武田信玄も、自らが制定した『甲州法度之次第《こうしゅうはっとのしだい》』という法律で、「天下」は「戦国」なのだから、何よりも武道に励み武具を用意することが大切だと述べている。

それではなぜ、争乱が繰り返されたのだろうか。江戸時代の学者新井白石は、足利氏の治世が定まると将軍の「驕奢《きょうしゃ》」(権勢におごること)が生まれ、「天下」が乱れたためとした。今でも通りそうな説明だが、白石が仕えていた徳川氏の政権獲得を正当化する理屈であり、これだけで室町幕府が弱まり一〇〇年も争乱が続いたわけではない。より深い社会的理由がなければならないだろう。戦前の歴史家内藤湖南《ないとうこなん》が、今日の日本を知るには応仁の乱以後の歴史を研究するだけでよい、それ以前は外国の歴史くらいにしか感じられないと述べたのは有名だが、それほど大きな社会の変動が、応仁の乱に始まる一〇〇年間の争乱となって現れたのである。

それでは、この社会変動はどのような性格のものだったのか。また、争乱の帰結として「天下」が「統一」され、集権的性格の強い幕藩制国家が作り出されたのはなぜなのか。この問いは、湖南がいうような、今日につながる歴史の流れをつかむ鍵ともいうべき重要性をもっている。本巻では、こうした問題意識を念頭において、戦国争乱がもった歴史的意味を考えていくことにしたい。

なぜ戦国大名と一揆か

本巻のタイトルが「戦国大名と一揆」となっているのは、それが問題を解くキーワードだからである。こう書くと、山城《やましろ》国一揆や一向一揆などの民衆の闘いと、それを押さえつけようとする戦国大名など支配層との抗争が軸となって、戦国時代の歴史は展開したのかと思われる人も多いだろう。確かに、そのように説明されてきたこともある。また、社会変動の基礎に「下剋上《げこくじょう》」と表現される民衆の力の台頭があったことは、すでに湖南も述べている。しかし、それを直ちに闘いや争乱と結びつけることはできない。

一揆というと、江戸時代の百姓一揆のような運動を想起しがちだが、元々は「揆を一にする」、すなわち同一の目的のもとに結集した集団という意味である。一揆の性格で重要なのは、構成員が原則的に対等な立場から参加していることである。これまでの巻にも出てきたと思うが、一揆の構成員が約束を結び「一揆契状《けいじょう》」を作成するとき、上下の序列がない傘《からかさ》連判《れんぱん》形式で署名をする場合が多いのは、そのためである。

このような一揆の構成員になる条件は、自立した主体であることだった。当時でいえば、経営体としての「家」の主人＝代表である。主人の「家」に寄食《きしょく》し、その経営を手伝うことで生活しているような者には、資格がなかったのである。中世後期は「一揆の時代」と呼ばれているが、それは、自らの田畠を耕す小経営農民、自前の所領を持つ小領主など、社会の各層において新たな「家」が生まれ、その代表者たちによって様々な一揆が結成されたためである。

こうした「家」の広汎な成立に見られる下層の人々の地位の向上こそが、「下剋上」を支える社会的基礎だった。彼らが一揆を結成した目的は、何よりも自らの「家」の安定的存立だった。「家」の存立を脅かすものは、近隣の「家」同士の争いや外部からの収奪・侵攻など、状況により複雑・多様であり、詳しくは本文を読んでいただきたいが、ともかくも彼らは、これらに対処するために一揆を結んだのである。

武家社会においても、一族一揆や国人《こくじん》一揆など前代より様々な一揆が結ばれていたが、これらに拠《よ》っていたのでは「家」の存立が危うくなったとき、一人の指導者の下に社会統合を強化し秩序維持を図ろうという動向が強まる。その中から生まれたのが戦国大名だった。その意味で戦国大名は、領主の一揆を基礎としつつ、その矛盾を解決するために生まれた新たな権力といえる。こうした一揆と戦国大名との絡まりの中から、新しい社会秩序が形成されていった。その過程は平坦に進むものではなく、旧勢力の抵抗や大名の地位をめぐる抗争、さらには大名相互間の領土紛争など、さまざまな権力闘争が渦巻いていた。それこそが、戦国争乱の内実だったのである。

本巻の構成

まず一章「応仁の乱の衝撃」で、室町幕府による全国支配が応仁の乱を契機として崩壊していく過程を描く。続く二章「自立する地域社会」では、それと対照的に地域社会が独自の秩序を形成していく様子を、農村部を中心として描く。三章「畿内の政争」では、室町幕府の存続により複雑な動きを示す、応仁の乱後の畿内の政治過程を追う。四章「新秩序への模索」では、三章と対比される、地方で戦国大名領国が形成されていく過程を描き、そこで発生した様々な権力闘争の意味を考える。五章「広がる地域社会」では、広域的領国形成、さらには統一政権成立の基礎となった流通・交通の発展を、東アジア地域を視野に入れて描く。六章「大名領国の成り立ち」では、こうして生み出された戦国大名が、社会をどのように統合していたのかを描く。七章「国郡境目相論―大名間の領土紛争―」では、大名間の領土紛争を中心に当時の日本列島の政治社会のあり方を考える。終章「天下統一に向けて」では、以上を踏まえて、こうした戦国社会から全国統一政権が生まれる見通しを、政治的・経済的・国際的側面から述べることとする。

一　応仁の乱の衝撃

1――室町幕府支配の翳り

享徳の乱

争乱の火の手は、享徳《きょうとく》三年（一四五四）十二月に関東から上がった。鎌倉公方《かまくらくぼう》足利成氏《あしかがしげうじ》が、補佐役の関東管領上杉憲忠《かんとうかんれいうえすぎのりただ》を御所に呼び出し謀殺したのである。直ちに公方の軍勢が鎌倉山内《やまのうち》（神奈川県鎌倉市）の上杉邸を制圧した。以後二四年に及ぶ享徳の乱の開始である。

鎌倉公方は足利氏一族でありながら幕府と対立関係にあり、とりわけ成氏の父持氏《もちうじ》は、専制を強める将軍義教《よしのり》への対抗心を剝き出しにしていた。一方、尊氏《たかうじ》以来将軍家に重用されてきた上杉氏は、関東管領として鎌倉公方の目付役となり反発をうけていた。持氏は上杉憲実《のりざね》と対立し永享《えいきょう》の乱（一四三八～九）を引き起こすが、敗れて自害に追い込まれ、遺児の安王丸《やすおうまる》・春王丸《はるおうまる》も結城《ゆうき》合戦（一四四〇～一）に敗れて殺害された。幼少だった成氏は信濃《しなの》（長野県）に逃れ、嘉吉《かきつ》の変以降幕府に対し鎌倉帰還運動を起こし、宝徳《ほうとく》元年（一四四九）には鎌倉公方に就任した。

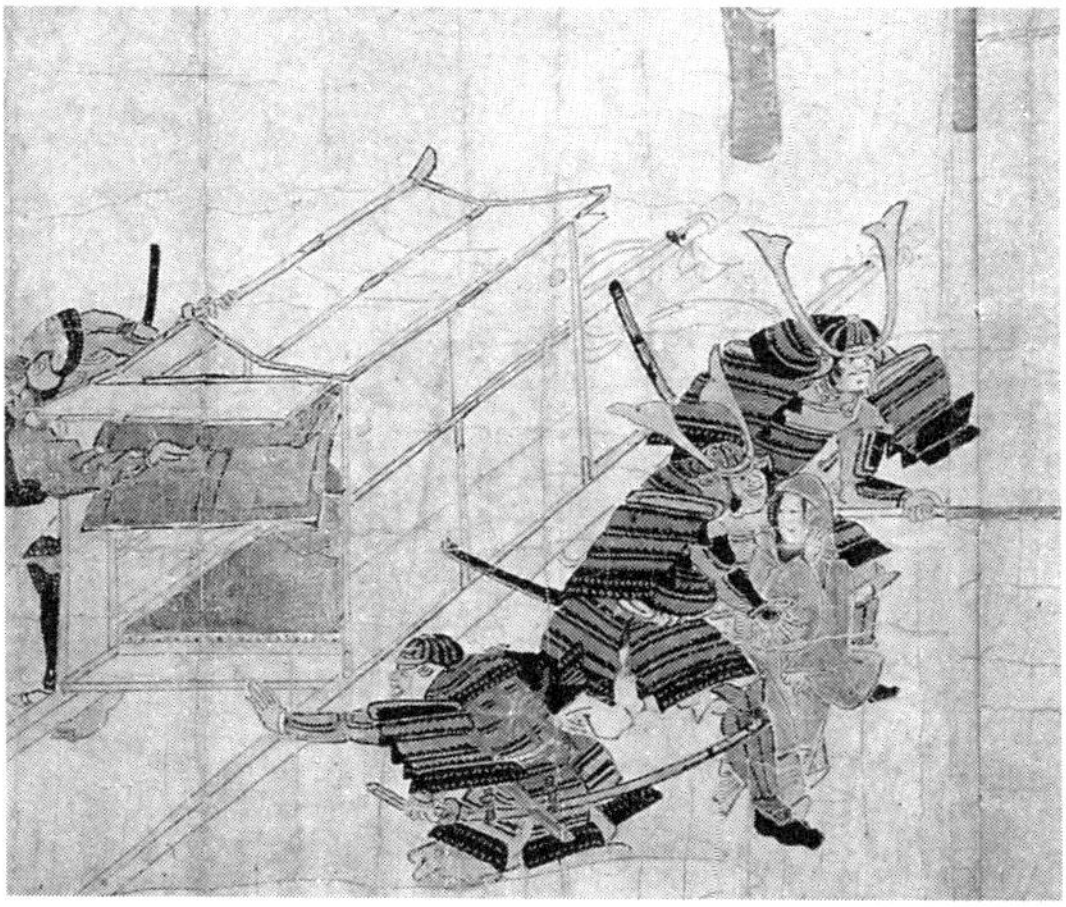

図1　捕らわれる春王丸・安王丸（『結城合戦絵詞』）

成氏の背後には、当時管領を務めていた畠山持国《はたけやまもちくに》の支持があったとされ、父の敵憲実の子憲忠との反目が高じて江《え》ノ島《しま》（神奈川県藤沢市）で合戦に及んだときも、幕府から成氏有利の調停を引き出すことができた。ところが、その持国が家督問題をめぐる畠山家の内紛で勢力を失う事態が生まれた。これに危機感を覚えた成氏が、遂にこの挙に及んだものと思われる。

反成氏派が主導権を握っていた幕府は、かねてより関東の抑え役としてきた駿河《するが》（静岡県）守護今川範忠《いまがわのりただ》に成氏追討を命じ、範忠軍は翌六月に鎌倉を制圧、鎌倉は放火によって「永代亡所」といわれるに至った。

一方成氏は、下総古河《しもうさこが》（茨城県古河市）に拠点を移して北関東・房総を抑え、「古河公方」と呼ばれるようになった。これに対し幕府は、将軍足利義政《よしまさ》の弟政知《まさとも》を鎌倉公方に任命し関東に派遣するが、鎌倉に入ることができずにいた。義政は管領家の一つ斯波《しば》氏の当主義敏《よしとし》を主将として、本格的な成氏追討軍を派遣する予定でいたが、義敏は重臣甲斐《かい》常治《つねはる》との対立の深刻化により出陣できなかった。そのため政知は伊豆の堀越《ほりごえ》（静岡県伊豆の国市）にとどまらざるをえなくなり、「堀越公方《ほりごえくぼう》」と呼ばれるようになった。

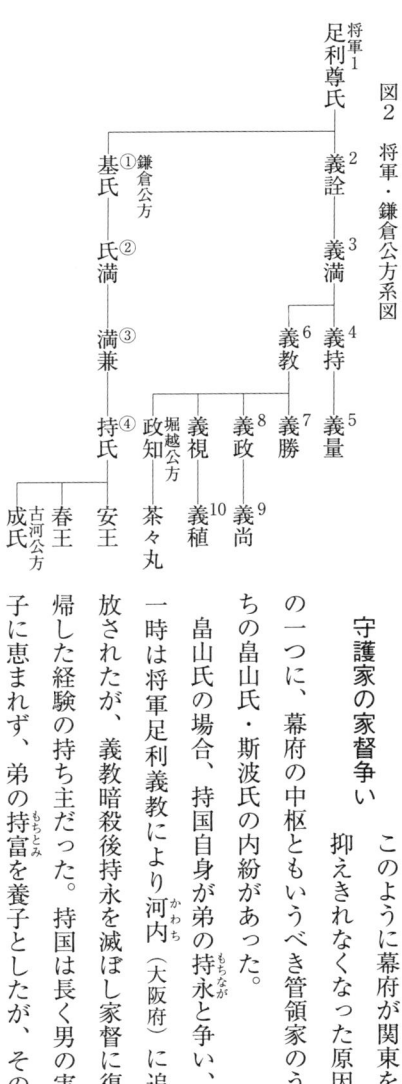

幕府は成氏の反乱の鎮圧に失敗したが、上杉氏は憲忠の弟房顕《ふさあき》が関東管領に就任し、上野《こうずけ》平井《ひらい》城（群馬県藤岡市）を本拠に、武蔵五十子《いかっこ》（埼玉県本庄《ほんじょう》市）を前線基地とし、利根川をはさんで古河公方と対峙した。また一族の扇谷《おうぎがやつ》上杉氏は武蔵河越《かわごえ》城（埼玉県川越市）を本拠に江戸城（東京都千代田区）・岩《いわ》付《つき》城（埼玉県岩槻市）を前線基地とし、同じく古河公方と対峙した。以後関東は、この三者の鼎立《ていりつ》状況が続くことになる。成氏は京都の改元に従わず、発給文書で「享徳」の年号を使い続けた。はっきりとした反幕府勢力が、関東の一角に出現したのである。

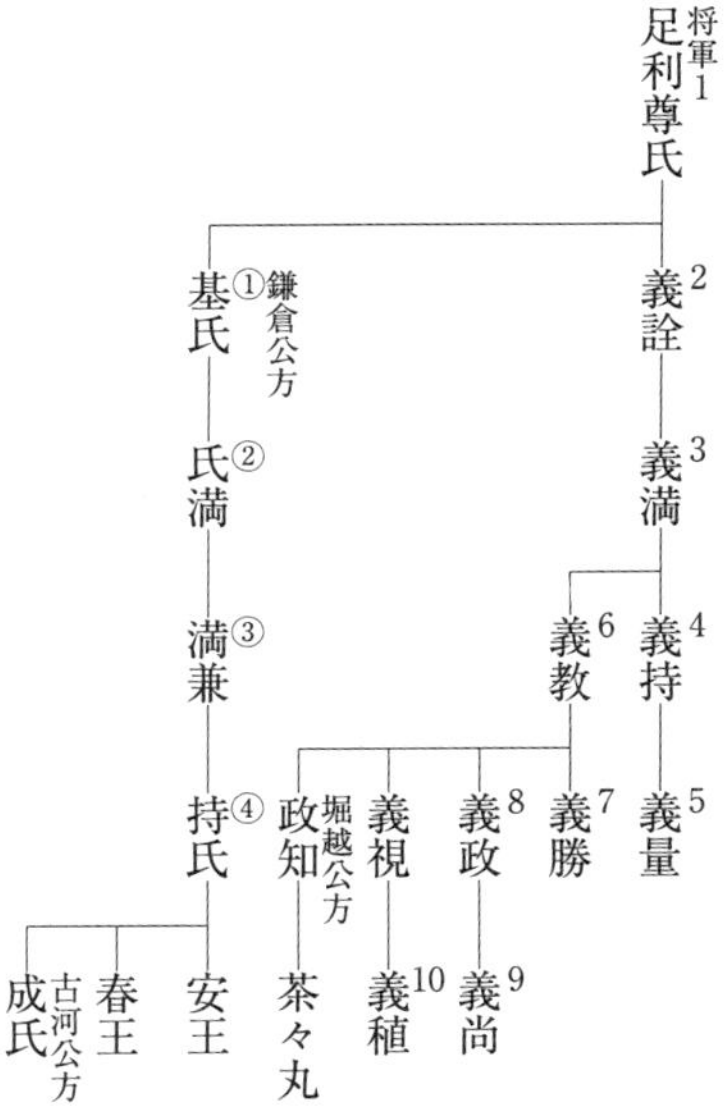

図2　将軍・鎌倉公方系図

守護家の家督争い

このように幕府が関東を抑えきれなくなった原因の一つに、幕府の中枢ともいうべき管領家のうちの畠山氏・斯波氏の内紛があった。

畠山氏の場合、持国自身が弟の持永《もちなが》と争い、一時は将軍足利義教により河内《かわち》（大阪府）に追放されたが、義教暗殺後持永を滅ぼし家督に復帰した経験の持ち主だった。持国は長く男の実子に恵まれず、弟の持富《もちとみ》を養子としたが、その

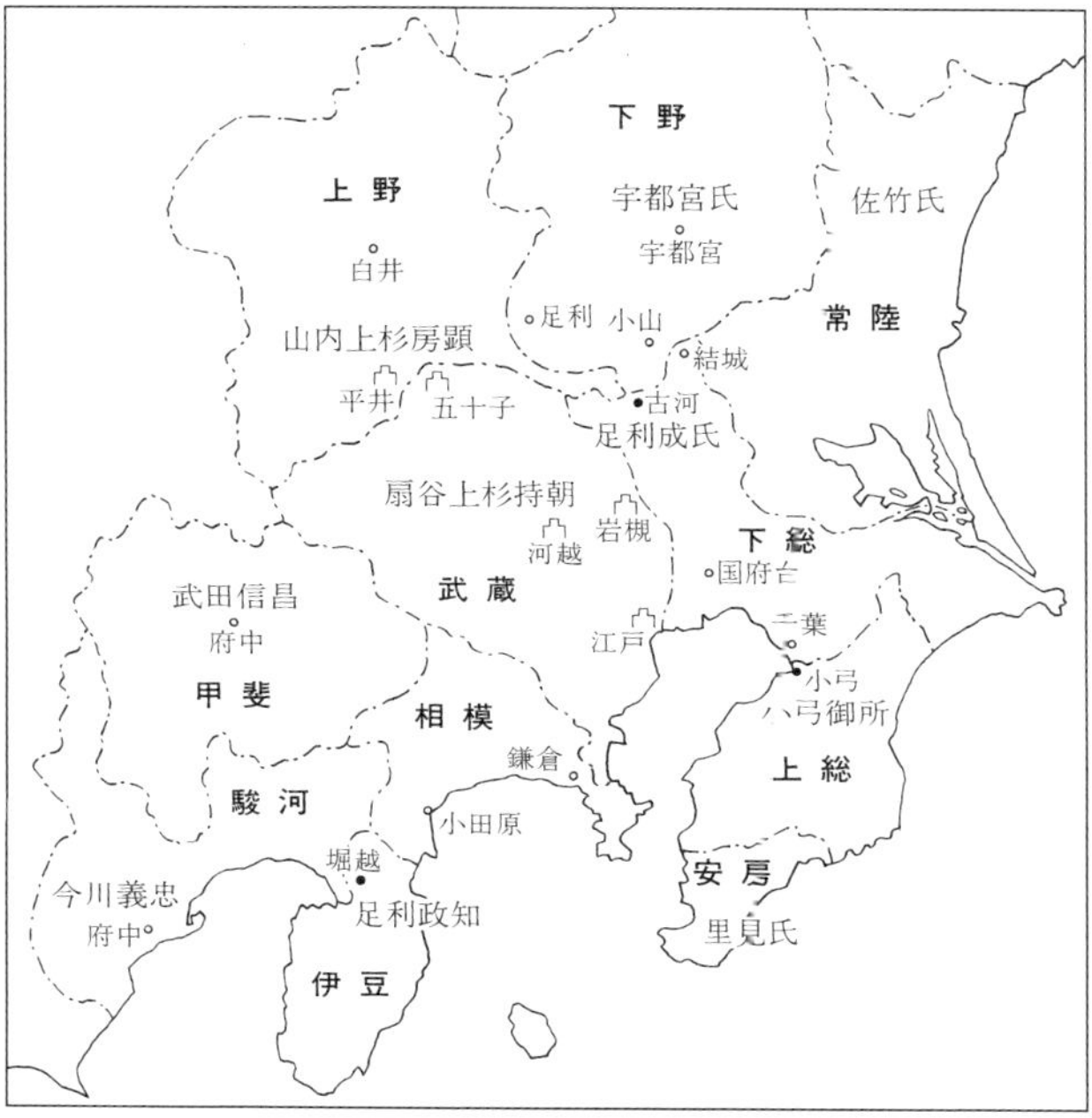

図3　関東の形勢

後妾腹に生まれた義就《よしなり》を家督に定めた。これに不満を抱いた持富の子弥三郎《やさぶろう》（後にはその弟の政長《まさなが》）との間で紛争が生まれ、享徳三年に持国は弥三郎派の家臣神保次郎左右衛門らを討った。持国は翌康正《こうしょう》元年（一四五五年）に亡くなり義就が家督を継ぐが、義就派と政長派の争いは続き応仁の乱の一因となる。

斯波氏の場合、義敏は庶流だったが、享徳元年に当主義健《よしたけ》が嗣子のないまま早世したため、重臣の甲斐常治や朝倉《あさくら》孝景《たかかげ》に推されて家督を継いだ。ところが義敏は常治と対立し、常治の本拠越《えち》前敦賀《ぜんつるが》金ヶ《かねが》崎《さき》城（福井県敦賀市）を攻撃して敗れた。関東出陣命令を無視した抗争に義政は怒り心頭に発し、義敏は追放され周防《すおう》（山口県）の大内氏の許に逃れた。義政は家督を堀越公方の重臣で斯波氏一族の渋川義鏡《しぶかわよしかね》の息子である義廉《よしかど》に継がせたが、義敏も将軍近臣の伊勢《いせ》貞親《さだちか》（政所執事《まんどころしつじ》）や季《き》瓊真蘂《けいしんずい》

（相国寺蔭涼軒主《しょうこくじいんりょうけんしゅ》）を頼り、復帰の機会を窺った。

これだけを見ると、いつの世も変わらぬお家騒動のようだが、それが長期化・深刻化したのには、この時代特有の原因があった。一つは、将軍による家督問題への介入などを通じた有力守護家圧迫政策や、細川《ほそかわ》・山名《やまな》氏らの幕閣による政局の主導権争いである。それが高じて応仁の乱に至るのは、後に見るとおりである。もう一つの、そして歴史の展開を見る上ではより重要な原因は、家臣が主人の家督問題に積極的に関わるようになったことである。すでに述べたように、彼らはもはや主人に一方的に隷属する「家の子」ではなく、自前の「家」をもつ国人領主だった。彼らが主人に求めたのは、「家」の存続を保証できる政治的能力（当時の言葉では「器量《きりょう》」）であり、それに基づく彼らの支持が家督決定の鍵となったのである。そのさい重要なのは、彼ら自身が近隣領主との領地などをめぐる紛争を抱えていたことである。守護家の内紛は、対立する双方に格好の旗頭を与えることになり、広汎な領主層を巻き込む争乱となったのである。

長禄・寛正の大飢饉

こうして、幕府を頂点とする政治秩序が動揺をきたした折も折、史上希に見る大飢饉が日本列島を襲った。この頃は異常気象が続き、長禄《ちょうろく》三年（一四五九）は、田植期の五月には旱魃《かんばつ》、収穫期の九月には台風が襲った。翌年も、春の長雨が洪水を起こし、八月末には再び諸国を台風が襲った。そのため、凶作となって食料が底をつき、とりわけ備前《びぜん》・美作《みまさか》（岡山県）・伯耆《ほうき》（鳥取県）では「人民相食む」状況すら生まれたという。京都には、近国の百姓が食を求めて流入してきた。これに対する幕府・朝廷の対策といえば、寺社に命じて雨乞い・止雨の祈禱をさせること、「天下飢饉」を理由に長禄から寛正《かんしょう》へと改元するくらいのことだった。

このような「対策」が効果をあげるはずもなく、翌年に入ると京都で餓死者が続出した。奈良興福寺の僧が書いた日記『大乗院寺社雑事記《だいじょういんじしゃぞうじき》』によれば、餓死者は毎日三〇〇人とも六、七百人ともされるが数知らず、四条・五条の橋の下に穴を掘り、一つに一〇〇〇〜二〇〇〇の遺体を埋めたとされる。これを見かねた願阿弥《がんあみ》という勧進僧《かんじんそう》が、六角堂《ろっかくどう》の門前で粥《かゆ》を炊き出し、これには義政も銭一〇〇貫文を寄付したが、全くの焼け石に水で一ヵ月ばかりで打ち切りとなった。京都の餓死者の総数は八万二〇〇〇人ともされ、ある僧が四条の橋から上流を見ると、死体が無数に浮かんで流水を塞ぎ、腐臭があたりを覆っていたという。

その一方で義政自身は、花の御所の復旧や作庭にうつつを抜かし、梅見の宴に興じて終日「高歌《こうか》爛《らん》酔《すい》」という体たらくであり、見かねた後花園《ごはなぞの》天皇が婉曲《えんきょく》に彼を諫める漢詩を送ったほどだった。

将軍家の内紛

武家の家督争いは、ついに将軍家に及んだ。康正元年（一四五五）、二十歳となった義政は、代々の将軍家の例にならい、公家の日野《ひの》家から富子《とみこ》を室に迎えた。ところが、なかなか男子に恵まれなかったため、義政は九年後の寛正五年（一四六四）に、浄土寺の門跡《もんぜき》となっていた腹違いの弟義尋《ぎじん》を還俗《げんぞく》させ、義視《よしみ》と名乗らせて養子とし、幕府の実力者細川勝元《かつもと》を後見人として次期将軍の地位を約束した。ところが皮肉なことに、その翌年、富子が男子を出産した。義尚《よしひさ》である。そこで、義政夫妻には我が子を将軍にする願望が生まれ、将軍家世継ぎ誕生の例にならって義尚を政所伊勢貞親邸で養育するとともに、同じく幕府の実力者山名持豊《もちとよ》（法名宗全《そうぜん》、以下「持豊」と記す）に後見を依頼した。ここに、将軍家の家督争いの火種が生まれたのである。勝元は持豊の娘を正室に迎えており、両者の関係は悪くなかったが、これを契機に対立が深まっていくことになる。

それを増幅したのが、管領家の内部対立である。畠山氏は、寛正元年（一四六〇）に義就が義政から幕府への出仕を停止された。粗野な振舞を嫌われたためというが、裏には政長派の重臣遊佐《ゆさ》長直《ながなお》・神保《じんぼ》長誠《ながざね》らの細川勝元への工作があった。義就は軍勢を率いて河内に退き、替わって政長が家督に就いた。義政は畿内の諸勢力に義就追討を命じ、政長だけでなく山名持豊も軍勢を率いて河内に下った。義就は支えきれずに嶽山《だけやま》城（大阪府富田林《とんだばやし》市）に籠城することとなる。二年半に及ぶ籠城は政長軍により終止符を打たれ、義就は吉野（奈良県吉野郡）に逃亡する。ここに政長は寛正五年、帰京して細川勝元に替わり晴れて管領に就任することとなった。

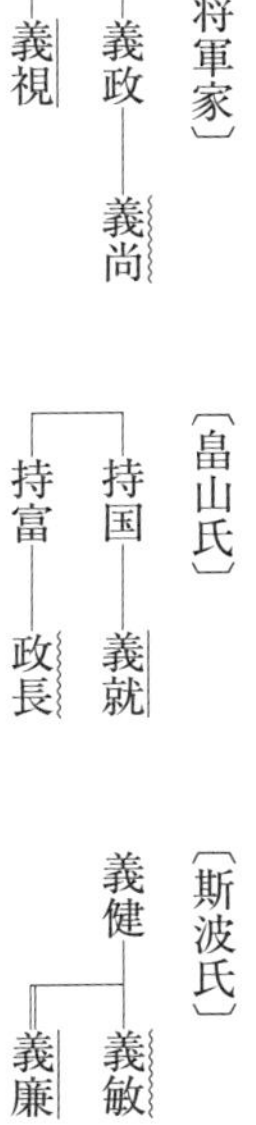

図4　将軍家・守護家の家督争い

傍線──は細川方、〰〰は山名方

この機をとらえて、斯波義敏は伊勢貞親・季瓊真蘂を通じた復帰工作を本格的に開始した。これに対して義廉は、家臣の朝倉孝景が大和《やまと》（奈良県）の古市胤栄《ふるいちいんえい》を通じて畠山義就との連携を強め、さらに山名持豊の娘との結婚の段取りを進めた。しかし、側近の執拗な工作に押されてか、文正《ぶんしょう》元年（一四六六）七月、義政は義敏を再び家督とすることを決定し、越前（福井県）・尾張《おわり》（愛知県）・遠江《とおとうみ》（静岡県）の守護職も義敏に与えた。これには、宗全のみならず細川勝元以下の幕閣がこぞって反発し、義廉は軍勢を京都に集め、義就も呼応して大和壺坂寺《つぼさかでら》（奈良県高取町《たかとり》）へと軍を進めた。

文正の政変

窮地に陥った伊勢貞親・季瓊真蘂らは、これは足利義視を将軍に擁立しようとする謀反であると足利義政に讒言《ざんげん》し、義視の暗殺を勧めた。これを信じた義政は義視を討とうとしたが、察知した義視は山名持豊の屋敷に逃げ込み、続いて細川勝元邸に移り、勝元を通じて義政に申し開きを行った。これにより真相が明らかとなり、貞親・真蘂・義敏らは京都を出奔、近江《おうみ》（滋賀県）へと逃亡した。これを文正の政変という。

文正の政変の直接の原因は、各家の家督をめぐる争いだったが、巨視的に見るならば、将軍権力の有力守護家抑圧への反発が昂じたものだった。しかも重要なのは、一方で、将軍側近の失脚により、もはや将軍の意向を守護家に押しつけられなくなったことであり、もう一方で、幕閣の内部対立が深まり、合議による紛争解決が不可能になったことである。そのためこれ以後は、剝き出しの実力によって問題解決が図られるようになるのである。

勢いに乗る斯波義廉は、直ちに三ヵ国の守護職を取り戻した。さらに、すでに河内を制圧していた畠山義就が、山名持豊の斡旋により義政から赦免されて上洛した。翌文正二年（一四六七）にはいると、義就は義政の謁見をうけ、家督の奪還と政長邸の接収の許可を求めた。次いで幕府は、管領政長を罷免し、替わって義廉を任命した。細川勝元は義政に義就討伐を進言しようとしたが、義廉・持豊は兵を率いて室町御所を占拠し、義政に勝元の政長援助を止めさせるよう迫り、義政もこれに応じて局外中立を決め込むことにした。また持豊は、義視が敵方に取り込まれないよう御所に確保した。応仁の乱の勃発は、目前に迫っていた。

2—応仁の乱始まる

上御霊社の戦い

追いつめられた畠山政長は、一月十八日早朝、万里小路《までのこうじ》（京都市下京区）の自邸を焼き、細川勝元邸にほど近い上御霊社《かみごりょうしゃ》（京都市上京区）に陣を構えた。畠山義就・山名持豊・斯波義廉らは、天皇・上皇を室町御所（京都市上京区）に確保したうえで、上御霊社へ攻め寄せた。一方、政長が期待する細川勝元の援軍は来なかった。昼過ぎから始まった戦いは翌日未明まで続き、双方で数十人の死者を出したが、数に勝る義就方の勝利となり、政長方は遊佐・神保ら重臣が討ち死、政長は鞍馬《くらま》（京都市左京区）方面へと落ちのびた。

これが、応仁の乱の始まりとされる上御霊社の戦いの顚末である。しかし実際には、未だ畠山氏内部の争いの域を出ておらず、当時の公家も「天下大乱」と記してはいるものの、「家督相論」で「兵《へい》

守護配置

革《かく》」に及んだと評価している。細川勝元が援軍を派遣しなかったのも、義政から止められていたためだけでなく、そもそも政長支援がそれまでの幕府の公式的立場に基づくものであり、山名宗全のように裏で「政治同盟」を結ぶような関係ではなかったためと思われる。実際、戦いが一段落すると幕政は復旧し、勝元も出仕している。また義政は、さっそく京都を訪れていた上野（群馬県）の新田《にった》岩松《いわまつ》明純に足利成氏追討を命じている。

　しかし、これも束の間のことだった。細川勝元は上御霊社の戦いで威光を大きく傷付けられ、挽回のため

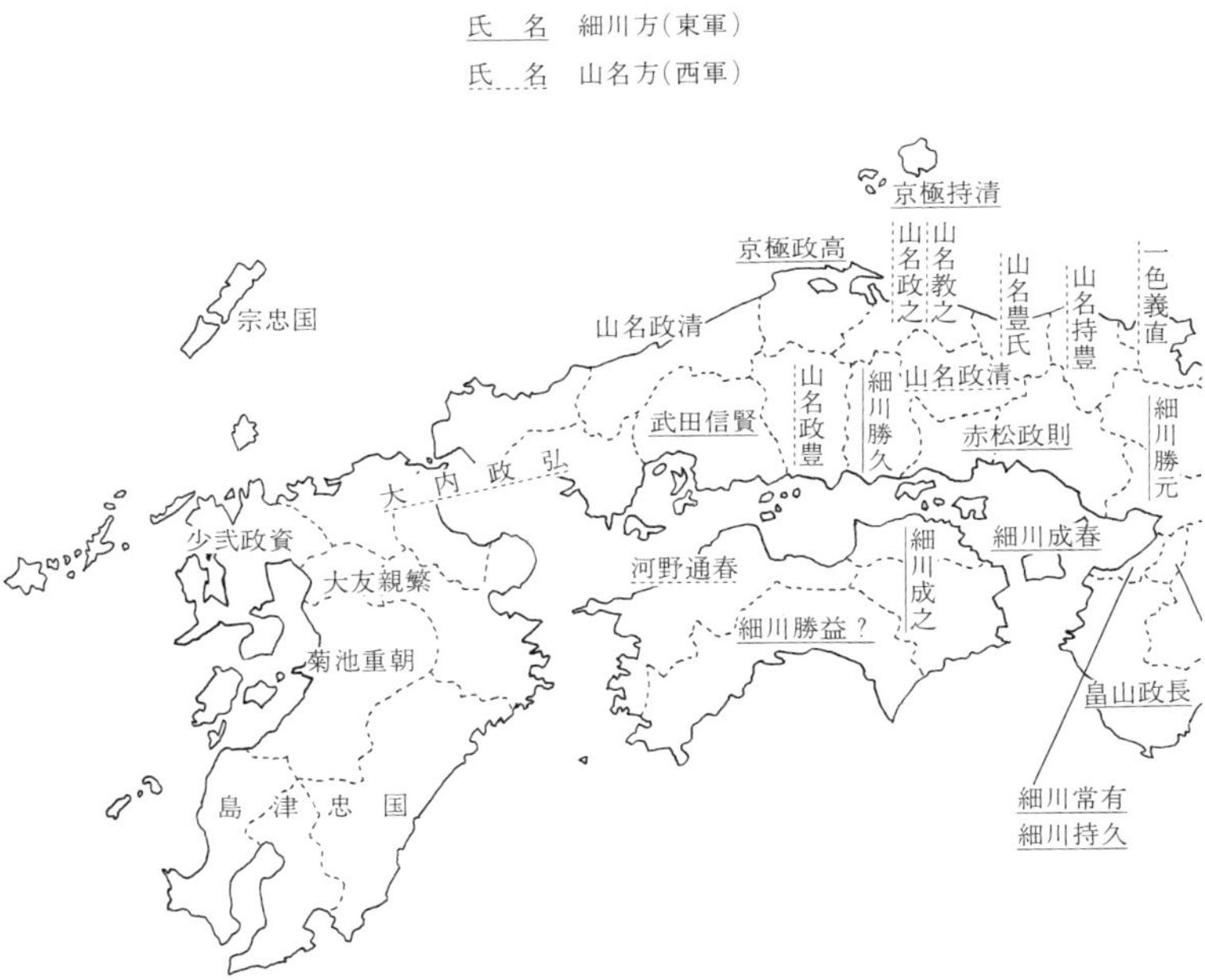

図５　応仁の乱当時の

分国から兵を招集し始めた。三月三日の節句には、山名持豊・畠山義就以下の大名が幕府に参賀したものの、勝元は出仕することなく軍議にふけっていたという。三月五日には、「兵革」から逃れるために「応仁」と改元されたが、事態は全く反対の方向へと進んでいくのである。

東西両軍の集結

細川方の反撃は地方から始まった。四月には、山名分国から運ばれる途中の年貢を丹後《たんご》・丹波《たんば》（京都府）で奪った。五月にはいると、山名氏と守護職をめぐり争っていた赤《あか》松政則《まつまさのり》の軍勢が播磨《はりま》（兵庫県）・備前《びぜん》（岡山県）に乱入・制圧した。伊勢《いせ》

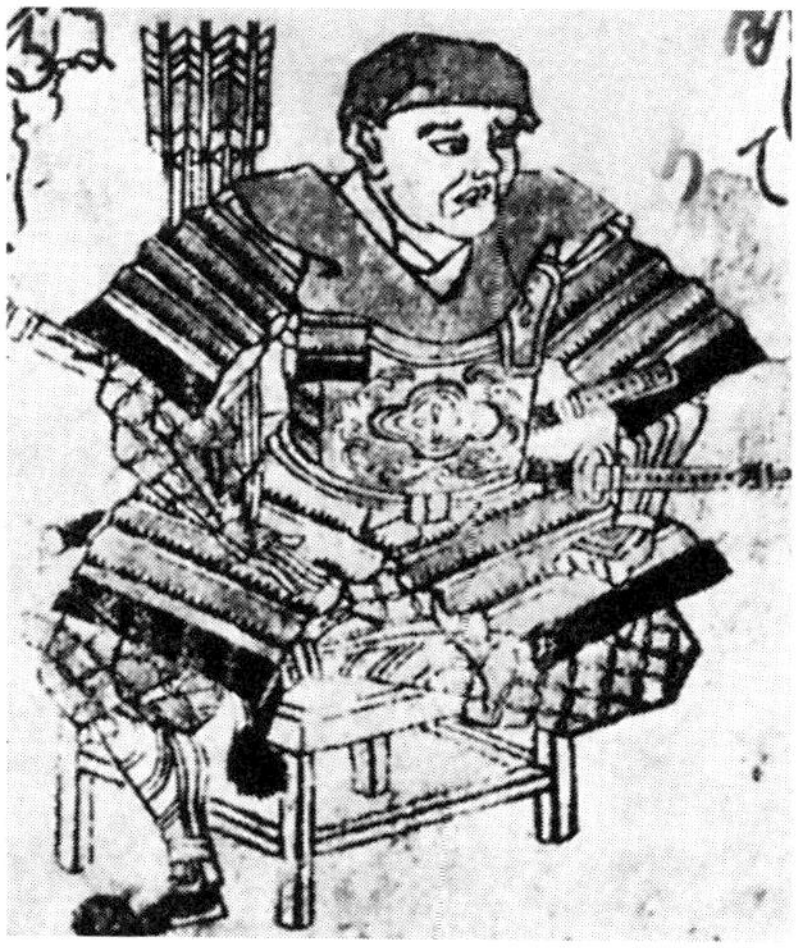

図6　山名持豊（宗全）

（三重県）では、旧守護土岐《とき》氏の一族である世保《よやす》政康《まさやす》が打ち入り、守護一色義直《いっしきよしなお》方との抗争が始まった。斯波氏の分国でも義敏方の牢人たちが攪乱工作を行った。こうして、「東西南北静謐《せいひつ》の国これなし」（『大乗院寺社雑事記』）という状況が生まれた。

さらに五月十六日、細川家臣の摂津《せっつ》国人領主池田氏が馬上一二騎、野武士一〇〇〇人を率いて上洛したのを皮切りに、双方の軍勢が続々と京都に集結した。細川方は室町御所を接収して防備を固め、勝元以下一門の者をはじめ、畠山政長・近江北半の守護京《きょう》極持清《ごくもちきよ》・若狭《わかさ》（福井県）守護武田《たけだ》信賢《のぶかた》・赤松政則ら一一人の大名が集まり、『応仁記』によれば、その軍勢は一六万余騎という。一方山名方は、山名持豊邸を中心に小路・大路に堀切を施し、堀川《ほりかわ》をはさんでこれと対峙した。集まった大名は持豊、畠山義就、斯波義廉、一色義直、美濃（岐阜県）守護土岐成頼《なりより》、近江南半の守護六角高頼《ろっかくたかより》ら一一人、軍勢は同じく『応仁記』によれば一一万余騎という。

実際に、これだけの軍隊が集結したとは考えられないが、数万には達したであろう。以後、室町御所に拠った方が「東方」、山名持豊邸に拠った方が「西方」と呼ばれるようになる。

両軍の激突

五月二十六日、戦いの火蓋が切って落とされた。室町御所に接する一色義直邸を東方の武田信賢・細川成之《しげゆき》らの軍勢が襲い、焼き払ったのである。義直は支えることができず、山名邸へと逃げこんだ。西方からも山名家臣の垣屋、畠山家臣の甲斐庄、斯波被官の朝倉らが応援に駆けつけ、赤松・細川方と激戦になった。合戦は近隣にもおよび、北は船岡山《ふなおかやま》(京都市北区)、南は二条(京都市中京区)のあたりまでが焼き尽くされたという。

足利義政は停戦を命じたが双方とも聞かず、幕府を抑える細川勝元は、足利義視を大将に山名持豊を討伐するとして、牙旗《がき》(将軍の軍隊であることを示す旗)と治罰の綸旨《りんじ》(朝敵を討伐する天皇の命令書)を要求した。日野富子や兄の日野勝光《かつみつ》は、義尚を後見する持豊のために反対したが、結局、牙旗は勝元に与えられた。これに基づき東方が攻勢に出ると、斯波義廉・六角高頼・土岐成頼は戦いを止め屋敷に籠ったという。しかし西方を降伏させるまでには至らず、京都の戦火はさらに広がった。そのため、六月に始まる予定の祇園御霊会(祇園祭)も中止となり、明応《めいおう》九年(一五〇〇)まで断絶することとなった。

こうして戦局は東方有利に進んだが、瀬戸内水運・日明貿易の主導権をめぐり細川氏と争っていた周防《すおう》(山口県)の大内政弘《おおうちまさひろ》が、八月に三万の大軍を率い上洛すると、西方は一気に攻勢に転じ、京都の大部分を制圧した。東方は天皇・上皇を室町御所に避難させ、相国寺《しょうこくじ》など近辺だけは確保したが、肝腎の大将に押し立てた義視が出奔し伊勢に下るなど窮地に陥った。

十月になってようやく山名持豊治罰の院宣が出されたが効果はなく、かえって西方は相国寺に火をかけ室町御所に迫る勢いを見せた。

図7　細川勝元

戦況の膠着化から乱の終結へ

しかし東方がこれをしのぐと、戦局は膠着《こうちゃく》状態になった。

その一方で、政治工作が活発化する。翌応仁二年（一四六八）七月には細川勝元が管領に復帰し、東方の幕府体制の再建が図られる。これに対し西方は、九月に帰京しながらも日野勝光・伊勢貞親ら義政側近と対立していた足利義視を迎え、「東幕府」に対抗する「西幕府」を作り、斯波義廉を管領とし政所執事には伊勢貞藤《さだふじ》を起用した。さらに古河公方足利成氏とも連携を図った。まさに、「敵の敵は味方」である。

文明《ぶんめい》三年（一四七一）には、勝元の越前守護職を与えるという誘いに乗って、斯波義廉の家臣朝倉孝景が東方へ寝返った。一方で西方は、武家の分裂を見て動きを強めていた後南朝の小倉宮《おぐらのみや》を新しい天皇に擁立しようとした。しかし、幕府権力の分裂状況のもとでは、こうした利益誘導や名分は決定的効果をもたず、かえって、東方の主力だった京極家で持清の死とともに内紛が起こり、一方が西方に通じるような事態が生まれていた。もはや中央での争乱がもつ全国政治的意味は薄れ、東西両方の軍勢とも死力を尽くして戦う意欲を失っていった。

そのような中、文明四年（一四七二）には持豊が勝元に和平を持ちかけたが、山名氏と播磨などで争っていた赤松政則の反対にあい不調に終わった。しかし翌年、乱を起こした当事者の持豊と勝元が相次いで亡くなり、将軍家の家督問題も義尚が元服して将軍の座に就いて一段落すると、和平の気運が盛り上がった。そして文明六年（一四七四）、持豊の子山名政豊《まさとよ》と勝元の子細川政元《まさもと》の間で講和が成立し、両軍の兵は次々と京都を去っていった。畠山義就はなおも反対し大内政弘も同調したが、その義就は文明九年（一四七七）に政長方と戦うため河内に下り、政弘も義政から周防などの守護職を保証されて帰国した。残された義視は土岐成頼を頼って再び美濃に向かい、ここに、京都の応仁の乱は終結することとなった。しかし、個々の紛争が解決されたわけではなく、争乱はそれぞれの地域で繰り広げられることになる。

図8　足利義政

義政と富子

応仁の乱により室町幕府が衰え「天下」が乱れた責任を将軍義政に求める意見は、「序章」で紹介した新井白石以来何度も繰り返されている。義政は、夭折した兄義勝《よしかつ》から八歳で家督を継ぎ、元服後に十四歳で将軍となった。そのため、育ての親の伊勢貞親や、「三魔《さんま》」と呼ばれた今参局《いままいりのつぼね》・有馬持家《ありまもちいえ》・烏丸資任《からすますけとう》ら側近が力を振るい、世の批判を浴びた。しかし、斯波・畠山氏ら有力守護家の家督問題への介入や、鎌倉公方足利成氏討伐に力を注いだのは、父義教に倣って将軍専制を目指したものだった。長禄三年（一四五九）から室町御所（花の御所）の再建・整備にとりかかり、膨大な経費を投じたことから非難されているが、これも将軍権威を高める意図があったのだろう。

図9　日野富子

とはいえ、もともと作庭・連歌・猿楽などの風流《ふりゅう》を好んでおり、寛正の大飢饉に際しても作事・作庭を中止しなかったのは明らかな失政だろう。若くして隠退を志し、弟義視を後継者に指名したのも配慮に欠けていた。文正の政変で側近が没落すると、政治への意欲を失い、以後、主導的に政局を動かすことはなかった。そして三十八歳の若さで九歳の息子義尚を元服させて将軍職を譲り、文明十四年（一四八二）からは東山山荘の造営に着手し、趣味の世界に没入するのである。結局、義政は時代の流れに押し流されていったと評価されても仕方がないだろう。

妻の日野富子は、頼りない夫を尻目に兄日野勝光とともに義尚を後見し、後継将軍（義材《よしき》・義澄《よしずみ》）の決定へも発言力を発揮した。一方で、京都七口への新関設置による通行税徴収、米の買い占め・大名への高利貸、さらには徳政免除の手数料として分《ぶ》一銭《いちせん》（債券額の一〇分の一）を取り立てるなど、その地位を利用して財貨の集積に奔走し、「悪女」と呼ばれている。

しかし、当時の京都・畿内では貨幣経済が爛熟し、投機に走る人は少なくなかった。富子は時流を読み才覚を発揮したともいえ、当代随一の学者一条兼良《いちじょうかねよし》からは「まことにかしこからん人」と評価されている。また、当時の武家の妻（室）は、単なる「お人形」ではなく家政を取り仕切る立場にあり、夫に問題があれば子を後見するのも当然の役割だった。そうした例は、後の将軍足利義晴《よしはる》室の近衛《このえ》氏、駿河の大名今川氏親《うじちか》の室であり氏輝《うじてる》・義元《よしもと》の母だった寿桂尼《じゅけいに》（中御門《なかみかど》氏）など、この時代では珍しくない。富子は、成人した義尚に煙たがられたというが、それだけしっかりした母親だったのだろう。こうした面も踏まえなければ、富子の実像をとらえることはできないのである。

東山文化

義政が趣味の世界に没入したことは、政治的・社会的には為政者としての責任が問われるが、文化的には後世まで大きな影響を及ぼす達成を生んだ。彼が造営した東山山荘は、今は観音堂（銀閣）と東求堂《とうぐどう》が残るのみだが、日常生活の場である常御所《つねのごしょ》、客人と会う会所《かいしょ》などを配し、隠棲地とは言い難い贅沢な造りだった。観音堂は、一階が心空殿という座禅道場、二階が潮音閣《ちょうおんかく》という観音菩薩を安置した仏殿となる二層造りの建物である。「銀閣」は江戸時代以降に付けられた名前で、銀箔を張る予定だったかどうかも定かではない。しかし、一階が書院造《しょいんづくり》様式となっていることは注目される。東求堂は阿弥陀三尊像を安置した仏間と、同仁斎《どうじんさい》という書斎などからなるが、

図10　慈照寺銀閣

同仁斎も書院造りであり、簡素な武家の住宅様式として普及し、後には庶民の住居にも影響を与えた。

それだけでなく、義政は阿弥号《あみごう》をもつ同朋衆《どうぼうしゅう》をはじめ、さまざまな芸能者を周りに集め、趣向と遊興の世界を演出させた。作庭では「山を為し樹を植え石を排すこと天下第一」と謳われた山水河原者《さんすいかわらもの》の善阿弥《ぜんあみ》、猿楽では「技はその妙を究め」たという音阿弥《おんあみ》がいた。狩野《かのう》派の祖となる狩野正信《まさのぶ》が、雪舟等楊《せっしゅうとうよう》の推挙により俗体のまま御用絵師に登用され、水墨画を基調としつつも写実的手法を加味した襖絵を描いた。会所では村田珠光《むらたじゅこう》の影響を受けた茶会が催されるようになったが、座敷の雰囲気を盛り上げるため、押板《おしいた》（後の床の間）や奥の壁、違い棚などに、香炉《こうろ》・燭台《しょくだい》・花瓶などの工芸品や、書画の掛け軸が飾られた。これらの多くは「唐物《からもの》」と呼ばれる舶来品で、同朋衆がこれらを鑑定する「目《め》利《き》き」だった。さらに、花が活けられ香が焚かれるなどの工夫が凝らされた。

このように東山山荘に凝縮された文化は、浄土教的公家文化や禅宗的武家文化、さらには大陸文化や庶民文化が融合した複合文化だったが、武家の生活文化として定着し庶民にも広まって、今日の生活文化の源流の一つとなった。

3――武家・公家の離京

各地の抗争と守護の在国

畠山義就と畠山政長の抗争は、河内を中心に延々と繰り広げられた。文明九年（一四七七）に河内に下った義就は、ほぼ全土を制圧しさらに文明十四年（一四八二）政長が守護となっていた南山城に攻め込んだ。両者は畿内近国の軍勢を動員し、文明十七年（一四八五）十月宇治川をはさんで対峙するに至った。斯波義廉と斯波義敏との抗争は越前を舞台としたが、東方に寝返った義廉家臣の朝倉孝景が台頭し、斯波氏や甲斐氏を圧倒して守護職を獲得するに至った。その後斯波氏は尾張に移って争うが、実権は守護代の織田氏が握ることとなる。

一方関東では、文明八年（一四七六）に起きた今川氏の内紛（後述）に堀越公方と扇谷上杉氏が介入し、家宰《かさい》の上杉政憲《まさのり》と太田《おおた》道灌《どうかん》を駿河（静岡県）に派遣した虚をつき、武蔵鉢形《はちがた》城（埼玉県寄居《よりい》町）に拠る関東管領上杉顕定《あきさだ》家臣の長尾《ながお》景春《かげはる》が、古河公方足利成氏と結んで反乱を起こした。こうして抗争は混沌の度を深めたが、当事者間では和平の気運が起こり、文明十年（一四七八）には成氏と両上杉氏間で、続いて文明十四年（一四八二）には足利義政と成氏との間で和睦が成立し、享徳の乱はいちおう終結することとなった。しかし、扇谷上杉定正《さだまさ》による太田道灌謀殺をきっかけとして、長享《ちょうきょう》二年

（一四八八）から両上杉氏の抗争が再び始まり、これに長尾景春が絡んで関東は本格的な戦国争乱に突入する。伊勢新九郎《いせしんくろう》（北条早雲《ほうじょうそううん》）が堀越公方を滅ぼし関東進出を開始するのは、五年後の明応《めいおう》二年（一四九三）のことである。

このような紛争は、北九州・中国地方など各地でも見られた。それは、もはや守護・管領・公方といった幕府体制内の地位をめぐる争いではなく、各地域社会における新たな秩序形成の主導権をめぐる争いであった。幕府発足当初より足利氏と親密な関係にあり、在京して将軍に仕え、国政は守護代の長尾氏に任せていた越後《えちご》（新潟県）守護上杉氏も、房定《ふささだ》の代になり守護代長尾邦景《くにかげ》を討って以後、在国して享徳の乱に対処したり政務を執るようになる。京都での将軍との関係よりも、実際の分国支配の方が守護の地位を守るうえで重要になったのである。

公家たちの下向

京都を離れたのは、守護などの武家ばかりではなかった。「汝《な》れや知る都も野辺の夕雲雀《ひばり》　あがるを見ても落つる涙は」（『応仁記』）という和歌が残っているように、京都は戦火に焼き尽くされてしまった。伝手のあるものは兵乱を逃れて京都を脱出した。関白だった一条兼良も、息子である興福寺大乗院門跡の尋尊《じんそん》を頼って奈良に向かった。一休宗純《いっきゅうそうじゅん》（一休さん）は住まいの庵を焼け出され、東山の虎丘庵《こきゅうあん》・薪《たきぎ》荘の酬恩庵《しゅうおんあん》（京都府京田辺市）などを転々とした。西方の本陣付近に住んでいた織り手たちは堺《さかい》に逃れ、そこで中国の先進的織物技術を習得し、帰京後本格的生産を開始した。これが、有名な「西陣織《にしじんおり》」の始まりである。

しかし、離京は一時的疎開に止まるものではなかった。応仁の乱により室町幕府の全国支配が崩壊すると、それに支えられていた遠隔地荘園などからの年貢・公事が途絶えてしまった。公家たちは、新たな経済基盤の確保を迫られることになる。最も積極的だったのは、所領に移り住み直接支配を目指した人々である。前関白一条教房《のりふさ》は土佐幡多《はた》荘（高知県幡多郡域）に定着し、土佐一条氏の祖となった。他にも、飛騨《ひだ》（岐阜県）の国司姉小路《あねがこうじ》氏、伊勢（三重県）国司の北畠《きたばたけ》氏など、土着して武家領主化した公家は少なくない。そこまでいかなくても、元関白九条政基《くじょうまさもと》のように、和泉日根《いずみひね》庄（大阪府泉佐野市）に在住し直接支配を試みた公家もいた。結局成功せず数年で京都に戻ったが、その時書いた日記『政基公旅引付《まさもとこうたびひきつけ》』には、彼の目には新鮮に映った農村の生活や文化が活写されている。その様子は、次章で述べることとしよう。

図 11　一休宗純

それだけでなく、家職《かしょく》として身につけていた芸能を生かし、地方の大名などに寄食《きしょく》する公家も多かった。蹴鞠《けまり》と和歌を家職とする飛鳥井《あすかい》氏は、尾張・周防・駿河などを巡り大名や家臣を弟子にして上納金を稼いだ。菅原道真《すがわらのみちざね》の子孫で学者の家柄の高辻《たかつじ》氏は、越前朝倉氏を訪れ学問を講じた。歌人として有名な冷泉為和《れいぜいためかず》は、所領のある駿河に赴き今川氏親らに歌道を指南したが、念願の所領回復は認められなかった。前関白二条尹房《にじょうただふさ》のように、周防大内氏に身を寄せて陶隆房《すえたかふさ》の謀反に巻き込まれ命を落とす人もいた。

本来在京して天皇に奉仕すべき公家が、このように地方に赴き定住することは、朝廷の機能を損なう深刻な事態だった。後奈良《ごなら》天皇は、彼らが仕事もせずに官位の上昇だけは申請してくることに憤っていたが、生活を保障することができない以上、なすすべはなかった。朝廷を支えてきた公家社会は、解体の危機に瀕するのである。

4──国一揆の出現

山城国一揆の成立

争乱に対し、民衆はただ逃げまどっていたわけではなかった。文明十七年（一四八五）十二月十一日、両畠山軍が対陣する南山城で、六十歳から十五、六歳までの国人が集会を開いた。また国中の「土民等」も群集し、集会を見守った。山城国一揆の始まりである。国人たちは、両畠山方は南山城に入国させない、寺社本所領《じしやほんじよりよう》（荘園制以来の寺社や公家の領地）の直接支配を回復させる、新関《しんぜき》等の設置を禁止するという三ヵ条の「国中掟法」を定めた。これに基づき両畠山軍との交渉が始まり、軍勢は次々と撤退、義就と政長は国一揆の支配を認める念書を書いた。さらに翌年二月には、宇治平等院で国人が会合を開き「国中掟法」を拡充するとともに、輪番の「惣《そう》国月行事《ごくがちぎょうじ》」によって行政を執行する体制を作り、「惣国」として半済《はんぜい》を徴収して財源に充て、強盗犯を逮捕・処刑するなど検断《けんだん》（警察・裁判）権も行使した。

このような運動が起こったのは、何よりも地域が戦乱の巷となることを恐れた民衆（「土民等」）の強い要求があったからである。国人たちは両畠山軍として在陣していたのだが、民衆の声を無視することができなくなったのである。また、寺社本所領の直接支配の回復は、領主にとっての利益だけでなく、民衆にとっては武家代官の排除、国人たちにとっても大和国人ら外部勢力の排除というメリットがあった。新関設置の禁止は、交通・流通の障害を除く意味で広く地域住民の望むところだった。こうした地域の共通利益に基づいて、「惣国」は成立したのである。同時に、「惣国」という組織は急にできるものではなく、国人たちを中心とした地域住民の結びつきは普段からあって、秩序維持に何らかの役割を果たしていたと思われる。

国一揆の崩壊

しかし国一揆は、守護支配を否定し独立のコミューンを作ろうとするものではなかった。国一揆の舞台となった南山城は、もともと室町幕府の膝下であり、守護も管領畠山氏や侍所頭人《さむらいどころとうにん》山名・京極氏などが頻繁に交替したため、守護による領国形成・家臣編成は進んでいなかった。また、狛野庄《こまの》（京都府木津川市（旧山城町））や木津庄《きつ》（京都府木津川市（旧木津町））など興福寺領の荘園が数多く存在しており、国人たちは周辺の守護である細川・畠山氏の家臣となったり、大和の国人とも連携・対立するなど政治状況は複雑だった。

こうした守護支配の不安定性に輪をかけたのが畠山氏の分裂・抗争だった。そこで南山城の国人たちは、やむなく立ち上がったのである。両者からわざわざ念書をとったのも、きちんと承認を得るためであり、そのために多額の礼銭《れいせん》も支払っている。要するに、緊急避難的に守護の役割を代行するものとして国一揆は成立したのであり、実際にも、半済の徴収・検断や交通路支配など、国一揆が行ったのは守護が行うべき仕事だった。

山城国一揆は、明応二年（一四九三）の細川政元《まさもと》による将軍の廃立という政変を契機に解体した。政変の詳しい経緯は後述するが、これにより畠山政長は自殺に追い込まれ両派の争いはいちおうの決着を見る。幕府の実権を握った細川政元は、守護に任命されていた伊勢貞陸《さだみち》と結んで彼の守護権行使を支持した。伊勢氏は大和の国人領主古市澄胤《ふるいちちょういん》を守護代に任じ、現地支配にあたらせた。国人の一部は南山城に入部してきた古市氏に抵抗したが、大勢は伊勢氏の守護支配に従い、一揆による「国持《くにもち》」体制は解体した。武家の支配体制が一元化されると、それによって権益を奪われる一部国人以外は、「土民」も含めてそれを受け入れたのである。

加賀一向一揆の成立

民衆が地域支配に関与する動きとしては、加賀《かが》（石川県）の一向一揆も有名である。ここでも発端は武家同士の争いだった。加賀では応仁の乱中に守護の富樫《とがし》家が分裂し、兄の政親《まさちか》が東方に、弟の幸千代《こうちよ》が西方に属して戦った。当初は越前の朝倉・甲斐氏と結んだ幸千代方が優勢となり守護の地位に就いたが、朝倉孝景が東方に寝返って後は政親方が優勢となった。そして文明六年（一四七四）、加賀の本願寺門徒と結んだ政親方が攻勢をかけ、幸千代の拠る蓮台寺城《れんだいじじょう》（石川県小松市）を攻め落とし奪権に成功した。

北陸地方で本願寺門徒の勢力が伸びるのは、法主《ほっす》の蓮如《れんにょ》が文明三年（一四七一）に越前吉崎《よしざき》（福井県あわら市（旧金津町《かなづ》））に下って布教の拠点として以来のことだった。そこで対立する高田《たかだ》専修寺《せんじゅじ》門徒が幸千代と結んで本願寺門徒を圧迫したので、彼らは政親と結んで「護法《ごほう》」の戦いに立ち上がったのである。

幸千代を追放すると両者の連携は崩れ、翌年には政親の軍勢に門徒勢が敗れる事態も生まれている。門徒側は抵抗を強めたが、蓮如からは「守護・地頭を疎略にすべからず」、「限りある年貢所当をねんごろに沙汰」すべしという「御文《おふみ》」が出された。しかし長享元年（一四八七）、政親が将軍足利義尚《よしひさ》の命令に従い近江の六角氏攻撃（後述）に出陣すると、兵糧米や陣夫徴発に反発した住民たちが蜂起した。政親は急ぎ帰国し高尾城（石川県金沢市）に籠もったが、二〇万ともいわれる「賀州土一揆」の軍勢に包囲され、ついに自刃して果てた。富樫氏一族の泰高《やすたか》が守護に擁立されたが、実権は一揆が握っており、加賀は「百姓ノ持タル国」のようになったとまでいわれた。

一向一揆の加賀支配

この一揆を担ったのは、「郡」と呼ばれる組織だった。郡は本願寺門徒を中心としていたが、国人や土豪・一般の百姓なども参加しており、国一揆的性格が強かった。郡は、反逆者の処分、闕所地《けっしょち》（反逆者から没収した土地）の分配、矢銭《やせん》・国役《くにやく》といった税の賦課、紛争の裁定など、守護が果たしていた地域公権力としての権限を行使した。その後、越前朝倉氏や越後長尾氏との争いを通じて本願寺門徒の勢力が増大し、さらに「享禄《きょうろく》の錯乱」と呼ばれる内紛により一門内部での本願寺の主導権が強化されると、郡は本願寺に直属してその命令を執行する組織となっていった。

郡の下には、さらに小さい地域単位で「組」と呼ばれる組織があったが、これも本願寺に直属する門徒組織的性格を強め、本願寺で雑務を奉仕する番衆の動員という、本来は寺内部の問題にも関わるようになった。こうして、国の支配組織と本願寺の門徒組織の一体化が進み、「一向一揆」と一般に呼ばれるように宗教的性格の強い団体が、加賀一国に対する世俗的支配権を行使するようになったのである。

このような加賀一向一揆による支配は、天正《てんしょう》八年（一五八〇）に柴田《しばた》勝家《かついえ》が加賀を制圧するまで続いた。それを可能とした大きな理由の一つに、本願寺と幕府をはじめとする畿内の政治勢力との強い結びつきがあった。本願寺教団は新興勢力であり、加賀でも見られたように、他宗派との競合において政治権力の保護をうける必要があったのである。そのため、後に見るように、畿内を中心とする抗争にも積極的に荷担した。加賀一向一揆が近隣の武家権力と戦闘に及んだのもそのためだった。

だから、政治情勢の変化により曲折はあったが、本願寺は幕府から事実上の加賀守護として支配権を行使することを基本的に認められており、郡も本願寺の権限の現地執行者として自らの支配を正当化しえたのである。じっさいにも、本願寺は幕府の命じる国役の納入や幕府が下した判決の執行などの役割を果たし、京都の公家・寺社や将軍・奉公衆《ほうこうしゅう》からは所領保護の要請を受けていた。また、幕府には本願寺担当の奉行が存在し、将軍側近には幕府・本願寺間の取り次ぎ役を果たす者もいた。

このように、応仁の乱により室町幕府―守護の支配体制が解体し、戦乱などにより地域社会の安全や秩序が危機に陥ったとき、国人から一般民衆までが結集して作り出した自治権力が、山城国一揆であり加賀一向一揆であった。それは守護などの武家支配を否定するものではなかったにしても、民衆が地域秩序を担いうるまでに力をつけてきたことは確かである。そこで章を改めて、こうしたことが可能となった社会的基礎や背景を探ることとしよう。

二　自立する地域社会

1―郷村の発展

簇生する百姓の家

異常気象が続き飢饉の危機が迫った長禄《ちょうろく》三年（一四五九）九月、山城《やましろ》（京都府）では徳政《とくせい》を求める土一揆《どいっき》の動きが高まっていた。そのような中、策源地と見られた京都西南郊の東寺領上下久世庄《かみしもくぜ》（京都府向日市《むこう》）の荘民は、土一揆に加わらないことを誓う起請文《きしょうもん》を、東寺を通じて幕府に差し出した。

そのこと自体も興味深いが、ここで注目したいのは、起請文に連署した荘民の数である。上久世庄では「侍分」二一名・「地下分《じげぶん》」五六名、下久世庄では「侍分」一一名・「地下分」五六名で、合計一七七名となっている。「序章」で述べたように、名を連ねた人々は自立的経営体である「家」の主人であり、「侍分」は上層の農民、「地下分」は一般の農民と考えられる。三年前の康正《こうしょう》二年（一四五六）に幕府が段銭《たんせん》を賦課した際、対象となった家数も一九五軒とだいたい同じだった。これだけの「家」が、上下久世庄には存在していたのである。

延文《えんぶん》二年（一三五七）に作成された土地台帳では、土地を所持していたのは「公文《くもん》」と呼ばれる荘《しょう》官《かん》も含めて五二名だった。ここに登録されたのは年貢納入責任者と考えられるので、一〇〇年ほどで「家」数が四倍近くになったことがわかる。これは、新しく農業を始めた「家」が増えたためではなく、それまでは一戸前と認められなかった零細農家や、大経営の中で働いていた下人《げにん》などの従属民が、自立経営の主体に成長してきたためと考えられる。

こうした傾向は、上下久世庄だけでなく、畿内を中心として全国に広がっていった。戦国時代は、近世の本百姓につながる農民の小経営が本格的に成立した時期でもあったのである。

農業生産の発展

それでは、こうした小農民経営の自立は、なぜ可能になったのだろうか。その基礎には、農業生産の発展による集約的小経営の安定化があった。まず、耕地の開発が挙げられる。平安末～鎌倉初期には荘園領主などが主導して大規模な開発が行われ、「大開墾の時代」などと呼ばれているが、耕地は不安定で荒田《こうでん》・休耕田《きゅうこうでん》が多く、農民が耕地を捨てて流亡することも希ではなかった。これに対し中世後期の農民たちは、谷戸田《やとだ》の開発や既墾地からの切り添えのような小規模開発を繰り返し、徐々に耕地を拡大していった。これに応じた灌漑《かんがい》用水の整備も、彼らの手で行われていった。前述した和泉日根《いずみひね》庄では、一四～一五世紀に水田面積が倍増し、今も使われている十二谷《じゅうにたに》池などの溜池が造成された。

こうした耕地の安定化は、二毛作《にもうさく》が可能な乾田《かんでん》の拡大にもつながる。すでに鎌倉末期には二毛作が普及していたが、幕府が裏作に年貢を賦課することを禁じたため、農業経営・農民生活の安定化の大きな条件となった。水稲をはじめとする作物の品種の多様化の意義も大きかった。稲でいえば、早稲《わせ》と晩稲《おくて》に加え中稲《なかて》も栽培されるようになり、地域の自然条件に合わせた品種選択の幅が広がった。また、インドシナ半島を原産地とする外来種である占城米《チャンパ》が導入され、特に西日本で普及した。占城米は早稲に属し、旱害《かんがい》・虫害に強かったので、自然災害の続いたこの期の農民にとっては、救いの神だっただろう。

二毛作の普及もあって、施肥《せひ》の問題はいっそう重要となった。当時の主要な肥料は草木灰《そうもくばい》だったが、田植えの後の追肥《ついひ》として使われていたことが確認される。他に草や若木・若葉などを敷き込む刈敷《かりしき》もあり、供給源としての山野のもつ意義が大きくなった。また、牛馬耕《ぎゅうばこう》の普及は厩肥《きゅうひ》の利用を可能にし、都市近郊では人糞尿の利用も始まっていた。近世に江戸の住民の糞尿が練馬大根など近郊の農村で生産される蔬菜《そさい》の肥料に使われたのは有名だが、中世でも『洛中洛外図屛風』には京都郊外の耕地で柄杓《ひしゃく》を使って糞尿を散布している姿が描かれている。

図12　人糞肥の散布（『洛中洛外図屛風』）

村掟と自検断

小農民は単独で経営を維持することができなかった。田植えや稲刈りなど、農繁期には「ゆい」のような共同作業が必要だった。それだけでなく、灌漑用水は共同で利用され造成・維持も共同で行われており、日根庄では、洪水で流失した用水の樋《とい》を荘民総出で曳き上げて修復し、酒が振る舞われたこともあった。また山野は、「入会地《いりあいち》」すなわち共同利用地だった。共同利用・共同作業には、権利・義務をめぐる紛争が付きものである。それだけでなく、耕地の開発が進めば隣同士での境界争いも生まれる。とりわけ、小農民経営の自立によって利害関係者が増加すると、問題は複雑となり解決が困難になってくる。そこで、こうした問題を解決するために作り出されたのが、惣村《そうそん》と呼ばれる自治組織だった。

惣村とはいっても、今の町内会のように、その地域の住民が自動的に村人になったわけではない。村鎮守の祭祀組織である宮座《みやざ》のメンバー、すなわち「座衆《ざしゅう》」だけが正式の村人として惣村の意思決定に参加することができた。その資格を得るには儀式や費用負担など様々な条件を必要としたが、重要なのは「家」の主人であることだった。

惣村の運営は厳格であり、近江今堀郷《おうみいまぼり》（滋賀県八日市《ようかいち》市）では様々な村掟《おきて》が作られ、寄合《よりあい》に参加しないものには罰金が科せられた。入会地の利用においても、勝手に木を切ったり木の葉や草を集めた者には、同じく罰金が科せられた。日根庄では、飢饉対策用の食料である蕨《わらび》の粉を盗んだ者を逮捕し死刑に処している。こうした惣村による警察・裁判権の行使を自検断《じけんだん》という。処刑された者には社会的

図13　和泉国日根野村絵図

弱者である母子家庭の親子も含まれ、この事件を記録した九条政基《くじょうまさもと》は「不憫」との感想を述べているが、惣村の秩序を守るために敢えて執行されたのである。

地下請と抵抗

惣村による自治が発展したことは、裏を返せば、荘園領主が支配力を失っていたことを意味する。日根庄も、政基が下る前は九条家に金を貸していた根来寺《ねごろ》の僧の抵当《ていとう》に入り、彼が請負代官として年貢徴収にあたっており、現地の管理は番頭《ばんとう》と呼ばれる在地の住民が行っていた。政基が直接支配しようとしたのは、日根庄が和泉守護細川氏と隣接する紀伊《きい》の根来寺（和歌山県岩出《いわで》市）との争いにまきこまれ、勝利した守護方の侵略にあったため、それに対処しようとしてのことだった。後述するように、政基の息子である澄之《すみゆき》が細川政《まさ》元《もと》の養子となっていたので、その縁を利用しようとしたのである。荘民たちも、守護勢力を排除するために政基の直接支配を受け入れた。しかし実質的には自治に手を付けることなく、自検断にも介入できなかった。そして根来寺が勢力を回復すると、再び請負代官を認め京都に帰ることになるのである。

惣村が荘園領主の直接支配を排除して、契約で決められた年貢の納入を請け負う制度を地下請《じげうけ》という。地下請は惣村が発達した畿内周辺で広く見られた。年貢を受け取る荘園領主は、前述のように応仁の乱後困窮が深まっていたので、借金のカタとして権利を手放し、ほんらいの領主でない高利貸しなどが年貢を催促してくることもあった。近江の大名六角氏が定めた『六角氏式目《ろっかくしきもく》』（永禄《えいろく》十年（一五六七）制定）には、こうした年貢の催促に応じず、庄や郷を単位として村の入り口を塞いで抵抗する百姓たちを、厳しく取り締まることが規定されている。彼らは理由もなく年貢を納めないというのではなく、領主として地域の秩序や安全を守る責任を果たさず、ただ借金のカタという名分で収奪しようとする者に対して、断固として抵抗したのだと思われる。

土豪の役割

このような惣村のリーダーとなったのは、土豪や地侍《じざむらい》と呼ばれる存在だった。この節の冒頭で述べたように、惣村の構成員はフラットな関係にあったわけではなく、「おとな百姓」・「年寄《としより》」などと呼ばれる上層農民と、「平百姓」・「小百姓」などと呼ばれる一般農民との階層差があった。上層農民のうちでも実力のあったのが土豪であり、「公文」・「沙汰人《さたにん》」あるいは日根庄のように「番頭」と呼ばれる役職に就き、日常的管理や年貢納入の取りまとめ、さらには領主との交渉などの役割を果たしていた。

図14　田植えの風景（『月次風俗図屛風』）

彼らの活動を支えていたのは、比較的大規模な土地の所持・経営を基礎とする経済力であり、下人・所従《しょじゅう》と呼ばれる従者を抱えて独自の武力も有していた。彼らは、こうした力を背景に耕地や用水の開発を主導した。土豪の屋敷跡は今も各地に残っているが、多くは土塁や堀といった防御施設を巡らしている。その堀には灌漑用水が流れており、彼らが用水を管理／支配する立場にいたことを物語っている。

このように、土豪は惣村の存立にとって重要な役割を果たしていたが、同時に彼らは、その立場を利用して勢力の拡大を図っていた。日根庄の隣にある熊取庄《くまとりのしょう》（大阪府泉南《せんなん》郡熊取《くまとり》町）の土豪だった中《なか》氏は、一六世紀にはいると急速に加地子《かじし》を取得する権利を買い集めている。加地子とは耕作農民が領主に納める年貢以外に支払う一種の地代だが、年貢未進などを契機として耕地を質入れすることから生まれたものである。もともとは請負代官となっていた都市の高利貸が貸し主だったが、徳政一揆によって彼らが打撃を蒙った後は、惣村のリーダーである土豪が取って代わることになったのである。こうして、彼らは地主的性格を強めていった。

したがって、彼らと一般農民との間には対立関係が生まれたが、「侍分」として独自に結集し、また惣村の規制を通じて自らの地位の確保を図った。同時に彼ら内部でも、惣村の指導者の地位を巡る主導権争いがあり、時には武力行使に及ぶこともあった。そこで、彼らの中には、立場の強化・権利の確保のために、武家領主の家臣となって保護を求める者も出てきた。そのため、近江今堀《いまぼり》郷の属する得珍保《とくちんのほ》では、「主なしの百姓は御座なく候」（『今堀日吉《ひえ》神社文書』）という状況すら生まれていた。

郷村の文化

「面白いは京下りの商人／千駄櫃《せんだびつ》担うて連れは三人なり／千駄櫃には多くの宝が候よ／宝負いては今日こそ殿が下りた／都下りに思いもよらぬ手土産」

これは広島県山県《やまがた》郡大朝《おおあさ》町新庄《しんじょう》に伝わる田植歌の一つで、「新庄の大花田植」として国の重要無形民俗文化財に指定され歌い継がれてきたものである。中世の農村では、新春に豊作を神に祈る「田遊び」や田植えの際の「田楽《でんがく》」など、農耕に関する神事・芸能が行われていたが、これもその一種といえる。唄われている内容は農村を訪れる商人の姿であり、農民が商品経済に本格的に参加するようになる中世後期に作られたものだろう。実りの秋にいくばくかの銭を手にして櫛《くし》の一つも買えることを楽しみに、田植えに精を出しながら唄う早乙女《さおとめ》の姿が目に浮かぶようである。

このように郷村では、生産・生活に密着した年中行事として、さまざまな文化が花開いていた。日根庄を例にとれば、以下のようなものである（日付はいずれも旧暦）。まず小正月に当たる正月十六日には円満寺で法会が開かれた。これには村人が群集し曲舞《くせまい》が踊られており、今年の豊作を祈る予祝行事と考えられる。いよいよ田植えが始まる四月二日には水神を祀る大井関神社で祭礼が行われ、猿楽《さるがく》が催された。七月中旬には盂蘭《うら》盆会《ぼんえ》が催され、庄内の村ごとに風流《ふりゅう》が踊られた。風流は念仏踊りなど盆踊りの原型となるもので、見物した九条政基は「田舎の土民がどんな踊りをするのか興味があったが、風情といい詞といい、都の能に恥じない出来だ」と賛辞を送っている。盂蘭盆会は夏麦の収穫を終えた稲刈り前のひとときだった。さらに八月二十四日には収穫祭と思われる祭が村鎮守の滝宮で行われ、田楽・猿楽が催されたが、収穫・年貢収納以前という面白い時期に行われている。そして十一月十日には滝宮でホタキ（火焚き）が行われ、冬を迎えることになる。

2——郷村の対立と連合

山野をめぐる争い

郷村が直面した課題は、内部の秩序維持や領主との交渉だけではなかった。なによりも、隣接する村との交渉が不可欠だった。郷村は孤立して存在していたわけではない。隣村との境には薪・肥料・山菜など生産や生活の必需品を供給する山野や時には耕地があり、入会い的に用益していた。また、複数の村が共通の用水を利用していることも希ではなかった。それらの利用権をめぐって、村と村との間では紛争が頻発していた。

中でも有名なのは、琵琶湖の北岸にある菅浦《すがのうら》と隣の大浦《おおうら》（ともに滋賀県伊香《いか》郡西浅井《にしあざい》町）との間で行われた、日差《ひさし》・諸河《もろかわ》の耕地をめぐる争いである。菅浦は周りを山で囲まれ湖に面した小集落である。平地に恵まれず漁業や湖上水運を主な生業としていたが、その中で大浦庄との境にある日差・諸河の耕地は貴重だった。そのため一三世紀末以来、両地の帰属をめぐって大浦との間で紛争が絶えなかった。そのなかでも大規模だったのは、文安《ぶんあん》二〜三年（一四四五〜四六）に起きた争いである。きっかけは大浦側が菅浦住民の山への立ち入りを禁じたことだったが、菅浦側も大浦住民の耕作を妨害した。水運で双方と関わりのあった堅田《かただ》の住人などが仲裁に入ったが収まらず、ついには弓矢まで使った合戦に及び、近隣の村々も応援に駆けつけ、数百人が参加する大戦争になってしまった。一方で、双方は共通の領主である京都の公家日野《ひの》氏に訴訟を持ち込んだが、大浦側を勝訴としたため、菅浦側は神人《じにん》・供御人《くごにん》として繋がりのあった延暦寺の僧や公家の山科《やましな》氏を通じて幕府に訴え、逆転勝訴を勝ち取った。

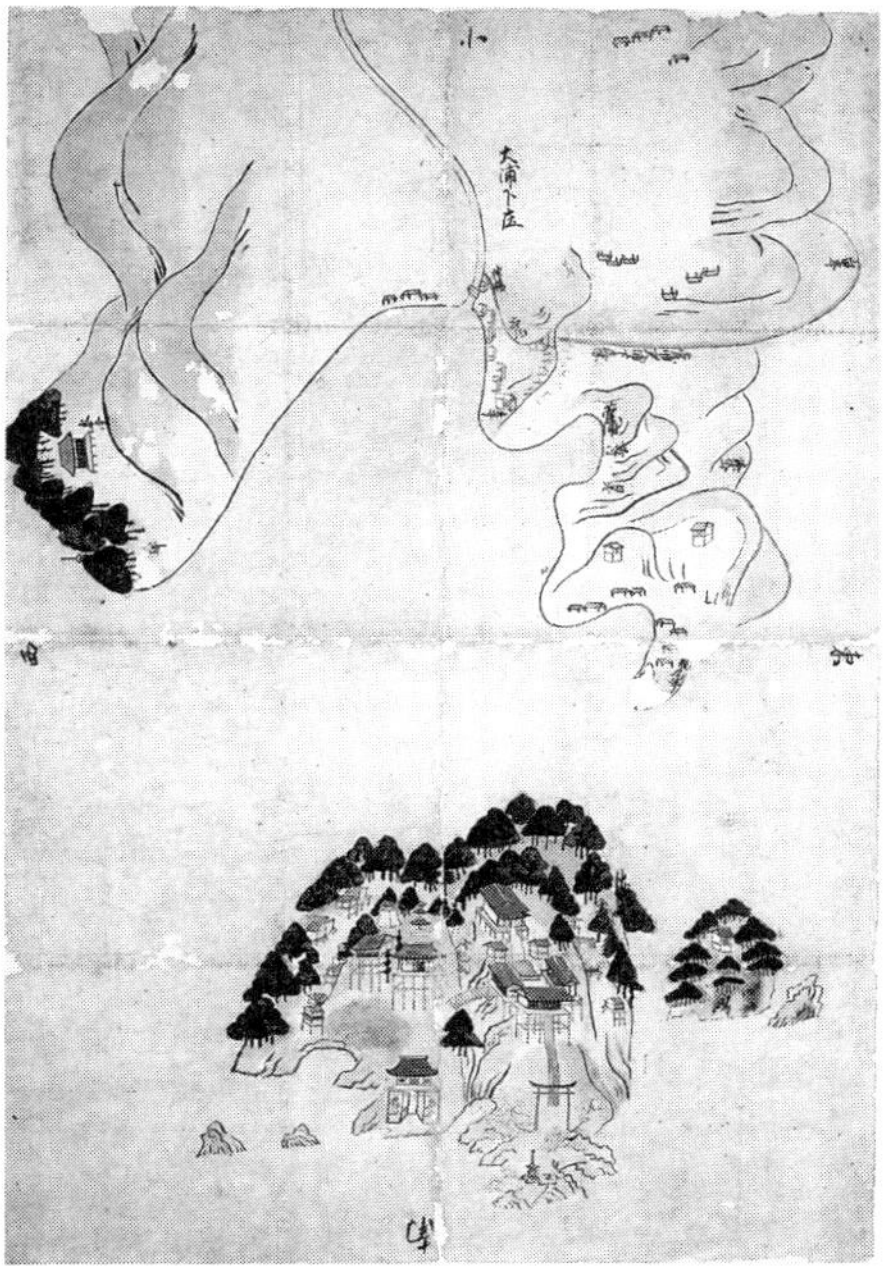

図15　近江国菅浦与大浦下荘堺絵図

このように激しい争いが繰り広げられたのは、その頃気候が不順で食糧事情が厳しかったことにもよるが、同時に、厳しい戦いを貫くだけの力量を郷村が身につけていたことも重要である。「村の武力」といわれる軍事力の編成や、近隣の郷村との協力関係の形成、それに延暦寺や山科氏という権門《けんもん》と通じ京都での訴訟を有利に進める政治力である。しかし一方、こうした形での解決は郷村にとって多大な代償を迫るものだった。合戦での人的被害もさることながら、協力してくれた村々への礼や訴訟費用など莫大な経費がかかり、菅浦は借《しゃく》銭《せん》で苦しむこととなった。中人《ちゅうにん》制と呼ばれる付近の住人の仲裁も機能せず、荘園領主も裁定を受け入れさせる力がないなど、従来の紛争解決システムが機能不全に陥っていたことが原因だった。それに代わる新たな紛争解決・秩序維持システムが求められるようになるのである。

用水をめぐる争い

用水をめぐる争いも深刻だった。京都市の西を流れる桂川《かつら》は一四世紀頃から流域の耕地の灌漑用水として利用されていたが、取水口付近の領主である松尾《まつお》神社（京都市西京区）と、下流西岸の上下久世庄など西岡十一ヶ郷との間では争いが絶えなかった。長禄二年（一四五八）には、交通の妨げになると埋め戻された用水路を、十一ヶ郷の住民が実力で掘り返し、松尾神社が幕府に提訴している。結局、郷民の負担で通路として橋を架け、用水路や橋が破損した場合も郷民が修理すること、潰された耕地分の年貢も郷民が負担することで、用水の使用が認められた。

文明十一年（一四七九）からは、西岡南東部の五ヶ郷（牛瀬《うしがせ》・大藪《おおやぶ》・上久世・下久世・三鈷寺《さんこじ》）と対岸の石清水八幡宮《いわしみずはちまんぐう》領八条西庄《はちじょうにしのしょう》との間で、分水《ぶんすい》をめぐる争いが続いた。五ヶ郷側が八条西庄の取水口の上流に新しい取水口を作ったためで、幕府に訴訟が持ち込まれて八条西庄側が勝訴となり、五ヶ郷は使用を放棄した。ところが、一五年後の明応《めいおう》三年（一四九四）に、旱魃《かんばつ》で水不足に陥った五ヶ郷が取水を再開し再び訴訟となった。またも勝訴となった八条西庄は実力で取水口を破壊しようと動いた。幕府が行う裁判だったが、判決の執行は当事者の自力に任せられていたのである。一方、敗訴となった五ヶ郷も、実力で抵抗するだけでなく、領主である東寺などを通じて新たなルートで幕府に訴訟を持ち込んだ。

結局、双方が折半することで落ち着いたようだが、こうした争いに勝つためには、一方では領主などを通じて幕府の有力者に働きかける必要があり、そのための礼銭などの費用負担は馬鹿にならなかった。また一方、判決が出てもその執行は自力で行わなければならず、そのためには、菅浦・大浦の場合と同様に、武力を準備し近隣の郷村へ協力を求める必要があった。また、幕府の実権を握っていた細川京兆《けいちょう》家（この点については、次章で詳説する）が、自らの家臣に裁定を遵守するよう命じるなど、裁判や判決の執行に大きな影響力を持っていたので、郷村のリーダーたちは競って京兆家の家臣となった。これが、後に述べる「西《にしの》岡《おか》中脈《なかすじ》被官衆」である。ここでも、新たな紛争解決・秩序維持システムが必要とされていたといえよう。

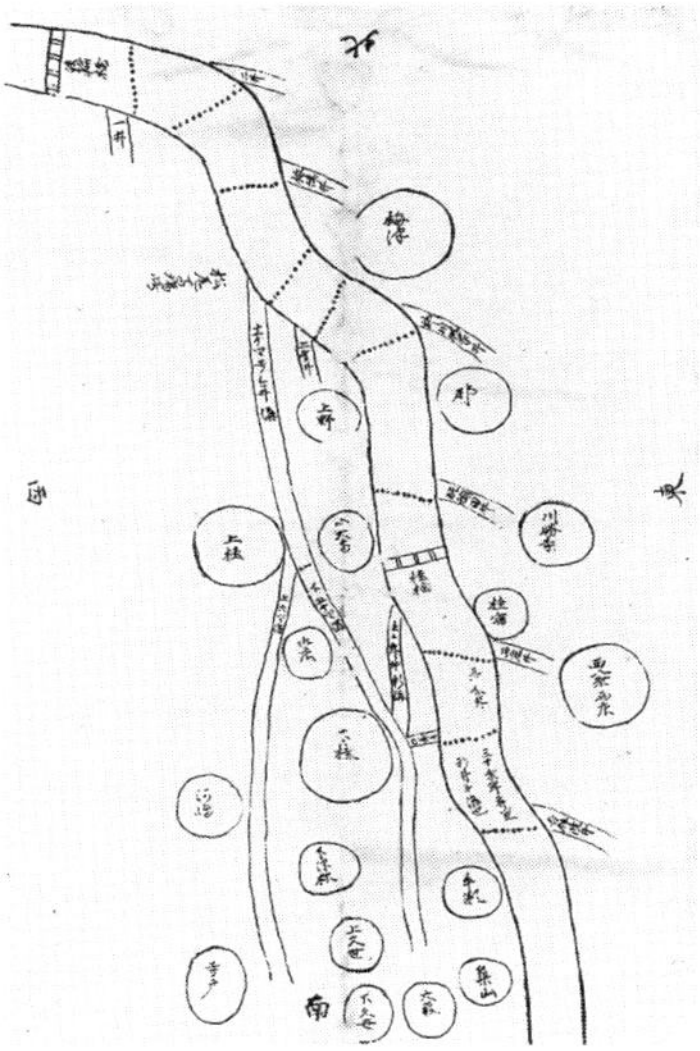
図16　桂川用水差図案

すでに見てきたように、郷村間の対立には実力行使や訴訟などで近隣郷村と連合する契機も含まれていた。それだけでなく、日常的な関係においても、共同作業や利害調整が必要だった。

郷村の連合と荘園領主の役割

明応三年（一四九四）の紛争の契機は、旱魃により桂川の水位が低下したため、五ヶ郷が取水口の掘り下げ普請《ぶしん》を強行したことにあった。このように、用水の維持・管理のためには共同作業が不可欠だった。洪水が起きれば、破壊された取水口や土砂が流入した水路を速やかに修復する必要があった。郷民だけでは足りずに人夫を雇う場合もあり、彼らへの酒・飯の振るまいなどの費用は共同で負担していた。先に述べた日根庄での樋の修復のときも、庄民だけでは力が足りず、下流の上郷三ヶ村と長《なが》滝《たき》庄からも応援を得て、上郷は酒も提供している。上郷は日根庄の「組の郷」でもあり、政治・軍事的にも結びつきがあったが、このときは用水を共同利用する立場から労働や費用を負担しているのであろう。それだけでなく、桂川用水を利用する郷村の間では、水の分配やたまった土砂の溝浚《さら》い等についても協定が結ばれ、違犯した場合は水の供給を停止する旨の契約状が取り交わされていた。

また五ヶ郷は、上下久世が東寺領、大藪が久我《こが》家領、牛瀬が勝薗寺領というように、違った領主の支配下にあったが、相互の取り決めに基づいて領主に対し「井料下行」《いりょうげぎょう》すなわち用水路維持費の支給を要求している。これは、領主としての領民の保護責任を根拠とした要求で、もし支給しない場合は土地を返上し年貢や公事を納めないとしている。幕府への訴訟も領主を通じて行い費用も立替えさせていたが、複数の領主のうちから幕府要人との繋がりなどで有利なルートを利用している。このように五ヶ郷は、領主を異にしながらも地縁関係に基づいた用水連合を形成し、生存・生活のための自立的運動を組織していたのである。

しかし、郷村間の連合は郷民全体の利益のためにだけ形成されたわけではなかった。すでに述べたように、郷村内部には階層差が存在し、加地子の収取関係も広範に展開していたからである。

加地子収取保証と在地徳政

前に紹介した中氏の買い集めた加地子取得権の売券には、加地子納入者となる売主とともに「口《く》入《にゅう》」という肩書の人物が連署しているものが見られる。「口入」とは口きき・仲介といった意味だが、多くは中氏が居住する熊取以外の土地に関するもので、番頭・沙汰人など村の代表にあたる人物が、連帯保証人《れんたいほしようにん》として署名したものと考えられる。村の責任で、きちんと加地子を納めさせることを約束したもので、土豪層が郷村への支配力を通じて相互に権利を保障しあっているといえよう。

そうはいっても、加地子収取が過度に行われれば、郷村の基盤をなす百姓の経営が立ちゆかなくなり、秩序の不安定化を招きかねない。そうしたことを防ぐ方策としてとられたのが在地徳政である。徳政といえば、嘉吉《かきつ》の土一揆（嘉吉元年（一四四一））の際に室町幕府が出した徳政令（債務破棄や売却地の取り戻しを定めた政令）が有名である。しかし、こうした徳政が正当化された根拠には、土地は開発した元の持ち主に返されるべきだとする、社会に広く普及していた観念があったとされており、徳政を行うことができたのは幕府や守護などに限られるものではなかった。実際にも、嘉吉の土一揆の際には、近江の奥島・北津田庄（滋賀県近江八幡市）で、幕府の徳政令に先駆けて沙汰人の手によって徳政令が出されている。

このように、在地徳政は郷村の指導者などによって行われていたが、一方で彼らは、徳政が行われた場合でも適用を免除することを予め保証する「徳政落居状《らっきょじょう》」も発行していた。この両者を使い分けることによって、利益保証と秩序の安定化を図っていたのである。こうした土豪連合の姿を、伊勢《いせ》の小倭郷《おやまと》（三重県津市）の徳政衆を例に具体的に見ることとしよう。

小倭郷の徳政衆

小倭郷は、奈良との県境に発する雲出川《くもず》が伊勢平野に流れ出る手前の、低山に囲まれた平地に展開しており、「小倭七郷」とも呼ばれた郷村の連合体である。この小倭郷の百姓衆三〇〇人余りが、明応三年（一四九四）に信仰の中心として建立された成願寺の住職に対し、起請文を提出した。内容は、田畠山林等の境界を侵犯し作物を荒らすことや、盗み・博打など悪党行為の禁止事項を遵守することを誓約したものである。その六日後には、土豪四六名が同じく成願寺の住職に対し起請文を提出した。内容は、内部で起きた紛争は道理に任せて解決すること、不承知の場合は白山《はくさん》神社の神前で籤取《くじと》りをすること、悪党行為を働く被官等には制裁を加えることなどを誓約したものである。

百姓衆は土豪の被官や村を単位とするグループでまとまっており、土豪たちは白山神社の宮座の構成員だったとされている。この二通の起請文から読みとられるのは、小倭郷が土豪の一揆的組織によって統轄されており、百姓たちは村ごとに、あるいは土豪の被官として編成されていたことである。土豪たちはまた、この地を支配する北畠氏の下で「小倭衆」という軍事集団を構成し、合戦に参加していた。

この土豪たちは、小倭郷で「此方嘉例之徳政」を行っており、自らを「徳政衆」と称していた。彼らは同時に、加地子取得権を所持していた者から礼物を受け取り、徳政を免除する旨の証文を発行している。それだけでなく、徳政をめぐって発生した紛争に対し、「老分《おとな》」として「批判」する、すなわち郷村のリーダーの立場から裁定にあたってもいた。このようなシステムによって、秩序が保たれていたのである。

そうはいっても、郷村の秩序は土豪や百姓の力だけで維持されていたわけではない。すでに見てきたように、彼らの中には大名や国人などの武家領主と家臣関係を結ぶものが多くいた。菅浦においても大名浅井《あざい》氏の家臣となる者が生まれ、浅井氏の支配下に入った。

領主側も彼らを通じて郷村支配を強めていったのである。そして武家領主もまた、一方では社会の変化に対応し、一揆によって結びつくようになっていた。そこで次に、そうした領主たちのありようを見ることとしよう。

3——領主の一揆

「家」から「家中」へ

江戸時代の大名の家臣団を「家中《かちゅう》」と称するのは時代劇でお馴染みだが、この言葉はそう古くから使われていたわけではない。武家領主の文書のなかに「家中」が登場するようになるのは、十五世紀後半以降のことである。それ以前に使われていたのは「家」だったが、この「家」から「家中」への転換の意味は大きい。大雑把にいえば、惣領《そうりょう》制的な単一の経営体としての「家」が解体し、「家」経営体をもつ領主の連合体として「家中」が成立したのである。つまり、それまで一族・従者は「家の子・郎党《ろうとう》」として惣領の「家」に寄食していたのだが、彼らが独自の所領をもつ一戸前の領主になり、それが連合して「家中」を作り出したのである。

その具体的様子を、安芸高田郡《あきたかだ》（広島県安芸高田市）の国人領主毛利《もうり》氏を例に見ることとしよう。もともと毛利氏は相模《さがみ》（神奈川県）を本拠とし、高田郡には吉田《よしだ》庄の地頭として南北朝内乱期にやってきた西遷《せいせん》御家人である。内乱を通じて周辺に領地を広げ、それを有力な庶子が支配するようになったが、その規模は惣領に匹敵するほどだった。そこで惣領は、幕府の権威を背景に、軍事指揮権や幕府の賦課する租税の徴収権を行使して庶子をまとめる必要があった。応仁の乱による幕府権威の低下は、こうした体制の維持を困難にし、惣領は新たな方向を模索する必要に迫られた。

ちょうどその頃、毛利氏の家臣の構成に変化が生まれていた。一つは、小庶子や譜代《ふだい》の従者が惣領家から所領をもらって経営的に自立した家臣となる動きである。もう一つは、近隣の国人領主の中に、庶子の統制に失敗して毛利氏に保護を求め家臣となる者が出てくる動きである。これらの動きは、前述した農民の小経営の本格的成立に対応した、領主支配のあり方の変化を基礎としていた。こうして惣領家の力が強くなる中で、有力庶子も惣領家の家臣となる道を選ぶようになった。このように、国人領主の「家」が解体・再編され、有力な国人領主の下に多様な出自をもつ家臣が結集して作り出されたのが、「家中」だったのである。

一揆としての「家中」

そうはいっても、家臣の中には有力な庶家や独立した国人領主出身の者がおり、惣領＝主人の支配権はそれほど強いものではなかった。というより、成立した当初の「家中」は、家臣の一揆的組織としての性格が強かった。

享禄《きょうろく》五年（一五三二）に毛利氏家臣三二名が連署して主人の元就《もとなり》に提出した三ヵ条の起請文は、そのことを端的に物語っている。第一条では、洪水で用水の流れが変わった場合、別人の領地を通るようになっても拒否しないで金銭で解決すること、第二条では、各自の従者が借財を負って同僚の家に逃げ込んだときは、お互いに話し合って解決すること、第三条では、各自の従者が主人と仲違いして同僚の家に逃げ込んだときは、もとの主人に届けその返事に従って処理することとしている。つまり、彼らは田畠等の所領を有し従者を抱える自立的領主であり、お互いの間で問題が生じたときは、対等な「傍輩《ほうばい》」として、話し合いや弁償により共同で解決することを約束しあったのである。主人に求めたのは、この約束を破ったものに対する制裁だった。だから、この起請文は一種の一揆契状《いっきけいじょう》だったといえる。

毛利元就といえば、後に中国地方の数ヵ国を支配する大戦国大名にのし上がることになるが、このときもっていた権限は、これほどに小さかった。そもそも元就は、兄の興元《おきもと》が酒に溺れて早死にし、その子の幸松丸《こうまつまる》が夭逝したのをうけ、家臣たちの合議《ごうぎ》によって毛利家の家督に就くことができたのだった。それだけ、「家中」の運営において家臣の発言力は大きかったのである。とはいえ、こうした起請文を取り結ばなければならなかったのは、領地や従者の支配をめぐる彼らの間での対立・矛盾も、また大きかったことを意味している。その深刻化から、戦国大名に繋がる主人の支配権強化が必要とされるに至るのだが、それは後の話である。

山中「同名中」

国人領主の「家中」が典型的に成立するのは、中国地方や東海・北陸・関東地方など、小経営農民の成長が見られる一方で在地領主支配も以前から強かった中間地帯だった。これに対し、惣村の形成など農民の成長が著しく、また幕府の影響力も強く残った畿内近国では、領主組織にも独特の形が見られた。その一つが、近江の各地で存在が確認される「同名《どうみょう》中《ちゅう》」という組織である。ここでは、その代表的存在である近江甲賀郡《こうか》（滋賀県甲賀市）の山中《やまなか》氏の「同名中」を取り上げる。甲賀郡は伊勢・伊賀《いが》・山城と境を接する谷合いの地域で、戦国時代には甲賀五十三家とも称された小規模国人領主が盤踞《ばんきょ》していた。甲賀といえば忍者の里として有名だが、それは、彼らのうちに小規模な所領を守るため諜報など特殊な軍事技術を身につけた家があったからである。

そのリーダー格ともいえるのが、柏木郷《かしわぎごう》(甲賀市水口町《みなくちちょう》)を本拠とする山中氏である。山中氏は、鎌倉時代以来御家人としてこの地を支配してきたが、応仁の乱を契機とする幕府の衰退とともに、新たに「同名中」と称する組織を作り出していった。「同名中」とは、その名の通り名字を同じくする人々の連合体であるが、メンバーは一族を主体としつつも、名字の異なる百姓上層(土豪)も「同名入り」として加えた擬制《ぎせい》的同族集団だった。こうした組織を作り出したのは、やはり一族(庶子)や百姓が自前の「家」をもち地位を上昇させたため、従来のような惣領の家支配が維持できなくなってきたからである。実際、惣領は軍事指揮権を握ってはいたが、内部では「与(組)掟」という一揆契状が結ばれ、また、運営にあたるのはメンバーから選ばれた年番の「奉行《ぶぎょう》」・「年行事《ねんぎょうじ》」だった。だから、「同名中」は「家中」よりも一層一揆的性格の強い組織だったといえる。

「同名中」の役割

「同名中」が行っていたことのうちには、前にも述べた「徳政落居」があり、メンバーが集積していた加地子得分権を相互に保障しあう役割を果たしていた。同時に、領内を流れる用水の共同管理・紛争処理にもあたっており、地域社会の秩序維持機能も果たしていた。それだけでなく、「同名中」や領内の百姓と他領の者との間で紛争が生じた場合は、武器を取って加勢することになっており、地域防衛の役割も担っていた。

このように「同名中」は、一方では共同で権益を擁護する支配組織だったが、同時に地域社会での公的機能を担う権力でもあった。また、メンバーは居住する村の百姓を「若党《わかとう》」・「中間《ちゅうげん》」といった被官に組織し基盤を固めていたが、村人の組織である「衆惣《しゅうそう》」の意向を踏まえ、彼らの利害を代弁する役割も果たした。百姓の権利の保護に力を注いだのも、そうしたことによっていたのだろう。このように「同名中」は下からの規制を強くうけており、百姓の力の強い畿内近国に特有の領主組織だったといえる。

国人の一揆

これまで見てきたように、国人領主は「家」単位に一揆組織を形成し、領内の支配秩序維持にあたっていた。しかし、地域社会は国人領で自己完結しないことはいうまでもなく、郷村が相互に対立とともに連合を形成したように、国人領主間でも課題によって共同関係が結ばれた。山中「同名中」は、永禄九年（一五六六）に付近の伴《ばん》・美濃部《みのべ》氏の「同名中」とともに「柏木三方《かしわぎ》」として起請文を取り交わし、共同で夜討・強盗・山賊等の取り締まり・処罰を行うこと、若党や百姓の独自行動を規制することを約束している。これは、三年前に近江南半部の守護である六角氏が観音寺《かんのんじ》騒動という内紛を起こし、治安維持能力が低下したことに対応するため、独自に地域連合を強化したものである。

毛利氏の場合は、少しさかのぼる永正《えいしょう》九年（一五一二）、天野《あまの》・平賀《ひらが》・小早川《こばやかわ》・吉川《きっかわ》氏など安芸の主立った国人領主と一揆契状を取り交わしている。内容は、将軍や諸大名から軍事動員をうけても、勝手に行動せず「衆中《しゅうちゅう》」で相談して方針を決めること、親類や被官の逃亡や土地をめぐる争いも衆中の話し合いで解決すること、お互いの間で喧嘩《けんか》（実力行使）が起きてもすぐに報復しないで「衆中」の裁定を待つこと、「衆中」の者が他人と武力衝突を起こしたとき「合力《ごうりき》」することである。この頃、安芸は周防《すおう》大内《おおうち》氏の支配下にあり、国人たちも大内義興《よしおき》に従って幕府権力をめぐる畿内の争いに従軍していたが、出雲《いずも》の尼子《あまご》氏がその隙を窺い、また厳島《いつくしま》神社では神主の跡目をめぐる争いも起きるなど、国元の状況が不安になってきたので（七—1「大内・尼子氏の抗争始まる」参照）、こうした起請文を取り交わし、協力して問題に対処することを誓い合ったのである。

百姓の一揆と国人の一揆

中には、郷村の百姓衆と国人衆がそれぞれ一揆を形成し、地域秩序を維持するために誓約を交わすことさえあった。大和《やまと》宇智《うち》郡（奈良県五條市）は紀伊と河内《かわち》と境を接する山間の地で、とくに紀《き》ノ川を通じて紀伊との関係が深かった。この宇智郡の「百姓衆」二〇名が、弘治《こうじ》四年（一五五八）に「御国衆様」に連判状《れんぱんじょう》を提出した。内容は、前年の日照りにより生活が苦しくなっているが、借金をしようにも金融業者が徳政一揆を恐れて貸し渋っている、一〇年間は徳政の訴訟はしないので、高野山の僧でも誰でもいいから貸し手を斡旋してほしいという嘆願だった。徳政をめぐる問題も興味深いが、ここでは、百姓たちが生活防衛のために郡単位で団結した行動に立ち上がっていることに注目したい。「百姓衆」は土豪クラスの者たちで、国衆《くにしゅう》（国人領主の当時の呼び方。これからも国人領主の意味で使う）の家臣となっていた者もいたが、今回は郷村を代表す

図17　飯尾宗祇

る立場から交渉に臨んだのである。

これを承けて国衆たちは、金融業者に貸付を了承させるとともに、家臣が徳政一揆を企てたら処分すること、幕府や守護が徳政を実施しても従わないことを相互に誓い合った。国衆たちも、義就と政長の対立以来、河内や紀伊で続いていた畠山氏の内部抗争の一方に荷担し、お互いに争いあっていた。しかし、肝腎の支配対象である地域社会が存立の危機を迎えたとき、領主としての責任を果たすために、抗争を棚上げして一揆を結び、共同して問題に対処したのである。

寄合の文化

このように国人領主の間には、地域社会のメンバー同士として、お互いに対立しあっていてもすぐに一揆を形成して協力する気風があった。それを支えたのは、日常的に取り結ばれるさまざまな横のつながりだった。ここでは、当時、彼らの間で流行していた連歌を取り上げてみよう。

連歌は「寄合の文芸」といわれる。和歌の上の句と下の句を交互に詠み連ねていく文芸だから、どうしても連歌会という寄合を開かなければならない。そこに集まる人々を連衆《れんじゅ》という。彼らは、前の人が読んだ句の後に七・七あるいは五・七・五の句を付け、一つのまとまった歌にする。その巧拙を競うわけだが、同時に相手との息が合わなければならない。また、全体の流れという統一性も保たれなければならない。連衆の間には、競争心とともに連帯感が育まれるのである。

連歌は鎌倉時代より、身分の上下を問わずに行われていたが、最盛期は宗祇《そうぎ》・宗長《そうちょう》らの連歌師が活躍した戦国時代だった。彼らは、京都で多くの公家・武家と交わったが、応仁の乱後は越後《えちご》の上杉氏や駿河《するが》の今川氏、周防の大内氏をはじめとする多くの地方武家のもとを訪れる旅を重ねた。行く先々では連歌会が催され、供応《きょうおう》・接待を受けるとともに、次の興行先へとリレー式に送られていった。こうした地方武家の援助によって、連歌師の生活は成り立っていた。同時に、そこで開かれる連歌会こそ、集まった大名家臣・国人領主たちが一揆の精神を養い確認しあう場だったのである。連歌の隆盛は、このような一揆の精神の横溢《おういつ》する社会が生み出したものであった。

4──惣国の一揆

乙訓惣国の形成

これまで見てきたのは土豪・百姓の一揆と国人領主の一揆だったが、それだけでなく、地域社会の構成員が階層の違いを越えて連帯し、自治的運動を展開する一揆もあった。彼らは自らを「惣国《そうごく》」と称した。この場合の国は、律令制以来の上から定められた国郡という区分ではなく、住民が生活する場としての「くに」という意味合いが強い。第一章で見た山城国一揆や加賀一向一揆はもちろんだが、それだけでなく、戦国時代には各地で「惣国一揆」が成立していた。

この章の冒頭に出てきた上下久世庄が属する山城乙訓郡《おとくにぐん》も、その一つである。そこで述べたように、この地域では荘園領主を異にする郷村が用水を通じて連合を形成し、生活を守るために共同で訴訟などの運動を展開していた。ちょうど山城国一揆が成立した文明十八年（一四八六）、畠山義就と抗争を続けていた細川政元《まさもと》が、義就方についた者が乙訓郡にもっていた所領を没収し、上田林という家臣に与えた。これに対し、乙訓郡の政元家臣の土豪たちは、政元に礼銭を支払って、上田林が現地を直接支配するのをやめさせてもらった。その上で各郷村に対し、これは「惣国大儀《たいぎ》」であるとして、連名で礼銭の負担を割り当てる文書を発した。郷村は、自ら支払うだけでなく荘園領主にも負担を要請し、荘園領主も嫌々ながらではあるが要請に応じた。

明応《めいおう》七年（一四九八）には、同じ細川政元の家臣で山城下五郡の守護代を務める香西元長《こうざいもとなが》が、乙訓郡を含む五郡に対し五分一済という租税を徴収することとなり、強く納入が督促された。これに対し、「乙訓郡面々」は会合を重ね、「当郡」を「国持《くにもち》」とする、すなわち乙訓郡を自治的に運営するので免除してほしいと元長に要請した。これは元長に認められなかったが、彼らは再度乙訓郡の鎮守である向日宮《むこう》で「国之寄合」を開き、とりあえず一年分の租税を免除してもらうことを「国之儀」として決定し、再び郷村や荘園領主から元長に支払う礼銭を集めた。このように、他地域を本拠とする武家領主による直接支配や租税賦課という共通の問題に対し、乙訓郡の人々は「惣国」という地域社会の論理に基づき階層の違いを越えて団結し、被害を最小限に止めようと努めたのである。

甲賀郡中惣

甲賀郡においては、「郡中惣《ぐんちゅうそう》」と呼ばれる組織が作り出された。郡中惣は、「郡中掟」という法に基づき、「郡中奉行」という組織によって運営されており、元亀《げんき》二年（一五七二）には甲賀郡内の有力寺社である飯道寺《はんどうじ》（甲賀市水口町）と新宮《しんぐう》神社・矢川《やがわ》神社（甲賀市甲南《こうなん》町）との間で起きた争いの裁定にあたっていた。すでに以前より、甲賀郡内の牛飼《うしかい》村（甲賀市水口町）と隣の山上《やまがみ》村（甲賀市水口町）などとの境界争いに対し国人領主たちが仲裁に入っており、こうした伝統的慣習を引き継いで、郡中惣は郡内の地域秩序を維持する役割を果たしていたといえる。天正元年（一五七三）になると、甲賀郡の和田《わた》村・五反田《ごたんだ》村（甲賀市甲賀町）と隣の伊賀上柘植《いがかみつげ》村（三重県伊賀市柘植町）との間の、境界の山野利用をめぐる争いが起こり、武力衝突にまで発展した。そこで、甲賀郡中惣は次項に登場する「伊賀惣国一揆」とともに調停に乗り出し、各一〇人の奉行衆が仲介して和解の起請文を取り交わさせることに成功している。惣国一揆間の連携による広域的秩序維持システムの形成である。

しかし、郡中惣としての活動がはっきりと確認できるのはそう古いことではなく、確実な初見は、前述した元亀二年の裁定である。なぜこの時期なのかは、甲賀郡をめぐる政治情勢と深く関わっている。すなわち、この地の守護六角氏権力の崩壊である。六角氏は、永禄十一年（一五六八）に足利義《よし》昭《あき》を擁して上洛を図る織田信長に対し、居城の観音寺城に拠って抵抗したが敢えなく敗れ、甲賀郡へと敗走した。前述のように、観音寺騒動以後結集を強めていた甲賀郡の国人領主は、これにより、さらに結束を固め独自の地域秩序維持システムを作る必要があったのである。また、信長勢力の侵攻という事態に対し、地域を防衛する課題も新たに生まれた。それに応えるものとして作り出されたのが、郡中惣だったのである。

伊賀惣国一揆

伊賀は隣接する甲賀郡と並んで忍者の里とされているが、それは同じく山間の地域で小規模国人領主が盤踞していたことと関わっている。ここでも「惣国一揆」が成立しており、郡中惣と「野寄合」を開いて連携を強め、ともに信長勢力と対抗する体制を整えていた。その際に制定されたと考えられている「惣国一揆掟」が残されている。「惣国」の軍事体制を窺うことのできる貴重な史料なので、少し詳しく見てみることにしよう。

まず最初に決められているのは、他国から伊賀に軍勢が侵入してきた場合には、「惣国一味《いちみ》同心《どうしん》」で防衛することである。出陣するのは「上は五十、下は十七」の者で、「武者大将」の指揮下に「里々」の「惣」を単位に編成されていた。主力は「当国諸侍之被官中」だったが、「百姓」も「足軽」として従軍し、手柄を立てれば「褒美」が与えられ、「侍」に取り立てるとされている。これに対し、他国の軍勢の侵入に協力した者は、「惣国」として討ち取り所領を没収するという厳しい規定もあった。このように、伊賀惣国一揆は地域防衛のために、身分・階層の違いを越えて結集した軍隊だったのである。

甲賀郡中惣と伊賀惣国一揆の行く末については本巻の範囲を超えるが、簡単に述べておこう。信長上洛後はしばらく平静が保たれていたが、近江北部の浅井氏が信長と手を切り、姉川《あねがわ》の合戦が行われる頃から、再び緊張が高まっていく。六角氏もそれに呼応して軍事行動を再開し、伊賀・甲賀勢も従っていたが、元亀元年（一五七一）の野洲河原《やすがわら》（滋賀県野洲市）の合戦で大敗を喫した。しかし、天正元年（一五七三）に信長が北伊勢を攻め落とした際も、抵抗した勢力の中に伊賀・甲賀の者がいたと、『信長公記《しんちょうこうき》』には書かれている。甲賀郡中惣が信長に降伏するのは翌年のことであり、それ以後国人領主は「甲賀衆」として信長の戦争に従軍するようになる。これに対し伊賀惣国一揆はなおも抵抗の姿勢を示し、天正七年には北伊勢から侵攻してきた織田信雄《のぶかつ》を撃退している。そして、翌々年に石山本願寺を降伏させた信長軍によって伊賀は征服され、惣国一揆も終焉を迎えることとなった。

惣国一揆成立の要因

このように、惣国一揆は畿内近国において顕著に見られる運動・組織だった。それは、第一章の最後に書いたように、地域秩序を担いうるまでに成長した民衆の力量が、この地域でとりわけ高かったことにもよっている。惣村が典型的に成立するのも、この地域だったのである。しかし、それだけでは十分に説明したことにはならない。惣国一揆の大きな特徴の一つとして、山城国一揆や甲賀郡中惣のように、存在が極めて短期間だったことがあげられる。乙訓惣国も、それ以後は目立った動きは見られない。というより、次章で述べるように大きく変質していった。加賀一向一揆は一〇〇年ほど続いたが、すでに述べたように、本願寺と室町幕府との強い結びつきという特殊性があった。

しかし、そのことは民衆の力量が足りなかったとか、権力の弾圧に抗しきれなかったということを意味しない。そもそも惣国一揆は、日常的には矛盾・対立関係をもつ民衆と領主が、外部勢力の侵入などによる地域社会の危機という非常事態を迎えたとき、とりあえず対立を棚上げして共同することにより成立するものなのである。したがって、何らかの形で危機が解消した場合には、惣国一揆が解体するのは何ら不思議ではない。

畿内近国で惣国一揆が顕著に見られるもう一つの理由は、この地域が危機を迎えやすい政治秩序の不安定さを抱えていたことである。何よりも、応仁の乱以来この地では戦乱が絶えなかった。山城国一揆が起きたのも戦乱が原因だったが、その崩壊後も畠山氏の分裂抗争は続いた。それを抑えるべき将軍家は勢力が衰え、幕府の実権は細川氏が握ることとなる。ところが、その細川氏も家督をめぐって内輪もめが始まり、分裂抗争を繰り返すようになる。のみならず、京都や奈良は公家や寺社という伝統的勢力の本拠であり、彼らは膝下の荘園に対する支配を続け、また延暦寺や本願寺などの宗教勢力は独自の軍事力を維持していた。そのため、政治的関係が複雑であり、紛争にはさまざまな勢力の思惑が絡まり、簡単には解決がつかなかったのである。そこで次に、応仁の乱後の畿内に戻り、政争の過程を追うとともに、そこから新しい秩序が生まれてくる方向を探ることとしたい。

三　畿内の政争

1―明応の政変

足利義尚《よしひさ》が父義政《よしまさ》の後を継いで将軍となったときは、僅か九歳だった。政治を投げ出した父は遊興にふけったが、母富子《とみこ》は幼少の息子を後見して幕政を仕切った。彼女が蓄財に走ったのには、その財源確保という側面もあったのである。義尚も、成長するとともに為政者としての自覚を高め、十六歳の時には一条兼良《いちじょうかねよし》に政道を諮問《しもん》し、兼良はこれにこたえて『樵談治要《しょうだんちよう》』と題する意見書を著した。また母が疎ましくなった義尚は、十九歳で養い親でもあった政所執事《まんどころしつじ》の伊勢貞宗《いせさだむね》邸に移り自立を図った。

将軍権力の再建

実際義尚は、一条兼良に諮問した頃から、奉行人を指揮して自ら政務や訴訟処理にあたる御前沙汰《ごぜんさた》を始め、幕政への積極的姿勢を示した。さらに有名なのは、長享《ちょうきょう》元年（一四八七）近江《おうみ》守護六角高頼《ろっかくたかより》討伐の軍を起こしたことである。六角氏やその家臣が、寺社本所領《じしゃほんじょ》や将軍親衛隊である奉公衆《ほうこうしゅう》の領地を侵略していたのに対し、その奪回を目指したのだった。守護の軍勢が京都から引き上げ、その分だけ将軍の地位が相対的に上昇していたので、将軍権威の回復や軍事基盤の強化を図る絶好のチャンスであった。数千の軍勢を引き連れた若き将軍の馬上姿は壮観だった。

しかし、幕府の実力者である細川政元《まさもと》は、自分の家臣も同じく侵略を繰り返しており、六角氏討伐には消極的だった。そのため自らは出陣せず、名代《みょうだい》を派遣したに止まった。それだけでなく、六角氏と内通して攻撃を知らせたため、高頼は事前に甲賀郡へと脱出してしまった。義尚は、はかばかしい成果が得られないまま、鈎《まがり》（栗東市《りっとう》）に陣を構え一年半にわたり滞在した上、戦果が挙がらない苛立ちからか酒色にふけり、延徳《えんとく》元年（一四八九）に世を去ってしまう。享年二十五だった。

細川政元のクーデター

義尚に実子はなく、さっそく後継者問題が浮上した。義視《よしみ》は二十四歳の息子義材《よしき》（彼は後に義尹《よしただ》・義稙《よしたね》と改名するが、煩雑になるのですべて「義材」とする）を連れて、直ちに亡命先の美濃《みの》から上洛した。富子は、妹が義材の母であったこともあり、彼を将軍に推《お》し義政も同調した。政元は、応仁の乱以来の確執からか、義材ではなく堀越《ほりごえ》公方《くぼう》政知《まさとも》の子である香厳院清晃（後の義澄《よしずみ》、彼も義遐《よしとお》・義高《よしたか》とも名乗っているが、すべて「義澄」とする）を推したが、彼らの意向には逆らわなかった。延徳二年（一四九〇）、義材は第十代室町幕府将軍に就任し、父義視は後見人となった。それと前後して義政と畠山義就《よしなり》が没し、義視・政知もほどなく後を追った。こうして、享徳《きょうとく》〜応仁の乱の立役者たちは次々と世を去り、息子たちの世代が政局を動かすこととなる。

将軍となった義材は、義尚の路線を継承し、直ちに御前沙汰を開始するとともに、六角氏討伐に乗り出した。延徳三、四年（一四九一、二）の二度にわたる出陣は成果を収め、高頼を伊勢《いせ》に逃亡させると新しい守護を任命して京都に帰陣した。勢いに乗る義材は翌明応《めいおう》二年（一四九二）二月、奉公衆と諸大名を率いて河内《かわち》に出陣した。畠山政長《まさなが》の要請をうけて、義就の後継畠山基家《もといえ》を討伐するためだった。ところが細川政元は、従軍しなかったばかりでなく、四月には将軍義材を廃し、かねて意中の人だった義澄を将軍に据えるという挙に出た。今回の出陣は畠山氏の内紛への介入であり、止めるように進言したが受け入れられなかったというのが表向きの理由である。すると、奉公衆や諸大名は次々と陣を引き払い、義材・政長は孤立を深めた。そして閏四月、細川政元は河内に討伐軍を派遣し、政長は自害、息子の尚順《ひさのぶ》は紀伊《きい》に逃亡、義材は降伏して京都の政元家臣上原元秀《うえはらもとひで》邸に幽閉されることとなった。これを明応の政変という。

図 18　細川政元

政変にはいくつかの背景があった。まず、畿内を基盤とし幕政にも深く関わっていた政元は、将軍権力が再建されていくのに危機意識を持ち、政長方に肩入れする義材に対し、上原元秀を通じて基家方と結ぶようになっていた。今回の河内出陣には、政元の動きを牽制する意図があったとされている。政変は、それへの対抗手段だったのである。富子や政所の伊勢氏も、勢力を伸ばす義材に反発し政元＝義澄派に転向していた。諸大名は、家臣の公家・寺社領侵略を認めていたから、義材を積極的に支持する理由はなかった。さらに、肝腎の親衛軍である奉公衆も、義材が逃亡時代に苦労をともにした側近を重用したため、内部対立が生まれていた。こうしたことが重なって、クーデターはあっけなく成功したのである。

しかし、義材は幽閉先を脱出し、政長派の越中守護代神保長誠《じんぼながのぶ》のもとに逃れた。その後、彼は各地を転々とし「流れ公方《くぼう》」と呼ばれながらも、将軍の地位の回復を執拗に目指した。彼の動向は、後に述べる細川家の分裂とともに、畿内の戦国政治史を大きく左右することとなる。

細川政元政権の成立

こうして、細川政元政権が発足することとなった。将軍に擁立された義澄は政元の傀儡《かいらい》であり、御前沙汰は政元邸で開かれ、決定の執行においても幕府奉行人だけでなく細川京兆《けいちょう》家の奉行人の命令が重要な役割を果たした。二―2「用水をめぐる争い」で述べたように、決定が実効性をもつためには畿内の国人を家臣に抱える細川京兆家の力が必要だったのである。また政元は、管領《かんれい》の地位にこだわらず時に応じて就任と退任を繰り返していた。大切なのは、細川京兆家の家督の地位だったのである。

実際、政元は将軍・天皇という伝統的権威を重視していなかった。将軍に就任した義澄が、参議中将《さんぎちゅうじょう》という形骸化していた朝廷の官職に就きたいと望んだのに対し、政元は「官位などは、昇進したからといって人が命令に応じるわけではないので意味がない」と言って、取り合わなかった。また、後土御門《ごつちみかど》天皇が死去し、後を継いだ後柏原《ごかしわばら》天皇が正式の即位儀礼である即位式を行うために、政元が守護となっていた摂津《せっつ》と丹波《たんば》から段銭《たんせん》を徴収してほしいと要請したところ、政元は「即位式などをしても、実体のない者を王と思うものはいないので無益だ。私は王と思っているのだから、それでいいではないか。大仰なことは不相応だ」と言って拒否した。政元にとって朝廷は、金のかかる厄介な存在だったのである。

図19　足利義澄

政元が力を注いだのは、畿内の地域支配を統合・強化することだった。畿内争乱の軸となっていた畠山氏の内紛が、義就＝基家派の勝利によりいちおう決着したことが大きかった。一―4「国一揆の崩壊」で述べたように、山城《やましろ》守護となった伊勢貞陸《さだみち》は基家派の大和《やまと》国人古市澄胤《ふるいちちょういん》を守護代に任命し、抵抗する政長派の国人を掃討して山城国一揆を解体させた。まさに、政元―基家―伊勢―古市ラインでの南山城支配の一元化である。奉公衆の一族や畠山氏家臣の中からは、力の衰えた主人を捨て政元の家臣になる者が続出した。政元が、彼らが敵対者や寺社・公家の領地を侵略し、半済《はんぜい》などを徴収することを支持していたのは、二―4「乙訓《おとくに》惣国の形成」で見たとおりである。

しかしながら、こうした畿内の細川領国化の方向は順調には進まなかった。確かに政元は室町幕府の実権を握ったが、複雑な畿内の政治関係を一掃し、新たな秩序を打ち立てるには至らなかった。室町幕府体制という枠組みは、畿内という地域に縮小されはしたが、依然として生きていたのである。したがって、諸勢力の力関係により半済も実施と撤回が繰り返されるという不徹底なものとなった。この問題を解決しないまま、政元は永正《えいしょう》四年（一五〇七）に暗殺されることになる。

朝廷儀礼の衰退

細川政元政権の成立は、朝廷にも大きな影響を与えた。室町時代の朝廷は、租税賦課や紛争処理などの政治的権限を幕府に接収されていたが、元号の制定や官位の授与といった儀礼的機能を果たすことにより、室町殿《むろまちどの》（足利将軍家の家長《かちょう》）による国家的支配の一翼を担っていた。その活動を経済的に支えるため、室町殿・幕府は天皇や公家の領地の保護や財政援助を行っていた。応仁の乱による室町幕府の全国支配の崩壊が、彼らの経済基盤に打撃的被害を与えたことは、一―3「公家たちの下向」で述べたとおりだが、さらに幕府の実権を握った政元が財政援助に消極的だったことが追い打ちをかけた。

その影響は、たちまち朝儀《ちょうぎ》（朝廷の儀式）の衰退として表れた。たいしたことではないと思われるかも知れないが、伝統的儀礼の遂行こそが朝廷のアイデンティティとなっていたのであり、天皇・公家にとっては深刻な問題だった。ある公家は日記で「節会《せちえ》（重要な年中行事）はいつになったら再興できるのか。毎年同じことを書いているが、悔恨に耐えられずまた書いてしまった」と嘆いている。叙《じょ》位《い》・除目《じもく》は、官位の授与を行うための重要な公式行事だったが、これも幕府からの援助が途絶えてしまい、ほとんど開かれなくなってしまった。「玉体安全・国運長久」のための大元帥法《たいげんのほう》・後七日《ごしちにち》の御修法《みしほ》という国家的祈禱も、中絶するか簡略化されてしまった。そして、最も大切な天皇の代替わり儀礼も、前項で見たように滞るようになり、後柏原天皇は亡くなる直前にやっと即位礼を行うことができた。もう一つの代替わり儀礼である大嘗祭《だいじょうさい》に至っては、江戸時代まで二百年余の断絶に追い込まれてしまった。それどころか、天皇の葬式を行うのも大変で、遺体が二ヵ月以上放置されることすらあった。

政庁であり天皇一家の生活の場でもある御所の維持も大変だった。応仁の乱で御所は西軍に占拠され、天皇一家が戻ってきたのは文明《ぶんめい》十一年（一四七九）のことだったが、住まいである清涼殿《せいりょうでん》は修復されたものの、重要な朝儀の場である紫宸殿《ししんでん》は破損したままで、周囲の築地も崩れ、三条橋のたもとから御所の明かりが見えたというエピソードも残っている。だから、警備も手薄なため人の出入りは簡単で、たびたび盗賊に襲われもしていた。

朝廷政治の変容と公家勢力の解体

そこで、天皇・公家は自らの手で生活を維持し朝廷政治を遂行する必要に迫られた。そのためにとられた方策が、元号の制定や官位の授与という朝廷の機能を、生計を確保するための天皇の家業とすることだった。元号はもともと天皇による「天下」支配の時間における象徴の意味をもっていたが、この頃は京都を制圧した武家が、

「天下」支配宣言として改元をするようになっていた。そこで、彼らから手続き費用の名目で礼銭《れいせん》を支払ってもらうのである。官位には実質はなかったが、ランキングがありステイタスシンボルの意味を持っていたので、多くの公家・武家が求めてきた。これに対してもランクに応じた手数料を請求するようになった。本来なら、元号制定も官位授与も天皇固有の支配権に属し、その費用も当然「国庫」から支出されるものだったが、ここに至って「受益者負担主義」が導入され、朝廷政治は営利事業と化したのである。

この仕事に従事し、収入の分配に与《あずか》ろうとする公家たちが集まってきた。彼らは禁裏《きんり》小番衆《こばんしゅう》という集団に編成された。これは、もともとは御所の当直のために編成されたものだったが、仕事柄御所に出入りする機会が多かったので、会議や文書の作成を行うのに都合がよかったのである。彼らの多くは、蔵人《くろうど》や弁官《べんかん》という実務官僚を家業とする中流公家だったが、これらの業務を通じて天皇と親密な関係になり、実質的な側近集団を形成するようになった。この頃、天皇の妻となる女性も、庭田《にわた》・勧《か》修寺《じゅうじ》・万里小路《までのこうじ》氏といった、この集団の中心メンバーの家の出身であった。

もちろん、すべての公家が禁裏小番衆となったわけではない。独自の経済的権益を多くもち家格も高い近衛《このえ》・九条《くじょう》など五摂家《ごせっけ》は誰も入っていない。また、京都を離れ朝廷と縁を絶った公家も多くいた。日野《ひの》・広橋《ひろはし》・烏丸《からすま》氏のように、京都に残りながらも、もっぱら将軍家や本願寺などに出仕する公家もいた。それぞれが、生き残りの道を必死で求めていたのである。そのような中で、京都での魚商売への営業税賦課権に関する鷹司《たかつかさ》家と山科《やましな》家との争いのように、公家の間で経済的権益をめぐり対立が生まれることがあった。鷹司家が塩魚に対する賦課権を、山科家を本所とする禁裏供御人《くごにん》が生魚に対する賦課権を、それぞれ有していたのだが、天皇は禁裏小番衆である山科家を贔屓し、生魚はやがて塩魚となるが塩魚は生魚にならないなどという詭弁《きべん》を弄《ろう》し、幕府の法廷での禁裏供御人勝訴をもぎ取った。もはや天皇は、公家社会全体を統合する力も意思も喪失していたのである。

2—細川家の分裂

政元暗殺

室町幕府の実権を握った細川政元は、特異な個性の持ち主だった。修験道《しゅげんどう》に凝って山伏のような修行に明け暮れ、「魔法」を使うと恐れられたという。その一方で女人禁制と称して妻帯せず、実子を作らなかった。そこで、延徳三年（一四九一）に家督を継がせるため、関白を務めた九条政基《まさもと》の子を養子とし、京兆家嫡子の幼名である聡明丸《そうめいまる》を与え、さらには将軍の一字をとって澄之《すみゆき》と名乗らせた。ところが、文亀《ぶんき》三年（一五〇二）には阿波《あわ》（徳島県）守護細川家からも養子を迎え澄元《すみもと》と名乗らせた。さらに政元は、一族の団結を重視して和泉《いずみ》（大阪府南部）守護家出身の高国《たかくに》も養子とした。これが、細川京兆家内部での後継者争いの引き金となった。

永正《えいしょう》元年（一五〇四）には、澄元を養子に迎える使いとなった摂津守護代の薬師寺元一《やくしじもとかず》が、「西岡《にしのおか》中脈被官衆《なかすじ》」らの支持をうけ、澄元の家督相続早期実現を目指し挙兵した。挙兵は失敗し元一は自刃したが、永正三年（一五〇六）には澄元が阿波細川家の執事三好之長《しつじみよしゆきなが》の軍勢を従えて上洛した。危機感を募らせた澄之派の摂津守護代薬師寺長忠《ながただ》・山城守護代香西元長《こうざいもとなが》らは、翌年六月湯殿で潔斎《けっさい》中の政元を暗殺し、さらに澄元の屋敷を襲った。澄元は之長とともに近江に逃れ、近江や畿内の軍勢を糾合して反撃に出、澄之の宿所に立て籠もる元長・長忠らを討ち、澄之を切腹させた。

こうした経過からすると、政元の特異な個性が細川京兆家の内紛を招いたように見えるが、それだけではない複雑な事情があった。複数の養子を立てたことの裏には、家臣団内部での政治路線をめぐる対立があった。公家の澄之を養子に迎えたのは、将軍家との関係を重視する政権構想に基づいていた。澄之は母が足利政知の妻の姉妹であり、将軍義澄とは従兄弟同士となる。これを管領に据え、さらに義澄の兄弟である潤童子《じゅんどうじ》を鎌倉公方にするという構想である。これは、香西元長・薬師寺長忠ら守護代クラスの有力内衆が推進していたとされる。

しかし、澄之養子化直後に潤童子が異母兄の茶々丸《ちゃちゃまる》に殺害され、この構想は打撃を受ける。さらに、公家・寺社領への侵略を目指す国人領主クラスの家臣は、公家出身の澄之に対する不満や、将軍家との関係強化への反発を募らせた。細川家出身の澄元を養子にしたのは、そうした声に押されてのことであり、澄之派が孤立したのも当然の成り行きといえよう。

このように、政元政権の基盤は不安定だったのであり、路線対立を暴力的に解決しようとした結果が、政元暗殺であり澄之派の一掃だったのである。

細川高国政権の成立と崩壊

澄之派と澄元派との争いの中で、畿内の国人領主たちは同じ畿内出身の高国の下に結集するようになる。澄元を擁する阿波勢力に対する反発があったのである。高国の姉婿だった義材派の畠山尚順《ひさのぶ》が、この機をとらえて畿内に再進出してくると、澄元は高国が連携することを疑い、両者の対立が深まって高国は伊賀《いが》に逃れた。

その頃周防《すおう》山口の大内氏の許に身を寄せていた義材は、畿内の争乱を好機と見て、永正四年（一五〇七）十二月、大内義興《よしおき》の軍勢とともに山口を発し備後《びんご》鞆津《とものつ》（広島県福山市）に進出した。さらに翌年四月に堺に上陸、尚順の軍勢と合流した。これを見て義澄・澄元は近江に逃れ、義材は高国の待ち受ける京都に上り、七月に征夷大将軍に復帰した。

図 20　細川高国

高国は細川京兆家の家督を継いで右京大夫《うきょうのだいぶ》となり管領に就任し、義興は左京大夫《さきょうのだいぶ》となって山城守護に任じられ、ここに細川高国・大内義興の連合政権が成立した。

義澄は帰洛を果たせないまま、永正八年（一五一一）に生まれたばかりの嫡子義晴《よしはる》を残して近江で病死する。澄元は阿波に戻り軍勢を立て直して

図21　足利将軍家略系図

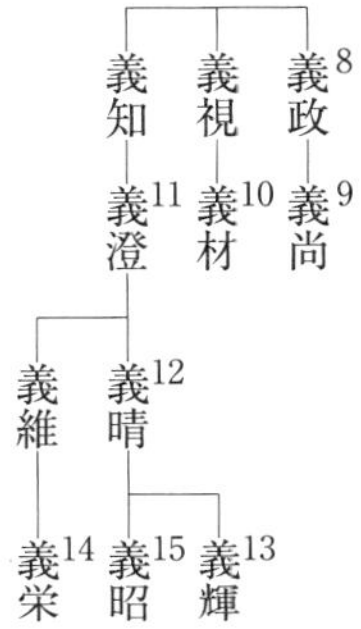

再度畿内に進出するが、義澄病死直後の京都船岡山《ふなおかやま》合戦で義材・高国・義興連合軍に大敗を喫し、阿波に撤退した。しかし、一〇年間政権を軍事的に支えてきた大内義興が、在京費用負担の重さと尼子《あまご》氏勢力の安芸《あき》・石見《いわみ》への浸透という事態の前に、永正十五年（一五一八）に帰国することとなると、澄元と三好之長は永正十六年（一五一九）に再度畿内へ進出、一時は京都を抑えたが敗北、之長は戦死し阿波に逃げ帰った澄元も病死して嫡子晴元《はるもと》が家督を継いだ。この澄元・之長の上洛時に、義材は日頃より高国の専横に不満を持っていたため、高国と行動を共にせず、かえって澄元の細川京兆家の家督を認めた。そのため、以後両者の関係は悪化し、ついに義材は大永《だいえい》元年（一五二一）に京都を出奔して淡路《あわじ》（兵庫県）から阿波に渡り、大永三年（一五二三）当地で世を去った。

一方高国は、播磨《はりま》の赤松《あかまつ》氏に養育されていた十一歳の義晴を、替わりの将軍に擁立した。これで政権はいちおうの安定を見たが、大永五年（一五二五）に高国の嫡子稙国《たねくに》が急死し、後継を失った高国政権は、内部分裂により自壊していくこととなる。翌年には重臣の香西元盛《もともり》が高国の従兄弟で丹後守護の細川尹賢《これかた》の讒言により誅せられ、怒った兄弟の波多野《はたの》稙通《たねみち》・柳本賢治《やなぎもとかたはる》が阿波の晴元方と結んで丹波で挙兵する。高国・尹賢は丹波・阿波勢に山城桂川《かつらがわ》の合戦で敗れ、高国・義晴は近江へと逃れた。ここに高国政権は崩壊した。その後高国は各地を流浪し、享禄四年（一五三一）に備《び》前《ぜん》浦上《うらがみ》氏の支援をうけて京都奪回を目指したが、摂津《せっつ》天王寺《てんのうじ》で晴元方に敗れ自害することとなる。

細川晴元政権の成立

桂川合戦直後の大永七年（一五二七）三月、細川晴元は三好之長の嫡孫元長《もとなが》に擁され、足利義澄の息子で義材の養子となった義維《よしつな》とともに堺に上陸した。しかし、京都は柳本賢治が押さえており、また近江に逃れた高国・義晴も京都復帰の動きを見せていたため、晴元は堺の顕本寺《けんぽんじ》を本拠とした。義維は義晴が将軍職に留まっていたため将軍に任命されなかったが、畿内を軍事的に押さえていたのは賢治と元長の軍勢であり、義維―晴元の下では摂津国衆の細川晴元家臣茨木長隆《いばらきながたか》が行政にあたり、実質的な管領代の役割を果たしていた。義維が「堺公方《さかいくぼう》」と呼ばれていたことから、これを堺公方府という。

しかし、堺公方府内部では対立が絶えなかった。まず、三好元長と柳本賢治との対立があった。元長が高国・義晴と和睦を図ろうとしたのに対し、兄弟を殺された賢治が反対したのが原因だったが、より根底には畿内勢力と阿波勢力という以前からの対立

図22　細川京兆家略系図

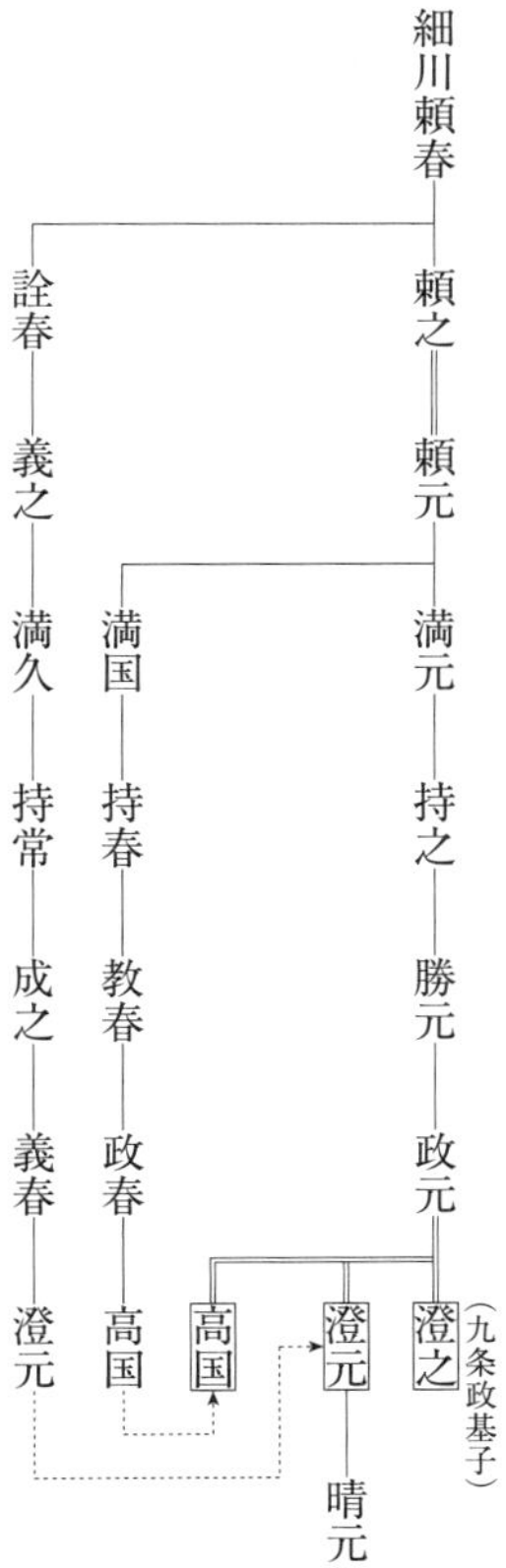

があった。対立は武力衝突に発展し、やはり高国・義晴との和睦工作をこころよく思わない晴元と溝ができた元長は、一時阿波へ帰国するに至った。賢治が高国方との争いの渦中で享禄《きょうろく》三年（一五三〇）に殺された後は、茨木長隆が畿内勢力の代表となった。そして高国が敗死すると対立は頂点に達し、天文《てんぶん》元年（一五三二）晴元は、元長が支援する河内守護畠山義堯《よしたか》と対立していた守護代の木沢長政《きざわながまさ》と結び、本願寺・一向一揆を味方につけて元長を顕本寺に囲み自害に追い込んだ。義維は阿波に帰り、堺公方府は崩壊した。

勢いに乗る一向一揆は、奈良興福寺を攻め大和の元長・義堯方の討伐を目指した。この行動を晴元は謀反と断定、敵対する義晴とも連携して近江の六角氏や京都の法華《ほっけ》一揆の軍勢を動員し、一向一揆を鎮圧し山科本願寺を焼き討ちするに至った。その後も戦闘は続くが晴元方優勢のうちに推移し、天文四年（一五三五）末には両者の和睦が成立した。この間京都は法華一揆の自治的支配下にあったが、これを機に晴元は天文五年（一五三六）に比叡山延暦寺衆徒と六角氏の軍勢を動員して法華一揆を弾圧（天文法華の乱）、その後上洛して事実上の管領の立場から幕政を担うこととなった。

幕府政治の動向

このように細川政元暗殺後の畿内は争乱が絶えなかったが、その中でも幕府の政治が途絶えることはなかった。義澄将軍期でも、明応九年（一五〇〇）年に幕府最初の撰銭令《えりぜに》を発し、さらに永正二年（一五〇五）には違反者を死罪に処すという規定を追加している。撰銭問題については後に詳述するが、流通経済に混乱を引き起こす大問題である。厳しい追加令を出したのは法令が遵守されなかったためかも知れないが、ともかく、経済の中心である京都の流通秩序維持のために努力していたことに間違いはない。細川政元も永正三年（一五〇六）に撰銭・盗み・放火・辻斬《つじぎ》り・喧嘩・博打《ばくち》等を禁ずる法令を出し、京都の治安維持に努めている。また義澄成人後は、彼が独自の政治勢力を結集し、直臣団《じきしんだん》の領地や寺社本所領を保護する方針を打ち出し、政元と対立することもあった。

義材が永正五年（一五〇八）将軍に復帰すると、さっそく撰銭令を発し畿内の諸勢力に伝えている。また洛中洛外の酒屋土倉《どそう》に役銭《やくせん》（営業税）の納入を命じ、勝手な商売を禁じた。これも、財源確保という面はあるものの流通秩序の紊乱《びんらん》を防ぐ意味もあった。こうした畿内とりわけ京都の公権力としての役割が、将軍・幕府のアイデンティティだったのである。永正七年（一五一〇）には、寺社の造営・修理をめぐる紛争に対し、大工棟梁《とうりょう》の営業独占権を規制し仕事の依頼先は注文主が決めるという、従来の座的特権を否定する新たな政策を打ち出している。さらに永正十一年（一五一四）には、「故戦防《こせんぼう》戦法《せんほう》」という暴力による紛争解決を規制する伝統的幕府法を改正し、最初に暴力を振るった側を死刑とする強い規定を初めて盛り込んだ。

晴元政権は、京都を押さえるにあたり寺社等の協力をうけたので、彼らに妥協的で武家の侵略をうけた領地の回復を認めた。また将軍義晴にも融和的で、義晴の御前沙汰に対し間接的に意見を述べることはあっても、決裁過程に直接介入することはなかった。そこで義晴は内談衆《ないだんしゅう》という直臣団を編成し、彼らによって御前沙汰を独自に行うようになった。内談衆は京兆家が賦課する段銭の免除や武家の侵略停止に努め、京兆家や六角氏と政策調整も行っていた。

ともすれば無力さだけが強調される戦国時代の室町幕府だが、担い手たちはこのように社会の新たな動向に対応し、公権力としての実を上げようとしていたことも見逃せない。しかし、政治的力関係と伝統勢力の本拠という京都の位置もあって、確たる方向を打ち出せないままにいたというのが実情だろう。

畿内諸勢力の動向

すでに述べたように、畿内の争乱の直接の原因は京兆家の内紛にあり、それを支えるものとして畿内勢力と阿波勢力との対抗があったが、同時に重要なのは、前項で述べたように、政治的影響力が及ぶ範囲が畿内周辺に限定されたとはいえ、室町幕府が依然として存続し、その長としての将軍も活動を停止していなかったことである。争乱の基礎には領地支配をめぐる対立があったが、その帰趨には実力による抗争だけでなく、荘園制以来の寺社本所領保護を原則とする幕府の方針も深く関わっていた。

そこから、幕府を支える勢力が生まれることとなる。畿内は寺社や公家の本拠地であり、その中には比叡山延暦寺や奈良興福寺のように独自の軍事力を有していたものもいた。公家のうちでも、前節の「朝廷政治の変容と公家勢力の解体」で述べたように、将軍に出仕し軍事奉公する者がいた。武家のうちでも、京兆家の家臣らに対抗するために奉公衆など将軍の直臣となる者がいた。畿内で武力抗争が起きたとき、その一方の結集軸として幕府・将軍が持ち出されることには、こうした事情があったのである。

すでに見た山城乙訓郡の場合には、侵略を図る武家に対して、土豪や民衆が領主である東寺を通じて幕府や京兆家に訴え出るという構図があった。しかしこれも、政治状況が変われば変化することになる。香西元長の五分一済を何とか逃れた翌明応八年（一四九九）、今度は「西岡中脈被官衆」すなわち京兆家の家臣となった土豪たちが、細川政元の命令と称して半済を徴収している。これは、足利義材が上洛を企てたのに対する備えに戦費を徴収するという名目で行われた。ここでは、土豪たちは武家の立場から行動しているのである。

さらに、政元暗殺により京兆家が分裂すると、彼らも分裂して抗争に参加することになった。大永八年（一五二八）には、勝利した細川晴元派が敗北した細川高国派の領地をとりあげ、高国派は東寺に領地回復への協力を依頼している。この場合は実を結ばなかったが、晴元は前述のように幕府に対して融和的であり、東寺領上久世《かみくぜ》庄の土地を家臣に押されて没収したり、領主の要求に応じて返付したり、ということが繰り返される結果となった。それが武家の反発を招き、次節で見るように晴元政権は崩壊するのだが、こうした状況が続く限り畿内の争乱は果てしなく続くことになるのである。

一向一揆と法華一揆

このような畿内の争乱に参加した諸勢力の中で、特異な位置を占めるのは、民衆も参加した一向一揆と法華一揆である。ともに宗教的結合に基づいた集

図23　証如

団だが、その性格には違いがあった。

一向一揆は、宗主証如《しょうにょ》の指令により和泉・河内・摂津から二〇万ともいわれる門徒が動員され、三好元長らの軍勢と戦った。証如が細川晴元の要請を受け入れたのは、もともと細川政元以来京兆家が本願寺を保護していた見返りであり、すでに永正二年（一五〇五）の政元による河内誉田《こんだ》城の畠山氏攻撃に協力している。門徒たちは、宗主の指令に従い護法・法敵打倒の戦いに立ち上がったのである。この本願寺への奉公は、開祖親鸞《しんらん》への報恩ともなるものであり、極楽往生が保証されると意識された。だからこそ、門徒たちは命がけで戦ったのである。奈良興福寺への攻撃は「勇み足」であり、晴元との和睦後は真宗寺院の門前町《もんぜんまち》である寺内町《じないまち》は諸公事（租税）免除・徳政免除の特権を獲得し、経済力を強化した本願寺教団はますます発展することとなったのである。

法華一揆は、京都の町衆がその信仰する法華宗寺院に結集して作った集団である。応仁の乱以来、京都は度々戦火に見舞われ、権力者の交代も頻繁に行われた。そこで、町衆たちは自ら武装して地域防衛に乗り出していった。その意味では、惣国一揆と似た性格を持っていたといえよう。こうした中で自治意識も高まり、明応九年（一五〇〇）には祇園御霊会《ぎおんごりょうえ》（祇園祭）の山鉾《やまぼこ》巡行が三〇年ぶりに復興している。こうした流れの中で、三好元長を破って勢いに乗る一向一揆に軍事的に対抗するため法華

図 24　祇園御霊会山鉾巡業（『洛中洛外図屏風』）

一揆が結ばれ、山科本願寺の焼き討ちに参加するに至った。この勝利に勢いをえた法華一揆は、晴元不在の京都を事実上支配するようになり、都市民に賦課される年貢である洛中地子銭を納めず、自ら京都の治安維持にあたるようになった。晴元も、これを黙認せざるをえなかったが、宗教上の争いから延暦寺が京都の法華宗を討つことを決めると、これに乗って法華一揆を鎮圧した。しかし、町衆の自治の発展は否定しようもなく、後に京都を支配する権力は、町衆の自治組織である町《ちょう》を通じて法令の徹底などを図るようになった。

3――三好政権の役割

三好長慶政権の成立

細川晴元政権は、摂津など畿内の国人領主と京都

図25　三好長慶

の諸勢力との妥協的連合の上に成り立っていた。その中で、政権の実力者木沢長政は山城守護代に任じられて権勢を振るい、晴元と対立するようになった。一方、三好元長の子長慶は天文八年（一五三九）に畿内へ進出し、摂津越水《こしみず》城（兵庫県西宮市）を本拠としていたが、天文十一年（一五四二）の河内太平《たいへい》寺（大阪府柏原市）の合戦で木沢長政を討ち、晴元政権の有力武将となった。その後は、細川高国の後継者と称して反晴元の兵を挙げた細川尹賢の子の氏綱《うじつな》と争い、将軍義晴が氏綱と手を結ぶ中で四国勢を率いて奮戦した。天文十六年（一五四七）には、氏綱方についた河内守護畠山政国《まさくに》・守護代遊佐《ゆさ》長教《ながのり》の軍勢を摂津舎利《しゃり》寺（大阪市生野区）の戦いで破り帰順させている。これを見て義晴は、晴元と再び和した。

一方長慶は、父を死に追いやった大叔父の三好政長との確執から、政長をかばう晴元と手を切り、氏綱を擁して天文十八年（一五四九）に政長はじめ晴元派の軍勢を摂津江口《えぐち》（大阪市東淀川区）の合戦で破った。晴元は足利義晴とその子で将軍職を譲られていた義輝とともに近江に逃れた。ここに、細川晴元政権は崩壊したのである。その後も小競り合いが続き、長慶は一時義輝と和睦して京都に迎えるが、天文二十二年（一五五三）、またも反旗を翻した義輝が籠もる京都の霊山《りょうぜん》城（京都市東山区）を攻略し、再び近江に逃れた義輝に替わる将軍を擁立しないまま独自の政権を打ち立てた。

細川氏綱を擁したとはいえ、三好長慶政権は京兆家の家督でない者がトップに立った初めての畿内政権だった。このような京兆家の失墜の根本には、寺社・公家領を保護し武家の侵略を規制する晴元政権への畿内国人領主の反発があり、変転きわまりない権力闘争の帰趨も、結局は畿内国人領主の支持を誰が受けるかによって決まった。三好政権は、こうした動向を踏まえて新たな支配政策を打ち出そうとした。将軍・管領を立てず、自らも管領代等の地位に就かなかったのはその表れである。裁判においては、幕府の裁判機構によらず独自の判断に基づいて判決を下している。土地をめぐる争いでは「当知行」という実際の支配を誰が行っているかを基準とし、郷村間の用水争いでは使者による現地調査に基づいて裁定を行っている。さらに各地に一族や重臣を配し、地域支配体制の強化に努めた。乙訓郡においては勝竜寺城《しょうりゅうじ》（京都府長岡京市）を拠点とする支配が進み、その方向が織田政権下での細川藤孝《ふじたか》による「一職《いっしき》」と呼ばれる一元的支配へと繋がっていくことになる。

幕府の復活

しかし長慶は、こうした方向を最後まで貫くことができなかった。近江朽木《くつき》に退いていた将軍足利義輝が、永禄《えいろく》元年（一五五八）に細川晴元の兵などを率いて再上洛を目指すと、長慶方も松永久秀《まつながひさひで》・三好長逸《ながゆき》らが応戦し激しい戦いとなったが決着がつかず、結局六角義賢《よしかた》の斡旋により和議となり、義輝の帰京を許すこととなった。長慶は将軍を立てて政治を行うこととなり、自らは御相伴衆《ごしょうばんしゅう》という幕府内で管領家に次ぐ格式を得た。また、修理大夫《しゅりのだいぶ》という官職を得て正親《おおぎ》町《まち》天皇の即位費用を調達し自ら式場の警護にあたるなど、伝統的政治秩序の中での地位を重視するようになった。

その後、畠山政国を継いだ高政《たかまさ》との関係悪化に伴い河内を略取して飯盛山《いいもりやま》城（大阪府四條畷《しじょうなわて》市）に本拠を移し、また畠山氏に与した大和も制圧するなど、領土的には三好政権の最盛期を迎える。将軍義輝を自邸に招いた永禄四年（一五六一）がその頂点といわれるが、新たな支配の方向性という見方からすれば、明らかな後退であった。そして、長慶が直接裁判にあたることもなくなった。さらに、直後に武勇で知られた弟の十河一存《そごうかずまさ》を病気で失い、永禄五年（一五六二）には反攻を企てる畠山高政ら紀伊の軍勢と和泉久米田《くめだ》寺（大阪府岸和田市）で戦った際に、弟の三好実休《じっきゅう》が根来《ねごろ》寺勢の鉄炮に撃たれ戦死するなどの不幸が続いた。翌年には後継ぎの義興《よしおき》までも病気で失い、長慶は失意のうちに永禄七年（一五六四）四十三歳で世を去った。

将軍暗殺

三好長慶の後継者は、義興死後に養子となった三好義継《よしつぐ》（十河一存の子）で、重臣の松永久秀や三好三人衆《さんにんしゅう》（三好長逸・三好政康《まさやす》・石成友通《いわなりともみち》）が補佐することとなった。この間将軍足利義輝は、幕府権威の回復を目指し、将軍の権限でもあり責任でもある「天下静謐《せいひつ》」すなわち平和の実現を命じるという名目で、抗争中だった越後《えちご》上杉氏と甲斐《かい》武田氏間や安芸《あき》毛利氏と出雲《いずも》尼子氏間などの和平工作を精力的に行っていた。これにより平和が実現されたわけではないが、当事者はそれなりに斡旋に対応し、将軍独自の存在感が高まった（七―3「毛利氏の中国地方制覇」参照）。こうした状況に危機意識を抱いた義継らは、永禄八年（一五六四）意のままにならぬ義輝を暗殺し、阿波に逃れていた足利義維の嫡子である義栄《よしひで》を将軍に立てようと図った。義輝は武勇にも優れ、長刀をふるって奮戦したが及ばなかった。

しかし、義輝暗殺に成功すると、三好三人衆が義栄を掌中に置き幕政の主導権を握ろうとしたことも一因となって、今度は松永久秀と三好三人衆との間で勢力争いが起きた。両者の抗争は大和を舞台にして延々と続き、永禄十年（一五六七）には東大寺の大仏殿が焼失するという事件も起きている。こうした中で義栄の将軍就任は遅々として進まず、ようやく永禄十一年（一五六八）二月将軍に任命されたが、戦乱により上洛を果たせなかった。この年九月には義輝の弟義昭が、織田信長に擁されて上洛する。三好三人衆は義栄を擁して義昭＝信長と対決しようとするが、腫物を患った義栄は直後に病死する。そして、十月には足利義昭が将軍に就任することになるのである。

このように畿内は、伝統的な政治の中心として様々な勢力が盤踞する中で複雑な関係が錯綜し、なかなか統合が進まないまま戦国の末期を迎えた。それに対し地方では、室町幕府体制の解体をうけて、新しい政治秩序の形成が進んでいった。それは戦国大名領国という地域国家の成立へと向かうが、さしあたりは、その担い手をめぐる覇権争いが展開することとなる。その様相は地域の事情によって千差万別だった。そこで次に、その動向をそれぞれの地域に即して見てみることにしよう。

四　新秩序への模索

1――北条氏の関東進出

伊勢盛時（北条早雲）の伊豆制圧

関東での動きのきっかけを作ったのは、堀越公方家《ほりごえくぼう》の内紛だった。三―2「政元《まさもと》暗殺」で述べたように、細川政元と結んで息子の義澄《よしずみ》を将軍に据え、京都との連携を強めて関東への侵攻・古河《こが》公方の打倒を目論んでいた堀越公方足利政知《まさとも》は、明応《めいおう》の政変直前の延徳《えんとく》三年（一四九二）に病死した。政知は義澄の同母弟である三男潤童子《じゅんどうじ》を後継者に考えていたが、それに反発した異母兄の長男茶々丸《ちゃちゃまる》は潤童子と母の円満院（武者小路《むしゃのこうじ》氏）を殺害し、堀越公方の地位に就いた。

これに対し、駿河興国寺城《するがこうこくじ》（静岡県沼津市）を本拠とする伊勢盛時《いせもりとき》が、明応の政変と時を同じくして茶々丸攻撃に乗り出した。伊勢盛時とは、一般には北条早雲《ほうじょうそううん》の名で知られる、小田原《おだわら》を本拠とする戦国大名北条氏の祖となった人物のことである。早雲の名は彼が出家した時に名乗った「早雲軒宗瑞《そううんけんそうずい》」から来ているが、北条の名字は息子の氏綱《うじつな》の代から称するようになるのであり、彼自身が北条を称したことはない。しかし、ここでは便宜上「北条早雲」と呼ぶことにしよう。

早雲は、美濃《みの》を支配した斎藤道三《さいとうどうさん》とともに、駿河今川氏の食客《しょっかく》すなわち一介の素浪人から身を起こした「乱世の梟雄《きょうゆう》」というイメージが強いが、実はそうではない。早雲は室町幕府の政所《まんどころ》伊勢氏の一族で、応仁の乱後には将軍足利義尚《よしひさ》の「申次《もうしつぎ》」という重要な補佐役を務めていた。早雲は、駿河守護今川義忠《いまがわよしただ》の妻となった「北川殿」が姉妹だったという関係から、文明八年（一四七六）に今川家の家督相続をめぐる内紛（四―3「今川氏親と小鹿範満」参照）を収拾するため駿河に下った。これが、早雲と駿河との政治的関わりの始まりだった。最終的には義忠と対立していた小鹿範満《おじかのりみつ》を伐ち、甥の氏親《うじちか》を家督に就けることに成功し、その功で駿河東部に領地を与えられ、興国寺城《こうこくじ》を拠点として堀越公方との交渉にもあたるようになった。

図 26　北条早雲

だから、茶々丸攻撃は、明応《めいおう》の政変で義澄を将軍に据えた幕府の意向を体した、弔い合戦でもあったのである。強引に家督を継いだ茶々丸は家臣の反発をうけていたが、伊《い》豆《ず》守護でもあった関東管領山内上杉氏《かんとうかんれいやまのうちうえすぎ》の勢力に支えられて抵抗した。しかし早雲は、室町幕府・今川氏と結ぶ勢力を糾合し、明応七年（一四九八）には茶々丸を捕え切腹に追い込んだ。これを機に、早雲は本拠を堀越御所にほど近い韮山《にらやま》城（静岡県伊豆の国市）に移した。北条氏関東進出の第一歩を刻むものであり、政治理念としては堀越公方の関東回復の意思を受け継ぐものでもあった。

小田原城への進出

伊豆を制圧した早雲は、山内上杉氏と対立していた扇谷《おうぎがやつ》上杉氏（一―3「各地の抗争と守護の在国」参照）と結び、関東に出陣するようになった。その前線基地として、山内上杉氏方に与していた大森《おおもり》氏の居城である小田原城（神奈川県小田原市）を奪った。そして永正《えいしょう》元年（一五〇四）、早雲・今川氏親は扇谷上杉朝良《ともよし》とともに、武蔵立河原《むさしたちがわら》（東京都立川《たちかわ》市）で山内上杉氏との合戦に臨み、大勝利を収めた。しかし、敗れた山内上杉顕定《あきさだ》が実家である越後守護上杉氏からの援軍を得、翌年朝良の本拠河越《かわごえ》城（埼玉県川越《かわごえ》市）を攻撃して降伏させると、両上杉氏間に和睦が成立した。

そこで早雲は両上杉氏と対峙せざるをえなくなったが、永正四年に越後《えちご》守護上杉房能《ふさよし》が守護代長尾《ながお》為景《ためかげ》に攻め滅ぼされ（四―2「守護代の『下剋上』」参照）、顕定が報復のため越後に出陣した機をとらえ、為景と連携して挙兵に踏み切った。窮地に陥った顕定は関東への帰陣を決意するが、永正七年六月、途上の越後長森原《ながもりはら》（新潟県南魚沼《みなみうおぬま》市）で戦死を遂げた。こうした情勢を見て北条方に与する関東の国人が続出した。勢いに乗る早雲は相模の上杉方の中心三浦義同《みうらよしあつ》を攻め、永正九年には本拠の岡崎《おかざき》城（神奈川県平塚《ひらつか》市・伊勢原《いせはら》市）を攻略、三浦氏を三浦半島に追うとともに、鎌倉を占拠して玉縄《たまなわ》（神奈川県鎌倉《かまくら》市）に城を築き封じ込めを図った。義同は海に突き出た要害新井《あらい》城（神奈川県三崎《みさき》市）に籠もって抗

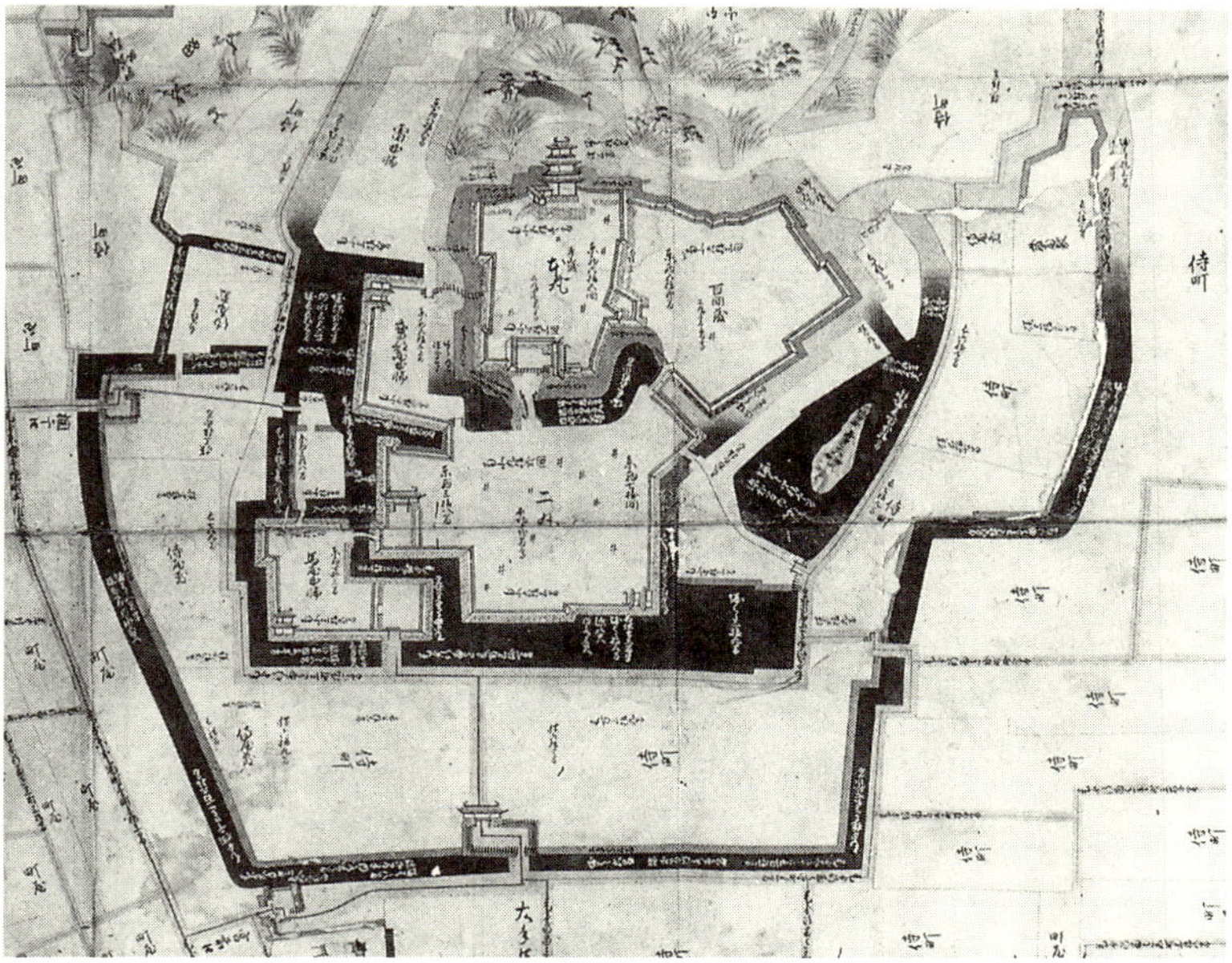

図 27　小田原城（『正保城絵図』）

戦したが、兵粮も尽き果て永正十三年七月遂に落城し、鎌倉時代以来の名族三浦氏は、ここに滅亡することとなった。

これにより早雲は相模《さがみ》制圧を完了し、三年後の永正十六年には韮山城で死を迎えることとなる。韮山を離れなかったのは、甥の今川氏親を後見する便宜のためとされる。しかし、政治の中心は小田原城に移っており、早雲は息子の氏綱を入れて支配にあたらせていた。菩《ぼ》提《だい》寺である早雲寺を箱根《はこね》湯《ゆ》本《もと》（神奈川県箱根町）に建立させたように、すでに目は関東に向けられていた。そして、氏綱の代に至ると今川氏との関係は薄れ、戦国大名として独自の道を歩むようになるのである。

図 28　北条氏綱

武蔵の制圧

早雲の死の翌年、氏綱は相模で代替《だいが》わり検地《けんち》を行っている。検地の意義については六章で詳しく述べたいが、軍事動員の強化に繋がる支配体制整備の一環だった。目指すは扇谷上杉氏が支配する武蔵である。扇谷上杉家の当主朝興《ともおき》は、「他国の凶徒」が蜂起して関東は破滅の危機にあると警鐘を鳴らした。ちょうどこの頃、氏綱は「伊勢」から「北条」へと改姓している。北条は韮山を中心とする地域の名称だが、鎌倉幕府の執権《しっけん》北条氏の名字の地でもある。その北条を姓としたのは、それを関東地方を支配する一つの名分《めいぶん》として、上杉方の非難に対抗することが目的だったと考えられている。

氏綱は、南武蔵での上杉方の拠点である江戸《えど》城（東京都千代田《ちよだ》区）に狙いをつけ、朝興の家宰《かさい》である太田《おおた》資高《すけたか》（道灌《どうかん》の孫）を内応させ、大永《だいえい》四年（一五二四）、奪取に成功した。朝興は本拠の河越城へと敗走したが、天文《てんぶん》六年（一五三七）には朝興が死去し後継の朝定《ともさだ》が十三歳と若年だった機をついて、河越城も奪取した。

そのころ古河公方家は、当主の高基《たかもと》（後に息子の晴氏）と弟の義明《よしあき》が対立し、義明は下総《しもうさ》小弓《おゆみ》城（千葉市）に拠り小弓御所《ごしょ》と称していた。高基は勃興する北条氏と結ぶことで勢力の回復を図ろうとしたが、義明はそれに反発したのである。天文七年、義明が安房《あわ》の里見《さとみ》義堯《よしたか》と結んで下総国府台《こうのだい》（千葉県市川市）に進出すると、氏綱は晴氏の要請をうけて小田原から出陣し合戦に及んだ。結果は北条方の大勝に終わり、義明は討ち死に義堯は安房に敗走した。これにより古河公方家は統一を回復するが、北条氏に一層強く隷属《れいぞく》することになる。晴氏は氏綱の娘を正妻に迎え、後に古河公方となる義氏《よしうじ》をもうけた。こうして氏綱は、関東支配の正統性をさらに獲得することとなったのである。河越城を奪取した三年後の天文九年（一五四〇）、氏綱は鶴岡八幡宮《つるがおかはちまんぐう》正殿遷宮《せんぐう》の儀式を盛大に挙行した。鶴岡八幡宮は関東の武士の崇敬を集めていたが、相次ぐ戦乱で社殿の破損が進み、永正九年（一五一二）に早雲が三浦義同を追って鎌倉に入ったとき、初めて参詣して「枯る樹ニ又花の木を植添て本ノ都ニ成テコソ見メ」と詠じたとされる（『快元僧都記《かいげんそうずき》』）。氏綱はこの意思を継ぎ、さらに大永六年（一五二六）に安房の里見実堯《さねたか》が鎌倉に侵入し、合戦により上宮《じょうぐう》以下が焼亡し宝蔵《ほうぞう》が破却されたのをうけて、天文元年より修復に着手していた。それが、ようやく一応の完成を見たのである。この壮大な事業は、まさに関東の覇者としての北条氏の立場を、広く世に知らしめるものであった。

2―守護代の「下剋上」

三国《みくに》・清水峠《しみず》によって関東と結ばれた越後でも、支配者の交代があった。一―3「各地の抗争と守護の在国」で述べたように、越後では山内上杉氏庶流の守護上

長尾為景の奪権

杉房定《ふささだ》が、享徳《きょうとく》の乱の頃から在国して支配にあたるようになっていた。房定は、享徳の乱では関東に出陣し、宗家の関東管領上杉房顕《ふさあき》とともに古河公方足利成氏《しげうじ》と戦った。房顕死後は、二男の顕定《あきさだ》が山内上杉家の養子となって関東管領に就任、ますます関東との関係が深くなった。しかし、文明十四年（一四八二）に足利義政・成氏間の和睦が成立すると、房定は越後各地で検地を実施し、大幅な増分を打ち出すなど、本格的な支配体制の整備・強化に取り組んだ。

房定は明応三年（一四九四）に死去し、三男の房能《ふさよし》が守護を継いだ。二十歳そこその房能は、守護代長尾能景《よしかげ》の保護を受けつつ、段銭《たんせん》徴収に用いる土地台帳の作成や、直轄領の直接支配など積極政策を展開した。しかし、これらの政策は、守護代長尾氏の一族をはじめとする国人領主たちにとっては、独自の地域支配を規制するものであり、反発の対象となった。また房能は、兄顕定の要請に応じて関東へ出兵したが、彼らにとっては大きな負担を強いられる結果となった。

房能を支えていた長尾能景は、永正三年（一五〇六）に越中《えっちゅう》で一向一揆と戦い討死した。後を継い

だ息子の為景《ためかげ》は、父の立場を受け継がず反房能の旗幟《きし》を鮮明にした。翌年八月為景は、幕府内で勢力を伸ばしていた細川高国《たかくに》の了承のもと、房能を府内（新潟県上越市）に急襲した。関東に逃れようとした房能は、途中の天水越《あまみずごえ》（新潟県十日町《とおかまち》市）で追っ手に包囲され自刃した。為景は、上杉氏一族の定実を守護に立て、幕府の承認も得て補佐役として実権を握った。これに対し、前述のように房能の兄である関東管領上杉顕定が永正六年に越後に侵入、一時は府内を落とすほどの勢いがあったが、呼応する国人領主は少なかった。関東情勢の急変から帰陣を焦る顕定は、強権的に為景方を一掃しようとしたがかえって孤立を深め、体制を建て直した為景方により敗死へと追い込まれてしまった。ここに為景政権が本格的にスタートすることとなった。

越後の享禄・天文の乱

以後為景は、関東の争乱に介入することなく、越後を中心とする領国支配に力を注ぐことになる。しかし、その歩みは順調とはいえなかった。永正十年（一五一三）には、守護の上杉定実の家臣宇佐美房忠《うさみふさただ》が上杉方勢力を糾合して挙兵、定実も春日山《かすがやま》城（新潟県上越市）に籠もって反抗の意を示した。この反乱はほとんど支持を得られないまま鎮圧され、その後為景は、定実を表に立てることなく独自の支配を展開するようになる。対外的には、越中・能登《のと》の守護畠山氏と結んで一向一揆勢力と争い、越中へと進出していった。

しかし、畿内で為景の後ろ盾となっていた細川高国が晴元《はるもと》方との権力闘争で劣勢となると、状況は変わってきた。享禄《きょうろく》三年（一五三〇）、今度は上杉氏一族の上条定憲《じょうじょうさだのり》が挙兵したが、為景は直ちに討伐軍を組織した。これには越後の武将の大半が加わり、定憲は降伏に追い込まれた。ところが、翌享禄四年の高国自刃により越後に動揺が走り、敵味方が不分明な状況が生まれた。そして、天文二年（一五三三）に上条定憲が再挙兵すると、魚沼郡の坂戸城《さかど》（新潟県南魚沼市）を拠点とする長尾氏庶流の上田長尾房長がこれに合流し、為景方の下倉山城《したぐらやま》（新潟県魚沼市）と蔵王堂城《ざおうどう》（新潟県長岡市）を攻撃した。さらに、本庄《ほんじょう》・色部《いろべ》氏ら独立性の強い阿賀北《あがきた》（阿賀野《あがの》川以北の地域）の国人領主も上杉方支援に出陣した。窮地に陥った為景は、朝廷から「治罰の綸旨《りんじ》」を出してもらうなど苦肉の策に出たが効果はなく、長男の晴景《はるかげ》に家督を譲って引退した。ほどなく為景は死去するが、二男の景虎《かげとら》（後の上杉謙信《うえすぎけんしん》）は甲冑を着けて葬儀に参加したというほど、状況は切迫していた。

長尾景虎の覇権

晴景は、乱の収束のために、妹を上田長尾政景と阿賀北の加地春綱に嫁がせ、また定実を守護に復帰させた。これを機に、阿賀北の国人領主は次々と和議を結んでいった。続いて晴景は、景虎を栃尾城（新潟県長岡市）に派遣して、蒲原《かんばら》地方を平定させた。しかし、膝下の府内に残っていた上杉方の反抗を抑えることができず、景虎の手を借りてようやく鎮定に成功した。これにより景虎の声望があがって兄弟間の対立が生まれ、天文十七年（一五四八）、定実の調停により晴景が景虎に家督を譲渡し隠居することとなった。さらに天文二十年（一五五一）、景虎は晴景に肩入れしていた長尾政景を武力で屈服させ、二〇年にわたる内乱にようやく終止符を打つことができた。

この長期の内乱は、発端は「下剋上」された守護一族の反乱だったが、争点は伝統的守護支配の復活を許すか否かにあったのではない。当初国人領主の大半が反為景方となったのは、何よりも秩序の組み替え、すなわち為景の領国支配強化への反発が原因だった。しかし、後に述べるように、彼らは内部矛盾や相互間の対立を抱えていたのであり、最後まで抵抗できる条件はなかった。より基本的な対立は、新たな支配秩序の担い手をめぐる、守護代府内長尾氏（為景—景虎）と上田長尾氏（房長—政景）の主導権争いだった。その過程で、最も優れた政治・軍事的能力を発揮した景虎が、国主の地位に就くこととなったのである。その後政景は不慮の死を遂げ、上田長尾家は断絶する。死因に不審な点があり、景虎によるライバル抹殺の可能性が高い。景虎は遺児を引き取り養子とした。これが、後の上杉景勝《かげかつ》である。

朝倉氏の「下剋上」

同じように、守護代が「下剋上」により国主の地位に就いたのは、越前《えちぜん》の朝《あさ》倉《くら》氏と出雲《いずも》の尼子《あまご》氏の場合である。朝倉氏は、在京守護の斯波《しば》氏に代わり重臣として甲斐《かい》氏らとともに分国支配にあたっていたが、一—2「戦況の膠着化から乱の終結へ」で述べたように、応仁の乱中の文明三年（一四七一）、朝倉孝景は細川勝元《かつもと》の越前守護職授与の勧誘に乗って、主人義廉《よしかど》を裏切り東方に寝返った。ここから、甲斐氏らとの間で争いが続いたが、孝景はその途中の文明十三年に病死した。

彼は公家の領地への侵略を積極的に進め、死んだときも「天下の悪事を始めた張本人」などという

図29　朝倉孝景

悪口を公家の日記に書かれたが、積極的に新秩序を作ろうとしていたことは、彼が嫡子の氏景《うじかげ》への教訓として書いたとされる『朝倉英林壁書《えいりんかべがき》』から読みとれる。例えば、人材登用は由緒によらず能力や忠節によること、名刀よりも槍の方が役に立つ、合戦の時は吉日や方角を占って好機を失ってはならないといった、合理主義的な思考である。また、朝倉氏の城下一乗谷《いちじょうだに》（福井市）以外に城を築いてはならず、有力家臣は一乗谷に引っ越させようともしている。実際に近世のような兵農分離が実現されたわけではないが、一乗谷には武家屋敷が軒を並べるようになっており、孝景の代より本格的な城下町の整備が始められたと考えられている（六―3「城下町の発展」参照）。

氏景は、孝景の死直後の合戦で甲斐・斯波方を加賀に放逐し、文明十五年には将軍足利義尚《よしひさ》の斡旋で和睦して越前支配権を実質的に手に入れた。氏景は三年後に死去するが、後を継いだ貞景《さだかげ》は、加賀一向一揆に支援された甲斐氏との戦いや、一族の反乱に苦しみながらも、永正三年（一五〇六）には越前に侵攻してきた数万の一向一揆勢を撃退し、国主の地位を定着させた。

尼子氏、出雲国主に

尼子氏は近江《おうみ》の尼子郷《あまご》（滋賀県甲良町《こうら》）を名字の地とする佐々木《ささき》氏の一族だが、室町時代に入り在京守護京極《きょうごく》佐々木氏の守護代として出雲に下向し現地支配を担当した。応仁の乱では守護京極持清《もちきよ》が東方の有力メンバーとなり、出雲勢も京都に動員されたが、守護代尼子清貞《きよさだ》は出雲で西方と戦った。西方の中心は、十《と》神山《かみやま》城（島根県安来市《やすぎ》）本拠として安来荘などを支配するとともに、日本海の要港美保関《みほ》（島根県松江市）を抑える有力国人領主の松田《まつだ》氏だった。松田氏は尼子氏の富田《とだ》城（島根県安来市）を激しく攻め立てたが、清貞はこれを撃退したのみならず十神山城を陥落させた。清貞は、その功により安来荘や美保関の代官に任命され経済基盤を強化した。

図30　尼子経久

文明二年（一四七〇）に京極持清が死去すると京極家で内紛が起こり、三男の政経《まさつね》（政高《まさたか》）が出雲守護職を継いだものの勢力は衰えた。尼子氏も清貞から嫡子経久《つねひさ》へと家督が継承されたが、経久は父が築いた経済基盤をもとに、京極氏からの自立を図った。そのため、美保関で徴収する税金や段銭の納入を怠ったり、寺社や公家の領地を奪ったりしていた。それに怒った京極政経は、文明十六年に経久の守護代職を剝奪、富田城から追放した。軍記物語によれば、経久は零落《れいらく》・漂泊《ひょうはく》の身となったが、一族を糾合して軍勢を整え、文明十八年一月一日に正月祝いの万歳《まんざい》芸人集団を味方に引き入れて富田城に潜入し、奪回に成功したという。それが事実かどうかはともかく、京極氏との力関係からすれば、尼子氏は早晩出雲支配権を奪回することになっただろう。この年七月、政経は追われるように出雲を去り上洛した。これにより、経久は事実上の出雲国主の地位に就くこととなった。永正七年（一五一〇）には杵築《きづき》大社（出雲大社）の造営事業に着手している。これにも、その地位を誇示する目的が込められていた。

経久については、一方では瓜の皮を厚くむくのを嫌うケチな人、他方では貧しい人に衣食を与える「天性無欲正直な人」という対照的な評価が残されている。どちらも事実とすれば、悪評も厭わずに民衆統治を心がける、あるいはそうしたイメージを振りまいた人だったのだろう。それが、人心をつかみ権力奪取に成功した一要因だったと思われる。

3——頻発する家督争い

今川氏親と小鹿範満

本章1節・2節で見たように、覇権争いは「下剋上」のように家臣が主人に取って代わる場合もあったが、一族間の争いや家内部の争いという形をとることもあった。何より求められたのは領国を統治する政治・軍事的能力で、それを大方に認められた者が勝者となったのであり、守護家か守護代家かということは二の次の問題だった。

駿河の今川家でも、何度となく家督争いが起きている。これには、今川家が室町幕府から関東の抑え役という役割を与えられていたことが関わっていた。今川義忠が文明八年（一四七六）に遠江《とおとうみ》侵攻の帰りに討ち死にすると、嫡子氏親が幼少だったため、義忠の従兄弟である小鹿範満が家督継承に名乗りを上げた。範満は、父が扇谷上杉氏定《うじさだ》の娘の子であり、自身も母が犬懸《いぬかけ》上杉政憲《まさのり》の娘であるという、関東との結びつきの強い血筋だった。しかも、政憲は堀越公方足利政知の重臣であったので、範満には堀越公方と連なる駿河東部の領主たちの支持があったと思われる。そこで、政知は上杉政憲を駿河に派遣、さらに扇谷上杉定正《さだまさ》も家宰の太田道灌に軍勢を率いて駿河に乗り込ませ、範満支持のデモンストレーションを行った。これに対し、前述のように氏親の叔父である北条早雲が京都から下り、交渉の結果、氏親が成人するまで範満が駿府の今川館《いまがわやかた》に入り、家督を代行することで決着した。この家督争いは、関東派対幕府派の争いでもあったのである。

範満は氏親成人後も家督を返そうとしなかった。そこで氏親と早雲は、長享《ちょうきょう》元年（一四八七）に範満打倒の兵を挙げ家督の地位を奪回した。その後、早雲が興国寺城に拠って駿河東部を抑え、さらに堀越公方を滅亡させて伊豆を奪うことにより、関東からの介入を断つことができた。

今川氏花倉の乱

これにより氏親は、本格的な戦国大名への道を歩むことになる。明応の政変後に細川政元の支持を得て遠江を斯波氏から奪い、また領国支配の整備にも努めた。

その成果は、死の直前の大永六年（一五二六）に彼が制定した分国法《ぶんこくほう》である『今川仮名目録《かなもくろく》』にまとめられた。しかし、後継の嫡子氏輝《うじてる》は病弱であり母の寿桂尼《じゅけいに》が後見役となったが、天文五年（一五三六）にわずか二十四歳で急逝した。氏輝に嫡子はなく、ここに後継者問題が浮上することとなった。

氏輝には四人の弟がいたが、そのうち最有力候補となったのが、出家して駿河善得寺《ぜんとくじ》（静岡県富士市）の僧となっていた十八歳の梅岳《せんがく》承芳《じょうほう》（後の今川義元《よしもと》）である。承芳は、今川家の政治・軍事顧問である太原《たいげん》崇孚《そうふ》雪斎《せっさい》に養育され、能力も買われていた。ところが、異母兄で花倉《はなぐら》（静岡県藤枝《ふじえだ》市）の遍《へん》照光寺《しょうこうじ》の住持となっていた玄広恵《げんこうえ》探《たん》が異を唱え、母親の実家である今川家重臣福島《くしま》氏らとともに反乱を起こした。これを花倉の乱という。駿河を二分するほどの戦いが展開されたが、やがて乱は鎮圧され義元が正式に家督を継ぐこととなる。直後に義元は、甲斐《かい》武田《たけだ》信虎《のぶとら》の娘を正室として迎え、それまでの北条氏との連携を断ち「駿甲《すんこう》同盟」を成立させた。こうした外交路線の転換が、今川家の内部対立と関わっており、それが大規模な内乱となったと考えられるが、具体的な状況については不明なところが多い。しかし重要なのは、京都派か関東派かではなく甲斐と結ぶか相模と結ぶかという、領国のあり方に直接結びつく問題として、対立軸が設定されていることである。ここに、戦国時代の新たな政治的展開を見る必要があるだろう。

武田晴信の信虎追放

義元が家督を継いだ五年後の天文十年（一五四一）には、「駿甲同盟」の相手である武田家で家督の交代が起きている。武田晴信《はるのぶ》（信玄《しんげん》）が、父の信虎を駿河に追放したのである。武田家は、代々甲斐守護を務める家柄だったが、一族や国人領主の間で争いが続き、信濃や駿河の勢力の侵攻も許していた。その中で信虎は、家督を継いだ直後の永正五年（一五〇八）に、最大のライバルである叔父の油川信恵《あぶらかわのぶよし》を滅ぼし、郡内（山梨県都留《つる》郡域）を支配する小《お》山田《やまだ》氏と連合して権力の安定を図った。永正十二年には一族の大井《おおい》信達《のぶさと》が今川氏親と結んで反旗を翻したが、小山田氏と連携してこれを抑え、和睦して信達の娘を妻に迎えた。後に晴信らを生む大井氏である。信虎は、永正十六年に居館を石和《いさわ》（山梨県甲府市）から躑躅ヶ崎《つつじがさき》（山梨県甲府市）に移し城下町建設を進めた。また、「甲駿同盟」成立後は、信濃に対する侵攻を本格的に開始していた。

こうした矢先の追放劇だった。晴信は、信虎に娘と女婿の今川義元に会いに駿府へ行くことを勧め、一方で義元と連絡をとって信虎を抑留させた。これには目立った反抗の動きはなく、家臣も領民もこぞって喜んだとされている。当時の記録に「信虎は平生悪逆無道で、国中の人民や牛馬畜類まで悩んでいる」などと書かれているように、新城下町の建設や度重なる合戦・外征の負担は重かったと思われる。しかし、晴信も直後に諏訪《すわ》攻めを敢行しているのであり、こうした点への配慮があったとは思われない。親子関係がうまくいっておらず、信

図31　武田信虎

図32　伊達稙宗

虎は二男の信繁《のぶしげ》に家督を譲る意向だったので、晴信が機先を制したという考えもある。それだけでなく、領民たちの不満を最高責任者に向けさせ、心機一転、新たな領国づくりに動員しようとしたのではないだろうか。

伊達氏天文の乱

　家督をめぐる親子の争いは、陸奥《むつ》の伊達《だて》氏でも起きていた。伊達氏は陸奥伊達郡・信夫《しのぶ》郡（福島県北部）を支配する国人領主で、弱体化した奥州探題大崎《おうしゅうたんだいおおさき》氏に替わり、南奥羽に勢力を伸ばしていた。その支配の正当化のため幕府にも接近し、代々の当主は将軍から偏諱《へんき》（名前のうちの一字）をもらい、主従関係の証としていた。そして大永二年（一五二二）には、伊達稙宗《たねむね》が前例のなかった陸奥守護職を与えられている。もちろん稙宗は、こうした名分だけに依存していたのではなく、段銭や棟別銭《むねべつせん》の徴収台帳を作成する、あるいは、家臣の土地売買に権利保障の安堵状《あんどじょう》を発行したり検地を行って貫高による知行制を整備するなど、領国支配の確立にも努めていた。その中で、天文五年（一五三六）には分国法である『塵芥集《じんかいしゅう》』を制定し、裁判権を通じた家臣・領国の統制を図った。

　このように、伊達氏の領国支配は順調に進んでいるように見えたが、天文十一年、稙宗が鷹狩りの帰りに突然息子の晴宗《はるむね》に捕らえられ、居城の桑折西山城《こおりにしやま》（福島県伊達郡桑折町）に幽閉される事件が勃発した。稙宗が、実子のいない越後守護上杉定実に、彼の曾孫にあたる三男の実元《さねもと》を「精兵百騎」を付け養子として送り込もうとしたのに対し、晴宗や重臣が「伊達家中が蟬の抜け殻のように弱体化する」と反対して起こしたものだった。六年余にわたって南奥羽を揺るがした伊達氏天文の乱の始まりである。稙宗は側近によって救出され、相馬《そうま》・蘆名《あしな》・田村《たむら》氏ら姻戚関係にあった豪族の支援をうけて反撃に出たが、家中の大勢は晴宗方についた。稙宗が家臣・領国統制を強硬に進めることに対する反発が底流にはあったのである。

豪族たちも晴宗方に傾き、最後は彼らの調停という形で天文十八年に乱は収まった。稙宗は引退し晴宗が家督を継承、本拠を桑折西山城から米沢《よねざわ》（山形県米沢市）に移して再出発することとなった。そして天文二十二年正月に晴宗は、乱の論功行賞を行いながら、それまでの知行関係の文書を回収して新たに宛行《あてがい》や安堵の文書を発給した。それを控えた帳簿が『晴宗公采地下賜録《はるむねこうさいちかしろく》』として残されている。実は、知行制の整備という方向性は乱を契機にむしろ促進されたのである。

大友氏二階崩れの変

豊後《ぶんご》の大友《おおとも》氏は、鎌倉時代以来在国守護として勢力を固めてきたが、それだけに一族の力も強く、紛争防止のために南北朝期以来二つの系統が交代で家督に就く慣行があった。ところが応仁の乱の頃から、この慣行を改めて親繁《ちかしげ》から長男の政親《まさちか》へという一系の相続が行われるようになった。政親も長男の義右《よしすけ》に家督を譲ったが、義右が母と妻の実家である周防《すおう》の大内氏と結んで、足利義材《よしき》の京都回復のために出陣しようとすると、親子の対立が深まった。

これが一族を巻き込んだ内紛に発展し、遂に政親は義右を毒殺、自身も大内氏の討手に捕らえられ自害する事態となった。明応五年（一四九六）のことである。

この危機は政親の弟親治《ちかはる》が収拾して家督を継ぎ、以後この系統が相続していった。文亀《ぶんき》元年（一五〇二）に家督を継いだ親治の嫡子義長《よしなが》の時代は比較的安定し、肥後《ひご》など周辺に影響力を増していき、永正十二年（一五一五）には嫡子義鑑《よしあき》に親類や家臣等に対する心構えを示した家訓を与えている。その義鑑は永正十五年に家督を継いだが、家臣朽網親満《くたみちかみつ》が反乱を起こし、肥後守護菊池《きくち》家の養子に入れた弟の義武《よしたけ》が宗家に背き、家臣の佐伯惟治《さえきこれはる》がこれに内通するなど、秩序の安定は覚束《おぼつか》なかった。

そして晩年になり、天文十九年（一五五〇）に義鑑は長男義鎮《よししげ》（入道して宗麟《そうりん》）を廃嫡して、異母弟の塩市丸《しおいちまる》に家督を継がせようとした。これを重臣四人に諮《はか》ったが反対され、二人を暗殺したところ、危険を感じた残りの二人が義鑑の館を襲い、二階にいた塩市丸と母を殺し義鑑を斬った。二人はその場で討たれたが、義鑑も二日後に亡くなった。これを「大友二階崩《にかいくず》れの変」という。なぜ義鑑が義鎮を廃嫡しようとしたのかは不明だが、重臣に諮って反対されているように、家臣団の掌握・統制が不十分だったことは確かである。義鑑は死の床で義鎮に家督を譲った。大友氏は、こうした不安定さを抱えながら宗麟の時代を迎えるのである。

4―「公儀」権力の成立

このように様々な紆余曲折はあったが、覇権争いは収束の方向に向かい、その勝利者の手によって新しい政治秩序が徐々に作り出されていく。激しい抵抗を受け、時には崖っぷちにまで追いつめられたように見えながら、彼らの目指す方向へと歴史が進んでいったのは、それを受け入れざるを得ない社会的要因があったからである。言い換えれば、反対勢力には最後まで抵抗を貫く条件がなかったということである。その様相を、まず、新しい政治秩序を担う「公儀《こうぎ》」権力が典型的に成立した国人領主毛利氏の場合に即して、見てみることにしよう。

毛利氏井上衆討伐事件

二―3「『家』から『家中』へ」「一揆としての『家中』」で述べたように、当初の毛利氏「家中」は、一揆的性格が強く主人の権限は極めて弱かった。こうした関係が大きく変化する契機となったのは、天文十九年（一五五〇）に起きた井上《いのうえ》衆討伐事件である。井上衆とは、元々は近隣の国人領主で毛利氏とも対等の関係にあったが、応仁の乱以後毛利氏に仕え「家中」に加わった重臣の一族のことである。大永三年（一五二三）、元就《もとなり》に対し家督継承を要請した家臣一五人のうち五人が井上衆だったことからも、その実力は知られよう。その井上衆が、「上意を軽んじ、ほしいままの振舞が目に余る」として弾劾《だんがい》され、当主の元兼《もとかね》以下三十名余が討伐されるという事件が勃発したのである。

事件から一週間後、二三八名の家臣が起請文《きしょうもん》を提出し、今回の措置を「尤もに存じ奉り候」と承認するとともに、今後は毛利氏の支配（成敗《せいばい》）に従い、命令されたことには一切背かないと誓った。これにより毛利「家中」は、一揆的な横のつながりを基本とする秩序から、主人と家臣との縦の関係を基本とする秩序へと編成替えされた。毛利氏は強力な「家中成敗」権の確立に成功したのである。

毛利「家中」の矛盾

このクーデターともいうべき措置が成功したのは、何故だったのだろうか。元就が上位者の周防大内義隆《よしたか》に宛てて提出した「井上衆罪状書」が残されている。それには、彼らの罪状として次のようなことがあげられている。第一に、同僚や寺社の所領を奪い取ること。第二に、従者に道理の通らない喧嘩をけしかけていること。第三に、毛利「家中」の会議や儀式に出席しないこと。第四に、軍事・城普請や使者の役を務めず、段銭なども納めず、公領の代官になっても年貢を納めないこと。

確かに、これを見ると井上衆はずいぶん非道なことをしており、罰せられても仕方がないように思われよう。しかし、第一・第二については、中世は自力救済《じりききゅうさい》の社会であり、乱暴にいえば、所領争いなどの紛争がこのような形で解決されるのは日常茶飯事だった。また第三・第四についていえば、毛利氏はもともとは一揆結合の盟主に過ぎなかったのであり、元就の担ぎ出しに力のあった井上衆が、その意のままに従う謂《い》われはないと思っていても不思議ではない。「罪状書」によれば、家中のほとんどが井上衆に迎合して縁者となり、百姓や市町の商売人まで井上衆に取り入っていたという。これも、単に強者に追従したというより、そうした強者に保護を求めるやり方が普通だったと考えるべきだろう。

しかし、時代は確実に変化していた。二章で述べたように、小経営農民の百姓としての成長とともに、耕地や入会地《いりあいち》をめぐる境界紛争は深刻の度を増していた。毛利氏家臣が提出した起請文の中にも、解決すべき紛争として、牛馬による他人の耕地の作物食い荒らし、山野の利用や河川・用水の管理など、地域住民の生活・生産と深い関わりを持つ問題が挙げられているのである。所領をめぐる争いも、こうした問題を基礎として頻発していたのだと思われる。そこで、「家中」の大勢が「これまでのやり方を続けていたのでは、秩序が維持できない。自力救済に任せていたのでは、共倒れに終わってしまう」と考えるようになっていたことが、旧秩序の代表ともいえる井上衆討伐を支持する大きな要因となっていたのではないだろうか。

毛利氏の「公儀」権力化

この事件を通じて毛利「家中」が選択したのは、主人である毛利氏に強い公的権限を与え、自らがその執行の担当者になることだった。前項の第三・四に見られるように、元就自身はそうした方向をすでに追求していたのだが、ここに至ってようやく「家中」の同意を公式に得ることができたのである。

起請文では、傍輩《ほうばい》間の「喧嘩《けんか》」は「殿様」の「御下知御裁判」に背かないこと、「喧嘩」に武器を持って加勢するのは今後やめることが誓約されている。つまり、紛争を実力行使により解決すること、すなわち自力救済をやめ、毛利氏の裁定に従うことになったのである。戦国大名の「分国法」に広く見られる喧嘩両成敗法《けんかりょうせいばい》（後述）に基づく紛争解決方式の採用という、大きな時代の流れだった。

同時に、出仕《しゅっし》・談合《だんごう》・接客などの「公儀」は、傍輩間で私的な事情があったとしても、それに関わりなくきちんと勤めることも約束された。「公儀」とは、もともとは「公的な事柄」という意味であり、後にはそれを執行する権力すなわち公権力の意味で使われるようになり、室町時代には「公儀」とは一般に将軍を指していた。江戸時代には、将軍・幕府が「（大）公儀」と呼ばれ、大名・藩も「公儀」だった。ここでの「公儀」は「公的な事柄」の意味で使われているが、それが毛利氏の「成敗」下で「家中」メンバーによって担われるようになったのである。

さらに起請文では、合戦の際には毛利氏に忠節を尽くすことが誓約されている。軍事指揮権の確立だが、公権力という立場からすれば、これは外部からの侵略にたいして地域社会を守る責任を果たすことであった。また注目されるのは、「井手溝道は上様之なり」という規定があることである。用水や道路という共同利用施設の管理権限も、毛利氏が掌握したのである。紛争解決という最大の使命も含め、毛利氏が握った公的権限は大きかった。このような意味で、毛利氏は「公儀」権力へと発展したということができよう。

越後国人領主の内部矛盾

同じような事態は、同時期の越後でも生まれていた。天文四年（一五三五）、阿賀北の小泉荘加納《こいずみかのう》（新潟県村上市）を支配する国人領主色部氏の重臣三名が、色部氏の本家にあたり隣の小泉荘本庄《ほんじょう》（新潟県村上市）を支配する本庄氏の許に逃亡する事件が起きている。許し難い家政の運営が続いていると、「家中」の者たちから糾弾されたためだった。所領や従者をめぐる紛争の処理を、彼らが主人の意を体して強権的に行っていたことに対する「家中」の不満が爆発したのである。ここで本庄氏の斡旋が入り、重臣たちは帰参が叶えられた。その経緯は注目に値する。当初重臣たちは、裁判のやり方を白紙に戻し、すべて家臣間の話し合いで解決することにしようとした。「家中」の同意を得るためには、それだけの譲歩をしなければならないと判断していたのである。ところが「家中」は、本庄氏が提示した従者の帰属（逃亡者の「人返し《ひとがえ》」問題）については話し合いにより解決するが、所領紛争は主人の色部氏の「分別《ふんべつ》」によるという条件を認めてしまった。あれほど反発していた「家中」も、所領紛争に対する主人の裁判権を認めたのである。それほどに事態は深刻化し、もはや話し合いでは解決が難しくなっていたのだろう。今回の事態は、現実を受け入れるための「ガス抜き」だったのである。

しかし、問題はこれで終わらなかった。直後に、今度は本庄氏「家中」から、謀反を企てて逃亡する者が出たのである。色部氏「家中」にも共謀者がいた。色部・本庄氏の協力による主人権の強化に対する、「家中」を越えた抵抗だった。本庄氏は討伐に躍起となったが、反逆者は周辺土豪の協力も得て国境を越え出羽へと落ちのびていった。色部・本庄氏は、毛利氏とは違い「家中」統制を確立できないどころか、家臣が他の「家中」と連携することすら断つことができていなかった。それだけ、家臣の自立性や「家中」を越えた地域的連帯が強固に残っており、それを清算することができなかったのである。

天文四年といえば、越後は享禄天文の乱の真っ最中である。実際、本庄氏の斡旋条件の中には、軍事動員は従来通りとする項目も入っていた。動員強化に対する反発を抑えきれなかったのだろう。このような状況のもとでは、長尾氏の領国支配強化に最後まで抵抗できなかったのも当然といえよう。

国人領主間の争い

それだけでなく、阿賀北の国人領主間でもさまざまな紛争が起こっていた。まず、四―3「伊達氏天文の乱」で述べた伊達実元の上杉定実との養子縁組に関わる紛争である。奥山荘《おくやま》の中条《なかじょう》（新潟県胎内市）を支配する中条氏は、定実の守護復帰を機に長尾氏との和議を受け入れ、以前より伊達氏との縁が強かったため、この縁組みを積極的に進めようとした。ところが、これで中条氏の力が強まることを恐れた他の阿賀北衆は、次々と和議に応じるとともに養子縁組には同意しなかった。業を煮やした稙宗は、中条氏に本庄氏を攻めさせ、天文十一年には自らも越後に出陣しようとした。ここで伊達氏天文の乱が勃発し、二階に上がって梯子を外された形の中条氏は俄然窮地に陥った。阿賀北衆はこぞって中条氏攻撃に乗り出し本拠鳥坂城《とっさか》（新潟県胎内市）を落城寸前にまで追い込んだが、晴宗の仲介で和議が成立した。

このように、彼らの間では協力と対立の力学が微妙に働いていたが、その根底には彼ら同士の所領紛争があった。中条氏は、奥山荘の北条《きたじょう》（新潟県胎内市）を支配する一族の黒川《くろかわ》氏との境界紛争を延々と続けていた。本庄氏も付近の大葉沢《おおばさわ》城を本拠とする一族の鮎川《あゆかわ》氏との間で、下渡島《げどじま》という土地をめぐって争い、実力行使も辞さない激闘を演じていた。これは、天文十年に色部氏の斡旋により双方の「家中」メンバーが連署した起請文を取り交わすことにより、いちおうの解決を見た。このような形をとったのは、「家中」メンバーすなわち土豪クラスの間で境界争いが行われ、それが国人領主である主人同士の争いへと展開していたからである。したがって、前項で見た色部「家中」の問題と、との本質は同じだったといえよう。

「大途」の立場

このような紛争は、本庄氏と鮎川氏の場合のように、近隣領主（この場合は一族の色部氏）の仲介によって解決が図られることが多かった。これを「近所《きんじょ》の儀」と呼んでいる。ところが、紛争が深刻化するにつれて、「近所の儀」は機能しなくなってくる。近隣領主は、利害当事者になる場合が多かったからである。そうすると、より上位の権力に提訴して、裁定を仰ごうとする動きが生まれることになる。

中条氏と黒川氏の場合も、双方が文明十八年（一四八六）に守護である上杉房定に裁定を依頼している。しかし、決着がつかないまま数十年が過ぎた。長尾景虎が享禄天文の乱を終結させ、新たな国主の地位に就いたことにより、局面は新展開を迎える。天文二十一年（一五五二）景虎は、際限なく争いが続いているので和議の実現を図りたいとして、使者を派遣した。これに対し黒川氏は、中条氏が定実養子問題で「国」に対し反逆を企てたときは討伐に協力したのに、今さら和議とは納得できない、私に便宜を図ってほしいと訴えた。ところが景虎は、「お互いにいろいろと考えはあるだろうが、いつまでも争いを続けるのは『大途《だいと》』として黙視できない」として、ことの「是非」を捨てても和議を成立させるよう命じた。「大途」とは国主の意味であり、領国の秩序を守る立場からいわば職権主義的に紛争に介入し、道理がどうであれ「無事」(平和)を実現するという強硬な姿勢で、調停に乗り出したのである。

結局、和議は成立した。長尾景虎のような上位の調停権力を、社会が必要とする時代がやって来ていたのである。その社会の要請に応えて生まれたのが、「大途」すなわち戦国大名権力だった。

そこで次に、こうして形成される戦国大名領国の具体的姿を見ることとしたいが、その前に、戦国時代における流通経済の発展について述べておきたい。戦国大名が土地紛争の解決を基本課題として生まれたとしても、実際に作り出された領国は、個々の紛争の対象領域を越える広大なものだった。それは、直接的には政治的統合や軍事的勝利の結果であったが、流通経済の発展により社会関係が広域化し、その秩序をどのように維持するのかという課題が重要性を帯びてきたからでもあった。こうした底流もあって、戦国大名領国が形成されるのである。

五　広がる地域社会

1—生産・流通の発展

木綿の普及

戦国時代の経済で特筆すべきことの一つに、木綿《もめん》の国内生産が本格的に開始されたことがある。こう書くと、有名な「慶安《けいあん》の御触書《おふれがき》」で「百姓は、衣類の儀、布木綿より外は帯・布裏にも仕る間敷事」とされているように、民衆の普段着は古くから木綿ではなかったのかと思う人もいるかも知れない。しかし、民俗学者柳田国男《やなぎたくにお》の名著『木綿以前のこと』を引くまでもなく、近世以前の日本民衆の衣料原料は麻（苧麻《ちょま》）だった。日本で木綿が普及するのは中世後期のこと、それも朝鮮や中国からの輸入品としてである。朝鮮でも、木綿が生産されるようになるのは一四世紀後半だったようだが、一五世紀に入ると日本からの需要が急増し、当時租税として綿布を徴収していた朝鮮王朝の国庫が空になるほどだった。

その背景には、戦国時代の開始という時代状況があった。四—2「尼子氏、出雲国主に」に出てきた近江《おうみ》・出雲《いずも》の守護京極政経《きょうごくまさつね》は、文明《ぶんめい》五年（一四七三）、朝鮮国王に木綿の緊急輸出を求める手紙を送っている。そこには、「近江と出雲で戦乱が起こり農業が荒廃したため、ろくな衣料が手に入らなくなり、兵士たちが寒さで凍死するほど困っている」と書かれていた。品質はともかく、麻は通気性が良く夏の衣料には最適だが保温性が弱い。それに対し木綿は、保温性が良いだけでなく体にフィットし激しい行動に適している。その点が兵衣として高い評価を受けたのである。そのため、北条《ほうじょう》氏や結《ゆう》城《き》氏など各地の戦国大名は兵衣に木綿を取り入れていった。それだけでなく、軍需物資・兵員を大量輸送する船の帆や、後には鉄炮の火縄、さらには旗指物《はたさしもの》や幔幕《まんまく》などとして、木綿は戦争の必需品だった。

となれば、輸入に頼ることなく国産が目指されるのは当然の成り行きである。実際、一六世紀に入ると、木綿栽培は九州に始まり畿内から東海・関東へと急速に広がっていった。しかも木綿は、米とは違い年貢や諸役等の貢納物になることはほとんどなかったので、入手するには買うのが一般的で、商品として大量に流通するようになったと考えられる。木綿の普及は流通経済の発展にも関わっていたのである。

とはいえ、一般民衆の普段着として木綿が定着するのは、やはり江戸時代に入ってからのことである。石田《いしだ》三成《みつなり》の家臣の娘だった「おあむ」(晩年に出家したため、「御庵」と呼ばれたと考えられる)が、少女時代を回想した『おあむ物語』という記録によれば、彼女の衣料は十三歳から十七歳まで麻の帷子《かたびら》一枚しかなく、最後には脛が出てしまい難儀したという。「おあむ」の父は三〇〇石を知行していたというから、中堅家臣クラスである。その娘でさえ、このような暮らし向きだったのだから、一般民衆については推して知るべしといえよう。

シルバーラッシュの時代

もう一つ特筆すべきは、金銀山の開発が急速に進展したことである。大永《だいえい》六年（一五二六）、博多《はかた》商人神谷寿禎《かみやじゅてい》が出雲の鷺《さぎ》銅山（島根県出雲市）に、日明《にちみん》貿易の輸出品である銅を買付けに行く途中、海上から沿岸の山で銀の「気」が立ち上っているのを発見した。さっそく鷺銅山の山主三島清左衛門が山頂で拾った鉱石を分析したところ、銀の成分が含まれていることが確認され開発に着手した。これが、『銀山旧記』という書物が伝える、最近世界遺産に登録された石見大森《いわみおおもり》銀山（島根県大田市）開発のきっかけである。本章2節で述べるように、銀は当時の東アジア貿易の決済《けっさい》手段として重要だったので、実のところは、日明貿易を支配する大内《おおうち》氏が、寿禎を通じて山師に銀山の調査をさせていたのだろう。

石見銀山では、すでに南北朝時代から採掘が行われていたとされている。しかし、大増産という点で時代を画すものがあった。第一に、それまでは露天《ろてん》掘りだったのが、地中の鉱脈へ坑道を深く掘り進むようになったことである。そこには、山師《やまし》による土木技術の発展があり、それはさらに戦国大名による治水工事や城攻めへと応用されるようになった。第二に、精錬において朝鮮からもたらされた灰吹《はいふき》法という新たな冶金《やきん》技術が導入されたことである。これは簡単にいえば、細かく砕いた鉱石を高熱で溶けた鉛の中に入れ、不純物を除去して鉛と金銀の合金を作り、後に動物の骨を焼いて作った灰

図33　石見銀山跡

の中で溶かして鉛を分離し、純度の高い金銀を析出《せきしゅつ》する方法である。それまでは、自然に存在していた金銀の固まりを取り出していたので、灰吹法の導入により純度・生産量ともに飛躍的に上昇することとなった。こうした技術が伝えられることにより、但馬《たじま》の生野《いくの》銀山（兵庫県朝来《あさご》市）や佐渡《さど》の鶴子《つるし》銀山・相川《あいかわ》金山（新潟県佐渡市）などが次々と開発され、日本列島はシルバー・ゴールドラッシュの時代を迎えるのである。

金銀山開発のもう一つの効果は、商品流通の活発化をもたらすことである。金・銀自体の流通はもちろんだが、それだけでなく鉱山開発は鉱夫など膨大な人口を呼び寄せることになる。石見銀山町の人口は最盛期には数万人にのぼったという。当時でいえば、堺《さかい》・博多に匹敵する巨大都市の誕生である。ここを目指して、食料・衣料・生産資材などを売り込む商人が、遠くは畿内からも殺到した。そこで、こうして肥大・広域化した流通の秩序を、どのように形成・維持するかが問題となる。石見と境を接する毛利領でも、銀山出入りの商人の往来が激しくなっていた。ところが、家臣たちが彼らに対し「駒足銭《こまあしせん》」（通行税）を勝手に徴収したため、商人がこれを避けて別のルートを取るようになった。こうした流通の障害を除きつつ、領主間の利害調整を図る広域的公権力の形成が、社会的に要請される状況が生まれていたのである。実際、前章で見たように「道は上様之なり」として毛利氏が道路管理権を握ることで、問題の解決が図られていたのである。

こうしたこともあって、戦国時代には地域社会の流通経済が大きく発展することになる。その基礎をなしていたのは、第二章で述べた小経営農民の広範な成立だった。彼らは一戸前《いっこまえ》の経営者だったが、かつての大規模農業経営者のように、生産・生活に必要な物資を何から何まで自給するだけの力はなかった。鋤《すき》・鍬《くわ》のような農具や、衣料原料の布などは、商品として購入する必要があったのである。当時の人口の大半をなす彼らの商品経済への参入は、市場《しじょう》規模を一挙に拡大することとなる。

地域市場の発展

そこで、一三世紀後半頃から地方の荘園などで市場《いちば》が開設されるようになった。「四日市《よっかいち》」・「五日市《いつかいち》」・「八日市《ようかいち》」など、今も全国に残る地名の起こりである。こうした地名にも見られるように、当初は月に三回（四日市なら四日・十四日・二十四日）開かれる「三斎市《さんさいいち》」だった。取引量が少ないから、その程度の間隔でしか開かれなかったのである。ところが、この頃になるとその間隔は半分になる。月に六回の「六斎市《ろくさいいち》」の出現である。史料上で最初に確認されるのは、文明元年（一四六九）の山城宇治郷《やましろうじ》（京都府宇治市）の市である。宇治は京都に近接した経済先進地域だったが、関東でも一六世紀に

図34　世田谷ボロ市

入ると、戦国大名後北条《ごほうじょう》氏の支援もあり、各地で新たに六斎市が立てられた。そのうちの一つ世田谷新宿《せたがやしんじゅく》（東京都世田谷区）の市は、今でも「世田谷ボロ市」として毎年十二月十五・十六日と一月十五・十六日に開かれて賑わっている。繕《つくろ》い用のあて布など生活に密着した品物が売られていることから「ボロ市」と名付けられたが、今も農機具や古着が売られており、往時を偲ばせるものがある。

　これに対応して、地域社会に根を下ろして営業活動を行う商工業者も現れてくる。播磨《はりま》の芥田《あくた》氏は、元々は河内《かわち》（大阪府）を本拠とする鋳物師《いもじ》だったが、一五世紀半ばに野里《のざと》村（兵庫県姫路市）に移り定住するようになった。鋳物師は鐘や燈炉などを鋳造《ちゅうぞう》する職人だが、鍋・釜などの生活用品も製造し、さらには鍛冶の仕事である武器や農具の製造にも携わるようになっていた。芥田氏は播磨各地の鋳物売場の営業権を買い集め、他の鋳物師と紛争も起こしたが、土地の領主小寺《こでら》氏に属して合戦に参加し手柄を立てることにより営業権を確保したという。さらに永禄《えいろく》十一年（一五六八）には、赤松《あかまつ》氏から「播磨国中鋳物師惣官職《そうかんしき》」に任じられ、播磨鋳物師の棟梁《とうりょう》の地位を確保した。後には豊臣秀頼《とよとみひでより》の命により、「国家安康《こっかあんこう》」の銘文で有名な方広《ほうこう》寺の梵鐘《ぼんしょう》の鋳造にもあたった。

大和《やまと》（奈良県）をはじめとする畿内では、「田舎座《いなかざ》」と呼ばれる農村を基盤とした商工業者集団が、室町時代より活動していた。これは、農閑期の副業から発展したもので、油・菅笠《すげがさ》・簾《すだれ》・薦《こも》・檜物《ひもの》・筵《むしろ》・柴など、主として農民の需要に応じる商品を生産販売していたが、中には簾・火鉢など京都や奈良といった都市の需要に応じたものもあった。こうした地域社会内部の分業関係は、他の地域では明瞭に確認できない。しかし、応仁の乱の影響で、京都の荒廃・荘園領主の年貢収入減少・守護在国による人口減少などがおこり、畿内の経済規模は縮小した。このことは地方での富の増大・経済の活発化と表裏一体の関係にあるので、六斎市の広がりに見られるように、地方においてもやがて同様の事態が進行していったことだろう。

新儀商人の活躍

このような地域市場の発展は、地域内で完結するものではなく、各地域の特産品や手工業製品の原料などの遠隔地間取引の発展にも繋がった。特徴的なのは、それまでこうした取引を担っていた座商人《ざしょうにん》に代わって、地域に根ざした新興商人が台頭してきたことである。座商人は、石清水八幡宮《いわしみずはちまんぐう》に燈油《とうゆ》を納入する大山崎油神人《おおやまざきあぶらじにん》のように、中世国家の権門《けんもん》である本所《ほんじょ》に奉仕を行う代償として、原料の購入と製品の販売を独占する特権をもつ存在だった。室町時代にそれを保証していたのは幕府であり、地方の商工業者が独自の営業活動を行おうとしても、幕府が守護を通じて取り締まっていた。応仁の乱により幕府の全国支配が解体すると、その影響は遠隔地取引にも及んだ。

麻の原料である青苧《あおそ》の売買は、天王寺《てんのうじ》（大阪市天王寺区）や京都を本拠とする苧座《からむしざ》が独占的に行っていた。ところが、有力産地である越後《えちご》では、「越後座」と称する地元の商人が独自の青苧商売に乗り出してきた。幕府は文明十八年（一四八六）、守護の上杉房定《うえすぎふささだ》に取り締まるよう命じたが、前章で見たようにすでに在国支配を展開していた房定は、これに従わず地元商人の活動を保護した。それどころか、苧座商人の関役（通行税）免除特権を廃棄し、支払いを拒否した天王寺商人を罰している。勢いを得た越後座商人は京都に進出するようになり、苧座の本所である公家三条西《さんじょうにし》家も、苧公事《くじ》という営業税の納入と引き換えに、彼らの営業活動を認めざるを得なかった。

原料産地の商人だけでなく、交通路に面した農村からも新しいタイプの商人が台頭していた。近世に「近江商人」として有名になる、琵琶湖東岸の農村を拠点とする商人集団は、その典型である。この地域は、東海道・中山道が走り美濃《みの》（岐阜県）・伊勢《いせ》（三重県）から東国へと通じるとともに、琵琶湖の水運や若狭《わかさ》街道（九里半街道）・北国《ほっこく》街道（七里半街道）によって北陸と結ばれる交通の要地だった。比叡山延暦寺領得珍保《とくちんのほ》（滋賀県八日市市）の住人が「保内《ほない》商人」として流通に参加するのは室町時代のことだが、この頃になると遠隔地間取引に関して他の商人団との争いが頻発するようになる。一つは、桑名《くわな》での美濃紙買い付けをめぐる、同じ近江の枝村《えだむら》商人（滋賀県豊郷《とよさと》町）との争いである。枝村商人は京都の宝慈院《ほうじいん》を本所とする座を結成して営業独占権を確保しており、そこに保内商人が「殴り込み」

をかけたのである。この争いは、近江守護六角《ろっかく》氏の裁定により保内商人が勝利を収めた。保内商人は、北陸方面との交易にも参入を目指し、独占権を握っていた近隣の五ヶ商人（滋賀県東近江市）と争い、これも六角氏の裁許により勝利した。保内商人は六角氏に営業税を納入したり六角氏家臣との被官となるなど、地域公権力との結び付きを強めることにより営業権を拡大・強化していったのである。

水運の発展

当時、遠隔地間を結ぶ物資の大量輸送手段としては、船が用いられていた。交易が活発化すれば、それに見合って船にも改良が図られることになる。一つは大型化である。それまで使われていたのは、杉や榧《かや》を刳り抜いた丸木船の両舷に棚板《たないた》を付けて広げた准構造船で、せいぜい三〇〇石積み（三〇㌧）が限度だったが、船底を厚い板にして組み合わせ、船内に梁《はり》をわたして補強する技術が生まれ、一〇〇〇石積み（一〇〇㌧）以上の大型船の建造が可能となった。もう一つは、船の大型化に伴う動力の強化である。従来は、櫓櫂《ろかい》で漕ぐか筵帆《むしろほ》で風力を利用するかだった。人力には限りがあるし、筵では効率性に欠けた。そこで導入されたのが、風をいっぱいに受け上げ下ろしも容易な木綿帆（本節「木綿の普及」参照）である。最も古い例としては、寛正《かんしょう》二年（一四六一）に安芸沼田《あきぬた》（広島県三原市）の小早川熙平《こばやかわひろひら》が、幕府の使節として周防まで行った際、「七反帆」の船を利用したことが知られる。こうして、船の輸送力は大幅に強化されることとなった。

瀬戸内水運は、古くから西国の荘園年貢などを畿内に運ぶルートとして発達していたが、この頃は堺をターミナルとする日明貿易ルートとしても重要だった。瀬戸内海には能島《のしま》（愛媛県今治《いまばり》市）・来島《くるしま》

（愛媛県今治市）・因島《いんのしま》（広島県尾道《おのみち》市）の村上氏が海賊衆として勢力を張り、航行の安全を保障するかわりに警護料という通行税を徴収していた。日明貿易船に対しても「唐荷駄別安堵料」を賦課していた。これには堺などの商人が反発したが、周防の大内氏は水軍確保のために村上《むらかみ》氏の権益を擁護した。天《てん》文《ぶん》二十年（一五五一）に大内義隆《よしたか》を滅ぼした陶晴賢《すえはるかた》は村上氏の特権を剝奪し、自らの力で通行の安全を保障しようとしたが、村上氏の反発を招き、後に厳島《いつくしま》合戦で彼らに離反され敗北を招く一因を作ってしまった。それほど、瀬戸内水運のもつ経済的・政治的意義は大きかったのである。

太平洋沿岸では東海水運が活発だった。熊野灘《くまのなだ》を越えるのが難しかったので、畿内東国間の物資流通は、東海道から鈴鹿峠《すずかとうげ》や八風峠《はっぷう》を越えて伊勢の桑名（三重県桑名市）や大湊《おおみなと》（三重県伊勢市）に出て、そこから船を使った。吉原《よしわら》（静岡県富士市）・江尻《えじり》あるいは清水湊《しみず》（静岡市）・沼津（静岡県沼津市）などを経て、小田原（神奈川県小田原市）や品河湊《しながわ》（東京都品川区）に向かうルートである。流通を担っていたのは伊勢や紀伊の廻船《かいせん》業者で、後述するように水軍として今川《いまがわ》・武田《たけだ》・後北条氏の家臣に取り立てられるものも多くいた。その広がりは、今は普通の漁村である駿河湾の江浦《えのうら》（静岡県沼津市）にも「伊勢船」と取引をする問屋がいたほどだった。注目されるのは、後北条氏が合戦時に籠城用の兵粮米を「伊勢廻船中」から購入していることである。軍需物資調達ルートとしても重要だったのである。

日本海水運は、敦賀《つるが》（福井県敦賀市）・小浜《おばま》（福井県小浜市）を中継地とし琵琶湖水運を通じて大津《おおつ》（滋賀県大津市）から京都へと続く、北陸地方と畿内を結ぶ重要な交通路だった。前述した青苧も、内陸部から越後の柏崎《かしわざき》（新潟県柏崎市）や直江津《なおえつ》（新潟県上越市）の湊に集められ、そこからこのルートをたどって畿内に運ばれていた。この頃になると、それだけでなく日本海側各地を結ぶ物資輸送ルートの役割も果たしていた。永禄三年（一五六〇）に越後長尾《ながお》氏が城下の府内《ふない》に出した法令によれば、湊に出入りする重要物資として青苧とともに鉄が挙げられている。長尾景虎《かげとら》（上杉謙信《うえすぎけんしん》）は前年に将軍足利義輝《よしてる》から鉄炮用の火薬の調合法を伝授されており、恐らく、山陰地方から刀や鉄炮の原料として運び込まれたものだろう。ここでも軍需物資の調達に遠隔地間交易が重要な役割を果たしていたのである。

同時に注目されるのは、京都というそれまでの経済の中心を経由することなく、地方と地方が直接取引関係を結んでいることである。こうした関係は、例えば瀬戸内海の湊である草戸《くさど》千軒《せんげん》（広島県福山市）の遺跡から、常滑《とこなめ》焼・瀬戸焼・備前《びぜん》焼など地方で作られた陶磁器が出土しているように、幅広く形成されていたと考えられる。地域と地域が独自に結びつき、新しい広域的経済圏を作り出しているのである。

撰銭問題の発生

このように、地域市場から遠隔地間取引まで流通経済が発展すれば、それを媒介する貨幣の役割がますます重要となってくる。ところが、これに逆行するような事態が戦国時代には発生していた。撰銭《えりぜに》問題である。撰銭とは、売買などの取引や年貢など徴収において、特定の貨幣の受取を拒否することである。このようなことが日常的に起きれば、商品流通はた

図35　洪武銭と永楽銭

ちまち滞ってしまう。なぜ撰銭問題が発生したのだろうか。これを考えるためには、当時の貨幣流通事情を知らなければならない。

　よく知られているように、日本の中世社会では、朝廷や幕府が貨幣を発行することはなく、中国から輸入された「渡唐銭《ととうせん》」が使用されていた。「渡唐銭」は一枚＝一文《もん》、一〇〇〇枚＝一貫文《かんもん》という単位が付けられていたが、素材は主に卑金《ひきん》属《ぞく》の銅で、貴金属貨幣のように素材自体の価値と結びついていたわけではなかった。それは、貨幣を発行する中国王朝が法定したもので、租税として受け取ったり、物資を購入するのに使うことで通用を保証していた。以前の王朝が発行したものも含め、「洪武通宝《こうぶつうほう》」・「永楽通宝《えいらくつうほう》」など複数の種類の銅銭が出回っていたが、一律に一枚＝一文で通用するものとされた。もちろん、日本社会では中国王朝は租税徴収も物資購入も行わないが、「渡唐銭」は国際通貨としても使われ、生糸《きいと》・絹織物・青磁《せいじ》など優秀な中国製品を購入することができたので、日本でも使われるようになったのである。

　ところが、一五世紀にはいると事情が変わってきた。中国（明《みん》）では一条鞭法《いちじょうべんぽう》が導入され租税はすべて銀納となり、それに伴い貿易の決済手段も銀に変わった。そこで銅銭は王朝の保証を失い、市場に出回っていた各種の銭のうち、何をどれだけの価値で通用させるのかは、それぞれの判断に委ねられることになった。ここから、まず中国で一五世紀の中頃に撰銭問題が発生した。それが、貿易を通じて日本にも波及してきたのである。

文明十七年（一四八五）には、周防の大内氏が日本最初の撰銭禁止令（銭の受取を強制する法令）を発布している。大内氏は、細川《ほそかわ》氏とともに日明の勘合貿易の権益を握っており、「渡唐銭」の輸入元だった。したがって、最初に影響を蒙る立場にあり、また「渡唐銭」の価値の維持に熱心にならざるをえなかったといえよう。その後、幕府さらには関東の後北条氏などが撰銭禁止令を出すようになる。まさに、流通秩序の根幹を守るために、公権力の力が必要となる事態が生まれたのである。

2―東アジア地域の変動

本章1節で述べたような、流通経済の発展を基礎とする地域間の結びつきの強まりは、中世国家の枠組や日本列島を越えて、東アジアへと広がっていった。

東アジア貿易の転換

一五世紀の東アジア地域は、明王朝によって作られた国際秩序の下にあった。明の皇帝は冊封《さくほう》という君臣関係を結んだ属国の王（日本では室町将軍）にのみ朝貢《ちょうこう》という形での来航を許し、国内に対しては民間人の海外渡航を禁じる海禁《かいきん》政策をとっていた。そのため貿易は、朝貢使《ちょうこうし》の乗った船（朝貢船）

図36　遣明船復元模型

を通じてのみ行われた。朝貢船は明王朝が属国の王に与えた渡航証明書である「勘合《かんごう》」を持参しなければならなかったので、一般には「勘合貿易」と呼ばれている。

「勘合貿易」では朝貢のお返しである回賜《かいし》の財政的負担が大きかったため、明王朝はその回数を制限した。しかし、中国で購入した生糸が日本では二〇倍の値段で売れたとされているように、貿易の利益は莫大だったので、関係者の不満は募る一方だった。それが爆発したのが、大永三年（一五二三）に起きた寧波《ニンポー》の乱である。これは、将軍から「勘合」をもらった細川氏と大内氏が派遣した朝貢船が相次いで寧波に到着し、利益に直結する貿易の順序をめぐって起こした内輪争いだった。これを機に、明は寧波の市舶司《しはくし》（貿易管理事務所）を廃止するなど、日本船の入貢を厳しく制限した。乱に勝利した大内氏も天文二十年（一五五一）に滅亡し、「勘合貿易」自体が廃絶してしまった。

同様の事態は、日朝貿易でも起きていた。こちらは日明貿

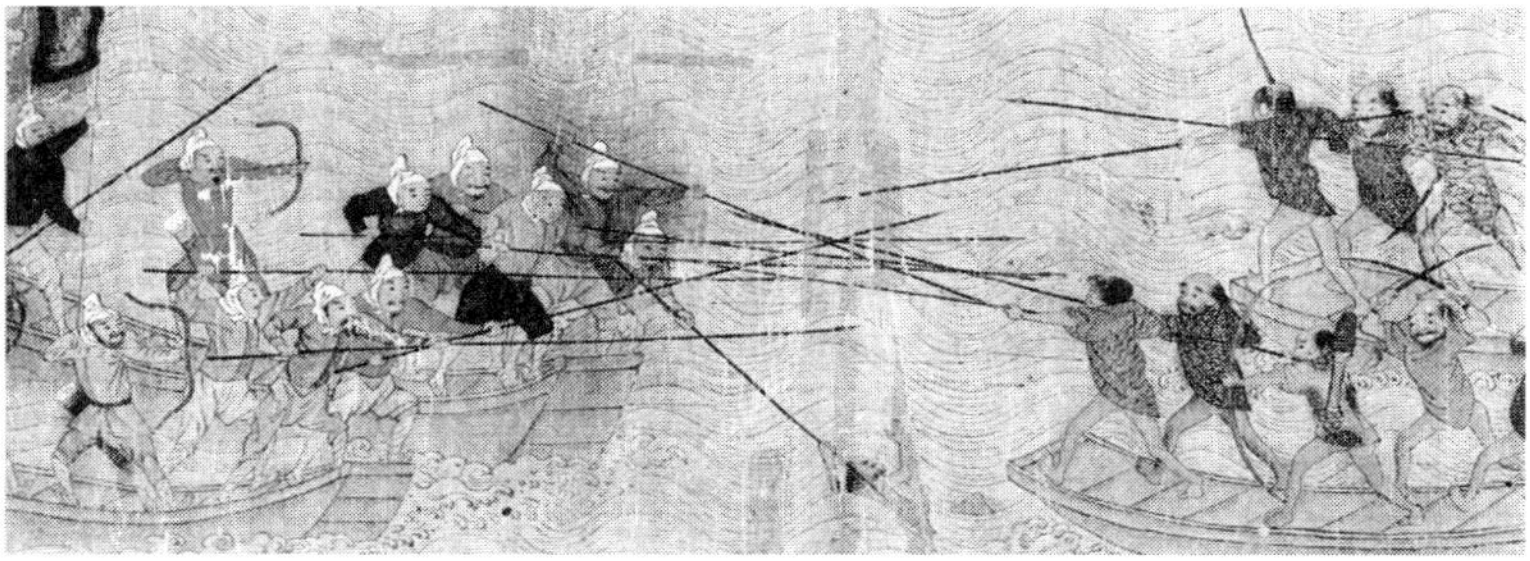

図 37　倭寇と明の官軍の水上戦闘の場面（『倭寇図巻』）

易とは違い、西日本の諸勢力が、朝鮮王朝の外交窓口となっていた対馬《つしま》の宗《そう》氏から、「文引《ぶんいん》」という渡航証明書をもらうことにより、貿易に参加していた。それだけでなく、恒居倭《こうきよわ》といって釜山《ふさん》浦などに居住して貿易に従事する日本人も多数いた。しかし、国家管理が厳しく自由に交易ができないことに恒居倭が不満を募らせ、宗氏の支援を得て永正《えいしょう》七年（一五一〇）に暴動を起こした。これを三浦《さんぽ》（釜山浦・乃而《ないじ》浦・塩《えん》浦）の乱という。乱は鎮圧され、日本人の居留が禁じられたことにより、公許貿易の規模が縮小した。

「後期倭寇」の活躍

しかし、いったん形成された貿易関係は、公的措置によって廃絶されるものではない。おまけに、その頃明では北方の韃靼《だったん》（モンゴル族）の脅威が強まり、防衛のために多額の軍事費が投入されて「軍需景気」が引き起こされていた。そこで、貨幣である銀の需要が高まったが、それに呼応するように、日本の石見銀山の開発が進められ爆発的大増産をもたらしていた。ここに、日本銀と中国生糸を軸とする一大貿易ブームが出現することとなった。国家主導の貿易が衰退するなか、それを担ったのは「後期倭寇《こうきわこう》」と呼ばれる民間の密貿易集団だった。

彼らは中国人を主体に、一五二〇年代頃から寧波の沖合にある舟山《しゅうざん》群島の双嶼《そうしょ》と、福建《ふっけん》省の漳州《しょうしゅう》付近の月港を二大拠点として活動していた。「大航海時代」を迎えマラッカに到達していたポルトガル勢力も、広州《こうしゅう》に進出して東アジア貿易に参入していたが、明との国交は許されず、かえって広州での貿易も禁じられ「仏朗機夷」として打ち払いの対象となったため、密貿易を行うようになった。一五四〇年には、当時の倭寇の首領だった許棟《きょとう》兄弟が、マラッカに赴きポルトガル人を双嶼に引き入れた。さらに許棟の下にいた王直《おうちょく》が、一五四五年に博多に赴き日本人助左衛門を双嶼へと導いた。こうして中国人が主導し日本人・ポルトガル人が一体となった密貿易が展開することとなった。

これに対し一五四八年、明の浙江《せっこう》・福建の巡撫《じゅんぶ》（地方長官）となった朱紈《しゅがん》が倭寇の大弾圧を企て、許棟は敗れて没落してしまったが、残った王直は日本の平戸《ひらど》・五島《ごとう》に拠点を移して活動を続けた。朱丸は、裏で倭寇と結んでいた浙江・福建の郷紳《きょうしん》（官僚にもなる地方有力者）の反発を受け、やがて失脚・自殺した。すると、倭寇の活動は隆盛を極め、「嘉靖《かせい》（当時の明の年号）の大倭寇」と呼ばれる時代を迎えた。王直は「倭寇王」として平戸に居館を築き、二〇〇〇人の党類を従えるほどの大勢力となり、貿易の利を求める松浦《まつら》隆信《たかのぶ》ら日本の大名とも親密となった。

王直は一五五七年、望郷の思いに駆られてか、帰順を促す浙江総督の誘いに乗って、一〇〇〇人の部下とともに舟山群島に戻り定海の役所に出頭したが、結局一五五九年に斬首されてしまった。これにより倭寇の活動は沈静化したとされる。しかし、中国人による貿易が絶えたわけではなく、日本各地には「大唐街」と呼ばれる居留地も形成され、天正《てんしょう》六年（一五七八）には「大明古道」という人物が、大友宗麟《おおともそうりん》より領国中の港における免税特権を与えられている。一七世紀には「国姓爺《こくせんや》」として有名な鄭成功《ていせいこう》が大活躍しているように、東アジア海域における交流・貿易は、中国人を中心とする海上勢力が主導権を握り続けていたのである。

「南蛮貿易」とは何か

倭寇鎮圧後、ポルトガル商船による「南蛮貿易」が展開され、日本に様々なヨーロッパの文物がもたらされたと一般にはいわれているが、これまで述べてきたような東アジア貿易の流れの中で、その意味をとらえなおす必要がある。

日本とヨーロッパ人との初めての接触は、「鉄砲伝来」で知られる天文十二年（一五四三）のポルトガル船の種子島《たねがしま》漂着とされる。注目されるのは、この船に「大明儒生五峰」という人物が同乗し、通訳の役割を演じていたことである。この「五峰」とは、実は儒学にも長じていた王直の雅号《がごう》（一種のペンネーム）である。王直は一五四〇年頃から日本との貿易にも従事しており、いわば案内人の役割を演じていたのである。というより、ポルトガル人が乗っていた船は中国のジャンク、すなわち王直の船だったとする説もあるくらいで、後期倭寇の貿易ルートにポルトガル人が新規参入したといった方が正確である。天文十九年（一五五〇）にはポルトガル船が平戸に初入港し、その後一〇年ほど平戸は南蛮貿易の中心港となった。これも、王直が平戸を拠点としていたときのことであり、彼の誘いで来港したと見るべきである。

ポルトガルが東アジア貿易での役割を高めるのは、一五五七年、明朝がポルトガル人に、倭寇の鎮圧に協力した恩賞としてマカオ居住を許可して以降のことである。仲間を裏切って、あるいはライバルを蹴落として得た成果だった。さらに一五六七年には、倭寇鎮圧後海禁を緩めていた明朝が、月港を開いて民間貿易を許可したが、南海各地との交易に限定し日本との直接取引は依然禁止していたので、ポルトガル船が中継貿易で活躍するようになった。したがって、貿易の主力商品は中国の生糸と日本の銀だった。もちろん、ビロードや時計・眼鏡・洋楽器・カルタ・葡萄酒など、様々なヨーロッパの産物がもたらされはしたが、それは貿易品というより「お土産」だった。ポルトガル人は、中継貿易で得た利益で胡椒などの香料を購入し、ヨーロッパへと送ったのである。これが、「南蛮貿易」と呼ばれるものの実際であり、東アジア地域の歴史という観点からすれば、彼らが主役となっていたわけではなかった。

鉄炮の伝来

その中で、彼らがもたらし日本社会に大きな影響を与えたものは、やはり鉄炮とキリスト教だった。といっても、ポルトガル人がもたらした火縄銃は、ヨーロッパで使われていたものとは形が異なり、東南アジアで使われていたものだった。江戸時代の鉄炮鍛冶の著書によれば、鉄炮製造は農具を作る鍛冶ならば難しくないとされているほど容易であり、急速に国産化されていった。『鉄炮記』という鉄炮伝来を記述した書によれば、鉄炮を購入した種子島時堯《ときたか》は、紀伊

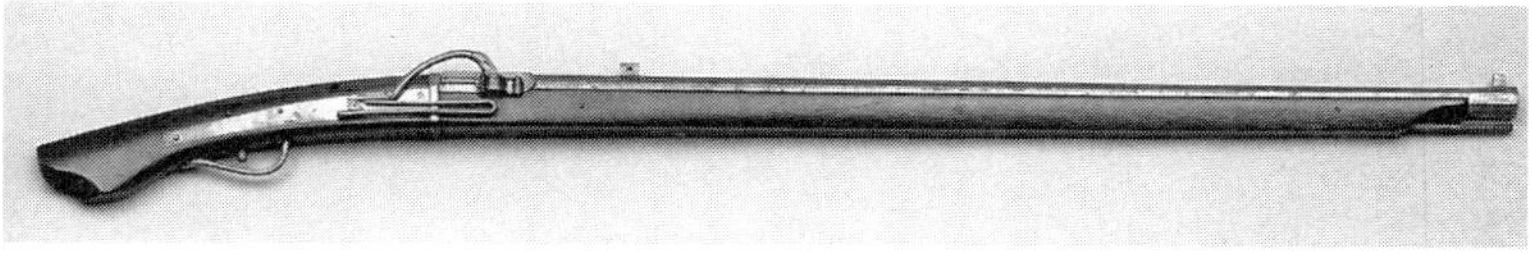

図 38　火縄銃（国友筒）

（和歌山県）の根来寺《ねごろ》の杉坊《すぎのぼう》の要請により家臣の津田監物丞《つだけんもつのじょう》を派遣して製法を教え、堺の橘屋又三郎《たちばなやまたさぶろう》は種子島に二年ほど滞在して製法を学んだという。また、将軍足利氏も九州の大友氏や島津《しまづ》氏を通じて鉄炮や火薬を入手していた。

実戦で使われたことが確認される初例は、天文十八年（一五四九）に島津貴久《たかひさ》が肝《きも》付兼演《つきかねひろ》の拠る加治木《かじき》城（鹿児島県始良郡加治木町）を攻めた際、肝付方から鉄炮が放たれたというものである。このときは、大勢に影響を与えなかった。翌年には、京都で細《ほそ》川晴元《かわはるもと》と三《み》好長慶《よしながよし》が戦い、鉄炮にあたって戦死する者が出ている。また、三―2「幕府の復活」で述べたように、永禄五年（一五六二）の久米田《くめだ》寺の戦いで、三好長慶の弟実休《じっきゅう》が根来衆の放った鉄炮で戦死している。東国への伝播も速かった。天文二十二年（一五五三）には、将軍足利義輝が上野新田《こうずけにった》（群馬県太田市）の金山《かなやま》城主横瀬成繁《よこせなりしげ》の求めに応じ、鉄炮を一丁贈っている。甲斐武田《かいたけだ》氏は弘治《こうじ》元年（一五五五）の川中島《かわなかじま》合戦の際、鉄炮を前線に送っているとされる。ライバルの長尾景虎（後の上杉謙信）も、永禄二年（一五五九）に上洛した際、足利義輝から鉄炮に使う火薬の調合法を伝授されている。同じころ、相模《さがみ》の北条氏も鉄炮を使い始めている。

このように、鉄炮は伝来から時を置かず実戦で使われるようになったが、まだ散発的なものであり、真に威力を発揮するのは天正三年（一五七五）の長篠《ながしの》合戦での織田軍による大量使用以降のことである。

ザビエルの来日

もう一つのキリスト教は、よく知られているようにイエズス会の宣教師フランシスコ＝ザビエルによってもたらされた。ザビエルは一五四二年にインドのゴアに到着、さらに一五四五年にはマラッカに進み布教に努めていたが、はかばかしい成果が上がらなかった。ちょうどその頃、罪を犯して日本を脱出した鹿児島の人弥次郎（ヤジロー）と出会い、その旺盛な向学心を知り日本人への布教に希望を抱いた。そして天文十八年（一五四九）、弥次郎とともに中国船に乗って鹿児島に到着した。ここでザビエルは、島津貴久らの歓待を受け布教も許された。彼はゴア宛の手紙で、日本人は友誼《ゆうぎ》に厚く善良で名誉を尊び学習能力も高いと、布教への期待を述べている。その一方で、日本は多くの金銀を産出するので、貿易により一〇〇倍以上の利益を上げることができるとしている。ザビエル自身は清貧《せいひん》だったろうが、布教には費用がかかりスポンサーが必要だったので、利益を強調する必要があったのである。こうして、布教は貿易と一体となって進められていく。

図39　ザビエル

翌天文十九年、仏教勢力から激しい妨害を受けていたザビエルは、ポルトガル船の平戸入港を聞きつけ当地へ向かった。領主の松浦隆信は、彼がポルトガル商人から敬愛を受けているのを見て、貿易に有利と考え直ちに布教を許した。平戸では信者が急増したが、ザビエルは「日本の王」と見なしていた天皇から布教許可を得ようと京都に向かった。しかし、献上品を持参しなかったため謁見を断られ、また戦禍による京都の荒廃を見て布教を断念、往路で立ち寄った山口《やまぐち》を拠点とすることにし、時計・楽器・眼鏡・鉄炮・織物などの献上品を持参し、大内義隆と会見して布教許可を得た。その頃、豊後《ぶんご》日出《ひじ》（大分県速見《はやみ》郡日出町）にポルトガル船が入港し、船長からインド帰還を要請され、また大友宗麟から招待を受けたため、ザビエルは豊後に向かった。彼と会見した宗麟は強い感動を受け、布教を許可するとともにゴアのインド総督に使節を派遣することとした。ザビエルはその使節とともにゴアに戻ったが、一五五二年、中国に布教に赴く途上の南シナ海の上川島で病没した。享年四十七だった。

キリスト教と南蛮文化

山口ではザビエルから後事を託されたトルレスが布教にあたった。大内義隆はザビエルが山口を離れた直後に陶隆房《すえたかふさ》に滅ぼされるが（後述）、後継に立てられた宗麟の弟大内義長《よしなが》は同じくキリスト教に好意を抱き、大道寺《だいどう》という教会の建設を許した。天文二十年（一五五一）、この大道寺で日本初のクリスマス・ミサ（降誕祭）が行われた。大内義長が毛利氏に滅ぼされると、迫害を恐れた宣教師は豊後に逃れ、大友宗麟の庇護の下、教会だけでなく病院や孤児院を経営し信者を拡大した。こうしてキリスト教は日本に定着していくが、宗麟の庇護も純粋な宗教心のみに発するものではなかった。彼は永禄十年（一五六七）、マカオのイエズス会司教に対し、宣教

図40　南蛮人の行列（『南蛮屏風』）

師や信者を保護し毛利氏との戦争に勝つためとして、硝石《しょうせき》を独占的に輸入できるようカピタン・モール（ポルトガルの司令官）に斡旋してほしいと依頼している。硝石は火薬の原料で銃器の使用に不可欠だが、国産されない戦略商品だった。また翌年には、大砲の贈与の斡旋を依頼している。

平戸での布教も順調に進み、松浦氏の一族籠手田《こてだ》氏が信者となるに至ったが、隆信は仏教徒の要請に従い宣教師の退去を命じ、また貿易をめぐるトラブルからポルトガル人の殺傷事件も起きたので、拠点は日本最初のキリシタン大名となった大村純忠《おおむらすみただ》の所領である横瀬浦《よこせうら》（長崎県西海市）へと移った。しかし、大村家の内紛から横瀬浦が焼亡したこともあり、結局は天然の良港である長崎《ながさき》が元亀《げんき》元年（一五七〇）に開港し、布教・貿易の中心となった。

京都での布教は、永禄二年（一五五九）に宣教師ガスパル＝ヴィレラと日本人修道士ロレンソによって開始された。住民や仏僧の妨害を受けたが、大友宗麟と親しい幕府政所執事《まんどころしつじ》伊勢《いせ》貞孝《さだたか》の仲介により、将軍足利義輝から許可を得て細々ながら布教を続けた。

畿内でも堺の商人日比屋了珪《ひびやりようけい》の保護を受けたり、三好氏の家臣などからも入信者が現れたが、義輝が暗殺されると、永禄八年（一五六五）キリシタン嫌いの松永久秀《まつながひさひで》により教会が破壊され、ヴィレラら宣教師は京都から追放された。京都で布教が再開されるのは、織田信長が上洛して以後のことである。

宣教師やポルトガル商人によって、南蛮文化がもたらされた。キリスト教の伝道に伴い、ミサにおいてはチェンバロ・ハープ・オルガン・ヴィオラなどの楽器の伴奏で賛美歌が歌われ、学校ではラテン語の授業も行われていた。しかし、それ以上に人々の心を捉えたのは、異国の風俗だっただろう。その姿は多くの南蛮屏風から知られる。そこに描かれているのは、南蛮船（ナウ船）、色とりどりの衣装を着た南蛮人の行列、南方の鳥や動物、様々な船載品、そして南蛮寺とバテレン。こうして南蛮ファッションが流行し、そのうちには、襦袢《じゆばん》（元々は上着だが、和服の下に付けたので肌着の意味になった）や合羽《かつぱ》（マント）のように、変形しつつ定着したものもあった。

琉球の変貌

こうした東アジア地域交流の変貌の中で、地位を低下させた国家があった。琉球《りゆうきゆう》である。一五世紀の琉球は尚《しよう》氏による統一王朝が成立し、「舟楫《しゆうしゆう》を以て万国の津梁《しんりよう》（架け橋）」とする中継貿易により未曾有の繁栄を見せていた。これは、明に対する入貢回数が一七一回（二位の安南《アンナン》は八九回）と群を抜いて多かったように、朝貢貿易体制下で明の貿易窓口的役割を果たしていたからだった。琉球船は東南アジア各地から香料や象牙などを明・朝鮮・日本にもたらし、堺・博多や朝鮮・対馬からも薩摩《さつま》の坊津《ぼうのつ》（鹿児島県南さつま市）を経て那覇に寄港する船が絶えなかった。最盛

図41　進貢船の図

期とされる尚真《しょうしん》王の時代（在位一四七七〜一五二六）には、八重山《やえやま》群島から奄美《あまみ》諸島までが琉球王朝の支配下に入った。しかし、朝貢貿易の制限は琉球にも及んできた。一四七四年に明の福州《ふくしゅう》で琉球国王の使臣（実際には福建の中国人商人）が殺人・放火事件を起こすと、明当局は入貢を半減させる制裁措置をとった。さらに倭寇やヨーロッパ勢力による密貿易の活発化により、琉球の特権的地位は意味を失っていった。そして一五七〇年を最後に、琉球船の東南アジア来航は途絶えてしまった。

こうした状況を見透かすかのように、日本の支配層の琉球に対する態度が高圧化していった。琉球は日本に対しても一五世紀初頭から幕府への使節を派遣していたが、応仁の乱によって途絶してしまっていた。そこで文明十二年（一四八〇）、幕府は薩摩の島津氏に対し、琉球使節の派遣を督促するよう命じた。島津氏は琉球に使節派遣を要請し、これを契機として琉球王朝は、島津氏の代替わりに慶賀使節を乗せた紋船《あやぶね》を派遣するようになり、一種の外交関係が形成された。こうした関係の基礎には琉球—薩摩ルートの貿易があったが、島津氏はその独占を目論み、永正五年（一五〇八）には琉球国王に島津氏の印判《いんばん》（許可証）を持たない商人を取り締まるよう申し入れている。永正十三年（一五一六）には琉球に渡航しようとした備中《びっちゅう》の三宅国秀という人物を坊津で殺害する事件を起こし、三宅が琉球を征服しようとしていたとして正当化するとともに、自らの貿易統制権を強調した。

琉球側が島津氏の貿易統制権を認めるようになると、永禄十三年（一五七〇）には、印判を持たない貿易船を受け入れたことを糾問する使節を琉球に送った。さらに天正三年（一五七五）、島津貴久から義久《よしひさ》への代替わりの祝賀使節が訪れると、先の件および糾問の使節に対する無礼などを詰問《きつもん》した。これを「紋船一件《いっけん》」という。琉球側は低姿勢で臨み、これ以後両者の間には上下関係が形成されていった。そして、豊臣秀吉の朝鮮侵略の際には、琉球王は島津氏からの「与力《よりき》」としての兵粮米《ひょうろうまい》や名護《なご》屋《や》城普請費用の負担要求に応じ、さらには慶長《けいちょう》十四年（一六〇九）の島津軍の琉球侵攻を招くことになっていった。

蝦夷地交易の新展開

一方蝦夷地《えぞち》では、本州から渡った和人《わじん》である「渡党《わたりとう》」とアイヌとの交易が盛んになっていた。取引されるのは、ラッコ・アザラシ・トドなどの獣皮や昆布・鮭・鰊《にしん》などの海産物、さらには沿海州から山靼《さんたん》貿易によってもたらされる蝦夷錦《にしき》などだった。蝦夷地は樺太《からふと》を通じて明の影響下にあったが、一五世紀半ば以降明の支配が後退するとともに、和人が本格的に蝦夷地に進出し、渡島《おしま》半島にいくつもの館《たて》を設けて交易拠点とした。その一つである志苔館《しのりだて》（北海道函館市）からは越前焼《えちぜんやき》・珠洲焼《すずやき》の甕に納められた四〇万枚もの中国銭が出土しており、当時の盛んな交易を彷彿させる。和人社会は、鎌倉時代から「蝦夷管領」だった安東《あんどう》氏が、陸奥《むつ》の十三湊《とさみなと》（青森県五所川原《ごしょがわら》市）を本拠に支配しており、この頃は渡島半島南部を三分割し、「上ノ国《かみのくに》」・「下ノ国《しものくに》」・「松前《まつまえ》」に「守護」をおく体制をとっていた。

その蝦夷地で、長禄《ちょうろく》元年（一四五七）にアイヌと和人との間で戦争が勃発した。きっかけは、前年に志苔館で起きた交易をめぐるトラブルだった。アイヌの少年が注文した小刀の出来と値段をめぐって和人の鍛冶屋と争いとなり、鍛冶屋が少年を殺害したのである。恐らく両者の接触が多くなるにつれて、トラブルも頻出していたのだろう。怒ったアイヌたちは、東部アイヌの首長コシャマインの下に結集して和人館を次々と攻略し、「下ノ国守護」の茂別《もべつ》館（北海道北斗《ほくと》市）と「上ノ国守護」の花沢《はなざわ》館（北海道檜山《ひやま》郡上ノ国町）が残るのみとなった。コシャマインが戦線整理のために函館に引き返すと、花沢館の蠣崎季繁《かきざきすえしげ》が追撃して決戦となった。ここで、蠣崎氏の下に寄寓《きぐう》していた若狭《わかさ》守護の一族と称する武田《たけだ》信広《のぶひろ》が射た矢がコシャマインを殺害し、アイヌ軍は総崩れとなってしまった。

これにより戦争は一時鎮静し、信広は蠣崎氏の女婿となり家督を継いだ。蠣崎氏は花沢館から、はるかに大規模な勝山《かつやま》館（北海道檜山郡上ノ国町）に居を移しており、戦争を契機とする蠣崎氏の和人内部での勢力の伸張を窺わせるものがある。さらに永正十一年（一五一四）には松前《まつまえ》の大館（北海道松前郡松前町）に移転している。しかし翌年には首長ショヤコウジ率いるアイヌ軍に攻め寄せられ、蠣崎光《みつ》広《ひろ》は和議を呼びかけ酒宴を開く中で彼らを謀殺して危機を切り抜けた。このように、アイヌ側主導の状況は長く続いたようだが、最終的には天文二十年（一五五一）、蠣崎季広が東西のアイヌ首長チコモタイン・ハシタインと講和を結ぶことにより、両者間の平和が実現することとなった。その内容は、蠣崎氏が和人商人から徴収する営業税である「夷役《いやく》」を両首長に納めること、松前と東部アイヌ・西部アイヌで支配管轄地を分割するというものだった。

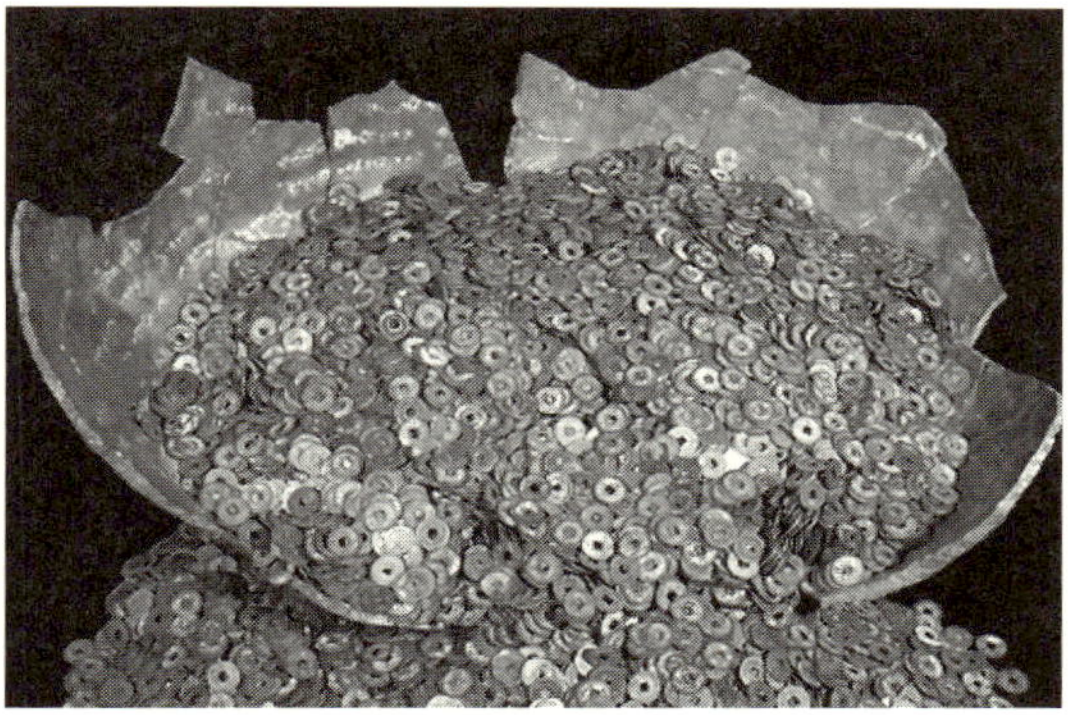

図42　志苔館出土の中国銭

このように、講和内容は対等あるいはアイヌ優位だったが、和人とアイヌとの交易地を松前に限定することにより、蠣崎氏の和人に対する支配権も強まったのである。蠣崎氏は後に豊臣秀吉に臣従し、近世大名松前氏へと転身してゆくこととなる。

3――都市の賑わい

京都の復興

以上のような交通・流通の発展は、その結節点である都市の隆盛をもたらした。その中心は京都だった。前述したように応仁の乱で京都は荒廃し、荘園領主の年貢収入減少や守護の在国による消費人口減少で京都の経済規模は縮小した。また、京都を通じない遠隔地間の交易も活発化した。そこで、京都を中心とする「首都市場圏」は、応仁の乱後は戦国大名の「領国経済圏」(後述)と均質化していったという意見もある。しかし、経済の中心としての京都の地位は健在であり、戦乱を乗り越えて力強く復興していった。それを支えていたのは、伝統的職人による高級手工業製品等の生産である。

京都西北部で織物に従事していた大舎人《おおとねり》座・練貫《ねりぬき》座などの職人は、戦乱を避けて堺などに疎開していたが、その地で日明貿易を通じて伝えられた中国の綾《あや》・錦等の高級絹織物の生産技術を学んだ。彼らは乱の終息とともに帰京して生産を再開し、永正十一年(一五一四)には大舎人座が幕府から綾織物の生産独占を認められている。彼らが集住していた地域が、西軍の山名《やまな》宗全《そうぜん》が陣を張った場所だったため「西陣《にしじん》」と呼ばれるようになり、後に彼らの製品も「西陣織」と称されるようになった。それだけでなく、国内外の刀剣需要に応える粟田口《あわたぐち》の刀鍛冶、梵鐘・灯籠などの宗教用品から茶釜・鍋な

図 43　京の見世棚（『洛中洛外図屏風』）

どに至る多種の鋳物を製造する三条の釜座も有名である。これらの工業原料は、輸入生糸だけでなく、山陰の鉄など国内各地からも移入された。

こうして京都は、政治都市から商工業都市へと色合いを変えていき、その担い手である町衆が勢力を強めていった。当時の京都を題材とした『洛中洛外図屏風』には、扇などの装飾品・弓などの武具をはじめ様々な商品を並べる見世《みせ》棚《だな》、すなわち常設店舗が軒を並べ、品定めする客と応対する主人の姿が描かれており、活発な商取引が行われている様子が窺われる。また、ザビエルがマラッカの司令官に送った書簡では、京都の家数は九万六〇〇〇戸を数えリスボンよりも大きい都市であるとされている。一戸に五人が住んでいたとすれば人口五〇万人近い大都会となる。それほどでなくても、数十万人は生活していたと思われる。その大部分は町衆だったのである。明応《めいおう》九年（一五〇〇）に祇園祭が復興したのは、こうした町衆の経済力に支えられてのことだった。華やかに行われる山鉾《やまぼこ》巡行は、町衆の結集単位である「町《ちょう》」によって行われるのである。

町衆の自治

京都は、東西南北に走る通りによって碁盤の目状に区切られた都市である。通りに面した見世棚の裏庭には共同の井戸や便所があり、この一区画が生活の単位となっていた。さらに通りを挟んだ両側が、「両側町」という一つの共同体を作っていた。これが「町《ちょう》」である。人口が密度が高くなれば住人間の関係も緊密化し、様々なトラブルも増えてくる。「町」はそれに対応し、建物や土地の共同管理や権利の相互保障などの業務を行っていた。また、商工業活動を安定的に行うため、取引のトラブルがエスカレートするのを抑え、秩序を維持する役割も果たした。それだけでなく、入り口に「釘貫《くぎぬき》」と呼ばれる木戸門《きどもん》を設けるなど、戦乱や盗賊から地域を防衛する役割も果たしていた。さらに、「町」連合体として「町組」があり、各「町」が輪番《りんばん》で勤める月行事《がちぎょうじ》によって運営されていた。

その上には、「上京《かみぎょう》」・「下京《しもぎょう》」という大きなまとまりがあった。そして、「町」や「町組」を越える紛争に対しては「口入《くにゅう》」＝調停の役割を果たし、戦乱に対しては共同で立ち向かった。畿内の争乱で、細川澄元《すみもと》や晴元らの武家勢力が乱入してきたときには、早鐘《はやがね》によって「上京」・「下京」の住人数千人が、「上京」一条小川の革堂行願寺《こうどうぎょうがんじ》と「下京」六角烏丸《ろっかくからすま》の六角堂頂法寺《ろっかくどうちょうほうじ》に結集し、軍勢を退散させたこともあった。これが基盤となって、三—2「一向一揆と法華一揆」で述べた法華一揆が成立したのである。さらに、「上京」・「下京」を単位とする土塁や堀（「惣構《そうがまえ》」）も巡らされ、豊臣政権が建設した「御土居《おどい》」の原型となった。室町幕府の京都支配も、例えば禁令に反して撰銭を行った者は「町人として注進せしむべし」とされているように、こうした自治組織を通じて行われていたのである。

博多と堺

東アジア地域間交流の発展は、拠点となる貿易港の繁栄をもたらした。その代表は博多と堺である。博多は、古代に大宰府《だざいふ》が外国使節を接待した鴻臚館《こうろかん》を設置して以来、対外交流の窓口の役割を果たしていた。瀬戸内海・日本海の航路はここで出会い、さらに、北は対馬を経て朝鮮へ、西は五島列島から東シナ海を渡って寧波へ、南は琉球から南海へ向かう航路が開けていた。博多は東アジア交易の十字路の位置を占めていたのである。

博多の商人が対朝鮮貿易に積極的に関わっていたことは、前述のように石見銀山を開発した神屋寿禎が灰吹法の技術を朝鮮から導入したことからも知られよう。対明朝貢貿易では、最初の遣明船の副使である肥富《こいつみ》が博多商人だったように、当初から艤装《ぎそう》を完了させる湊として博多は重要だったが、寧波の乱以後大内氏が貿易独占権を握ると、博多商人が一手に遣明船を仕立てることとなった。大陸からの技術導入も盛んで、灰吹法だけでなく博多織や芦屋釜《あしやがま》などの名産を生んだ。朝鮮王朝の対日外交手引書である『海東諸国紀《かいとうしょこくき》』によれば、文明年間の博多の家数は一万戸を数えたというから、数万人の人口を擁していたことになる。

しかし、大内氏が滅亡すると対明朝貢貿易は終焉し、また、大友氏ら戦国大名による争奪戦が繰り返された。永禄二年（一五五九）には毛利氏と結びついた筑前国人秋月《あきづき》氏の反乱により博多は灰燼《かいじん》に帰した。その後復興が進んだものの、天正八年（一五八〇）には新興大名龍造寺《りゅうぞうじ》氏の侵攻をうけている。貿易の担い手が倭寇やポルトガル船に移ったこともあり、博多は衰退が進んだ。後に、九州征服を達成した豊臣秀吉により、朝鮮侵略の兵站《へいたん》基地として本格的に復興されるが、貿易拠点は長崎・平戸に移っており、北九州の中心都市へと性格は変化していった。

堺は和泉《いずみ》と摂津《せっつ》の堺に位置し、住吉《すみよし》神社の末社である開口《あぐち》神社を鎮守とする漁業集落として成立した。その後、河内鋳物師の拠点として荷の上げ下ろしを行う港の機能を果たすようになったが、本格的に発展するのは、応仁の乱で西軍の大内政弘《まさひろ》が兵庫《ひょうご》港を占拠したため、東軍側の細川氏が仕立てる遣明船の発着港が境界に移ってからのことである。文明元年（一四六九）には帰朝した遣明船が初めて来港した。すると、文明六年（一四七四）には堺商人の湯川宣阿《ゆかわせんあ》が琉球渡航を許可され、さらに文明八年には湯川らによって初の遣明船が仕立てられた。こうして、堺は畿内における外国貿易の拠点としての地位を築いていった。それにつれて外来の技術も積極的に吸収し、前述のように西陣織の源となる織物生産が行われ、さらには鉄炮伝来とともに鉄炮製造も盛んとなった。

堺の家数は天文年間で六〇〇〇戸とされ、やはり数万人の人口があったと推定される。永禄四年

（一五六一）に布教に訪れた宣教師ガスパル・ヴィレラの手紙には、堺は堀で囲まれた、日本一安全な場所であると書かれている。また、「ベニスの如く執政官《しっせいかん》によって治められている」とも書かれているが、これは、湯川氏ら堺商人から成る会合衆《えごうしゅう》により自治が行われたことを指している。そうはいっても、すでに見たように堺は細川・三好氏が阿波《あわ》より畿内に進出する際の拠点だったのであり、武家支配を排除していたわけではない。むしろ、豪商らは細川・三好氏らと結んでその地位を守っていたのである。

寺内町の形成

こうした大都市を頂点として、地域経済圏の中心、あるいは地域間を結ぶ交通・流通ネットワーク上に、すでに紹介した桑名・大湊・品河・敦賀・小浜・直江津・柏崎など、宿・市や湊の機能をもつ都市が発展していった。その中には、中世後期に盛んになった寺社参詣客を迎える善光寺《ぜんこうじ》（長野市）・伊勢（三重県伊勢市）・杵築《きづき》（島根県出雲市）などの門前町《もんぜんまち》や、後に紹介する一乗谷《いちじょうだに》（福井市）・越後府内（新潟県上越市）など戦国大名の城下町もあるが、ここでは、戦国期を特徴付ける寺内町《じないまち》について述べよう。

寺内町は、一般には浄土真宗本願寺派《じょうどしんしゅうほんがんじは》（一向宗《いっこう》）の寺院を中心に形成された町を指す。流通経済との関係で重要なのは、大坂石山本願寺の寺内町である。明応五年（一四九六）に、蓮如《れんにょ》が「虎狼《ころう》のすみか」だったという地に坊舎《ぼうしゃ》（大坂御坊《ごぼう》）を建設したことが、石山本願寺の起こりである。天文二年（一五三三）に山科《やましな》本願寺が焼き討ちされて以後、本山が移転してくるが、ここはただの荒れ地ではな

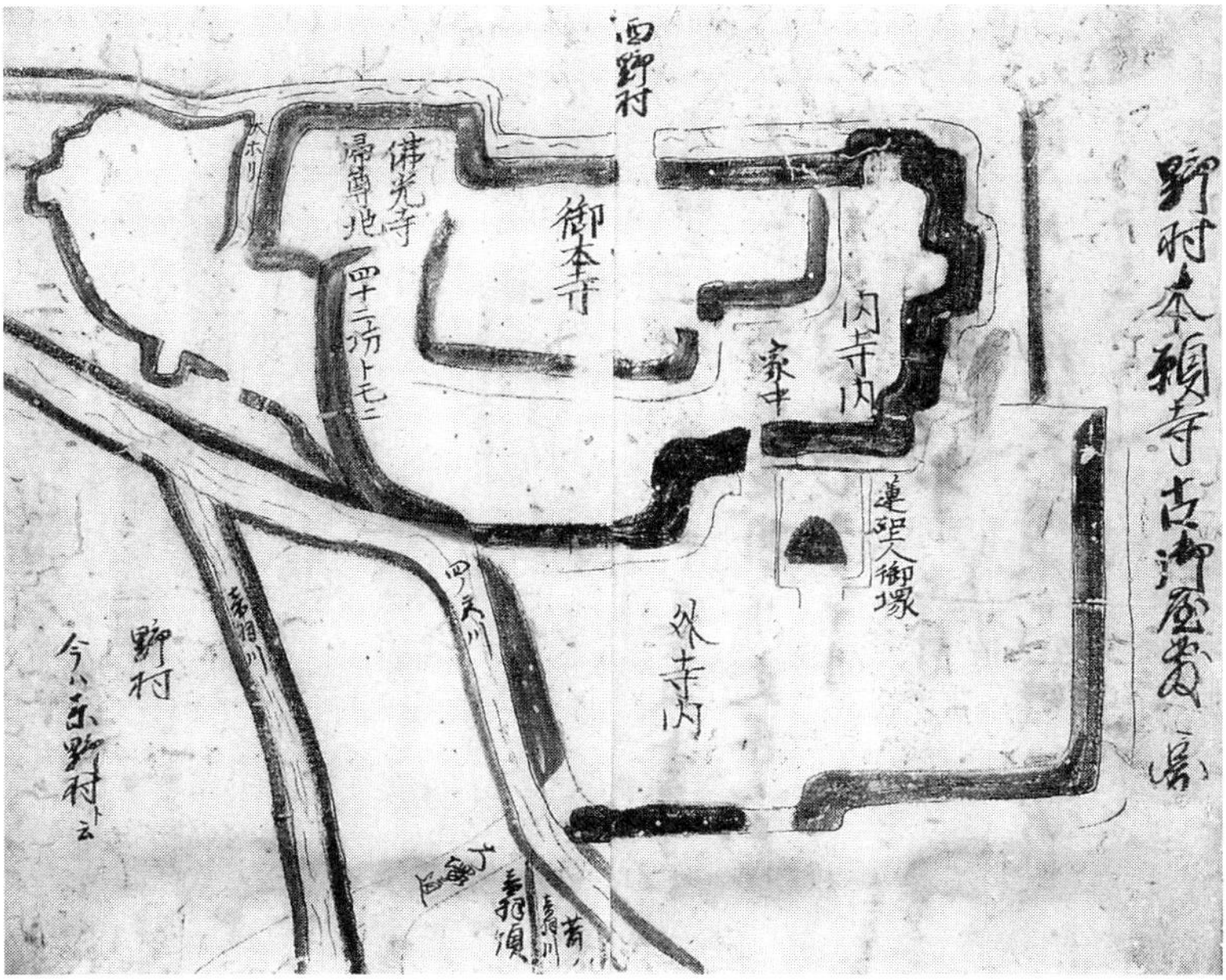

図 44　寺内町山科本願寺（「野村本願寺古御屋敷之図」）

く、淀《よど》川と大和《やまと》川の合流点を見下ろす台地の先端に位置する流通拠点だった。この下の湊で、瀬戸内海を航行する大型船と川船との間で荷物の積み替えが行われるのである。細川晴元との関係を修復した本願寺は、幕府から大坂寺内町での諸公事（課税）免除、徳政《とくせい》免除などの特権を与えられた。前者が営業に有利なことはもちろんだが、後者も金融や掛け売りを行っている業者には大切な特権である。これにより、大坂は商工業者が集住する都市として発展することとなった。

本願寺は、大坂に出入りする荷物に対する関銭《せきせん》の減免など、交通の便宜・安全の確保に努め、独自の流通ネットワークを作っていった。それにつれて寺内町が、摂津の富田《とみた》（大阪府高槻《たかつき》市）、河内の富田林《とんだばやし》（大阪府富田林市）、和泉の貝塚《かいづか》（大阪府貝塚市）、大和の今井《いまい》（奈良県橿原《かしはら》市）など、畿内を中心に次々と建設されていった。その契機は様々だが、富田林は、もともと荒れ地だったところを、一向宗寺院興正《こうしょう》寺の証秀《しょうしゅう》という住職が、付近の四ヵ村の有力百姓と協力して、寺院を建立し町場を開発したといわれている。今日も、周囲に土塁を巡らし、内部は碁盤の目状の道路により区画した計画都市の姿が残されている。町では鍛冶・大工・染物屋など生活に密接に関わる職人が営業しており、まさにこの地域の社会的分業の中核としての役割を果たしていたと考えられる。

それが寺内町の形をとったのは、石山寺内町が与えられた特権を、「大坂並」として獲得するためだった。富田林の場合は、永禄三年（一五六〇）に河内守護代安見直政《やすみなおまさ》から、諸公事・座公事・徳政の免許、所質《ところじち》の禁止などを認められた。座公事の免許とは自由営業の公認を意味する。所質は地縁により債務の連帯責任を負わされるもので、取引の阻害要因となるので禁止された。こうした「経済特区」の地位を、本願寺を通じて獲得することが目的だったのである。寺内町に在住していたのは一向宗門徒・非門徒を問わない商工業者で、その運営も信仰や本願寺との関係が中心に据えられてはいなかった。そのため、後の石山合戦においては、寺内町は一部を除いて本願寺に味方して徹底抗戦することなく、中立か信長に味方する立場を取った。何よりも安全な営業の保障が優先されたのである。

図45　祇園祭（『祇園祭礼図屛風』）

都市民衆の文化

戦国時代の都市文化といえば、まず思い出すのは、何度も触れてきた京都町衆の祇園祭だろう。このような都市民衆の活力は、疫病を追い払うと称し、花笠をかぶり美しい衣装で飾り立てて歌い踊り歩く、風流《ふりゅう》の流行としても現れた。祇園祭が中断していた応仁文明の乱の最中にも、京都では風流が大流行し、管領《かんれい》以下の諸大名も桟敷《さじき》を建てて見物したという。これがお盆の念仏踊《ねんぶつおど》りに取り入れられ、今日の盆踊りへとつながっていくが、農村にも広まっていたことは、二―1「郷村の文化」で紹介したとおりである。

この風流で歌われるのが、町の流行歌である小唄だった。小唄は永正十五年（一五一八）に成立した『閑吟集《かんぎんしゅう》』にもまとめられているが、それだけでなく、公家や幕府の役人も町で聞いた小唄を、日記などに書き留めている。そのひとつ。「亭主々々の留守なれば／隣あたりを呼び集め／人こと言うて／大茶飲みての／大笑い／意見さ申そうか」今にも通じそうな、おかみさんたちの「井戸端会議」

である。「一寸法師」・「浦島太郎」・「鉢かづき」といった短編物語である「御伽草子《おとぎぞうし》」が作られるのも、この頃のことである。絵解きで読みやすく出世物語も多いので、下剋上の風潮や庶民の勃興を反映したものとされている。これらは町衆の好むところとなり、近世の小唄や草紙物へと発展していった。

連歌や能・狂言も、町衆の嗜好に合わせて作り変えられていった。連歌からは滑稽《こっけい》を旨とする俳諧《はいかい》が生まれて近世へと発展し、能楽では素人集団による手《て》猿楽《さるがく》が起こり、世俗性を強めて地方への普及に役割を果たした。

その一方で、茶の湯と生け花は洗練の度を増していった。村田《むらた》珠光《じゅこう》は茶の湯に禅の思想を取り入れ、それまでの闘茶《とうちゃ》・茶寄合《ちゃよりあい》に対し、枯淡《こたん》・静粛《せいしゅく》を重んじる四畳半（方丈《ほうじょう》）の茶の湯を作り出した。これが、堺の商人武野紹鷗《たけのじょうおう》・津田《つだ》宗達《そうたつ》らに受け継がれ、千利休《せんのりきゅう》によって大成されることとなる。変動きわまりない商業の世界に生きる彼らは、静寂の世界に心の安らぎを求めたのだろうか。生け花は、京都六角堂の僧池坊専慶《いけのぼうせんけい》・専応《せんおう》らによって、「立花《りっか》」の基本が作り出された。邸宅の装飾として豪壮さも求められたが、茶の湯の席では簡素な「茶花《ちゃばな》」が好まれた。

六　大名領国の成り立ち

1―「国家」の論理

「国」と「家」

四章の最後でも述べたように、各地で誕生した戦国大名は、自らを「大途《だいと》」・「公《こう》儀《ぎ》」などと称した。公権力の担い手としての立場の表明である。同時に、領国に関して「国家」という言葉を使った。例えば、毛利《もうり》元就《もとなり》から家督を継いだ長男の隆元《たかもと》は、周防《すおう》（山口県）の大内《おおうち》＝陶《すえ》氏との対決に踏み切った際に（七―3「毛利氏の中国地方制覇」参照）、「油断せずに国家を保ちたい」との決意を披瀝《ひれき》している。また一族間の争いを勝ち抜いて国主の座を獲得した薩摩《さつま》（鹿児島県）の島津《しまづ》忠良《ただよし》は、孫の義久《よしひさ》に対し「国家のために身を惜しむな」と教えた。

「国家」は、律令制の成立以来「日本国家」の意味で使われるようになっていたが、ここでの意味はそうではない。毛利隆元は、後に厳島《いつくしま》合戦で陶氏に勝利し周防と長門《ながと》を手中に収めると、「長久に家を保ち、分国《ぶんこく》を治める」ことは難しいが、父元就に従って頑張りたいと述べている。北条氏綱《ほうじょううじつな》も、自ら修復を進めていた鶴岡八幡宮《つるがおかはちまんぐう》に対し、「家門《かもん》と分国の安泰」を祈禱させている。このように戦国大名は、「分国」と「家」とが一体となったものとして、「国家」を意識していた。それは、どういうことか。

「分国」とは、もともとは朝廷や幕府の支配権が分けられた国という意味で、室町時代には守護の「分国」などとして使われた。しかし、当時の毛利氏は安芸《あき》や周防・長門の守護職をもっていたわけではなく、実力によって支配権を獲得していた。四章で述べたように、戦国大名領国は地域社会の平和秩序維持という課題に基づいて下から形成されたのであり、ここでの「分国」は、むしろ「惣国一揆《そうこくいっき》」の「惣国」と同じく、住民が生活する場としての「くに」を基礎に、地域公権力が作り出した政治的領域と考えた方がよい。

とはいえ戦国大名は、「分国」を均一に支配していたわけではない。そのことは、「家」・「家門」の意味から知ることができる。ここでの「家」とは、もちろん戦国大名の「家」のことだが、戦国大名は近世大名と違い、すべての家臣を自分の「家中」に取り込んではいなかった。毛利氏がそうであったように、「国衆《くにしゅう》」と呼ばれる有力国人領主は、それぞれが「家中」を形成し独自に所領を支配していた。「国衆」のなかには戦国大名と覇権を争った者もいて、毛利元就が「毛利家をよかれと思うものは、他国だけでなく安芸にも一人もいない」と嘆いたように、完全な忠節を獲得していたわけではなかった。戦国大名領国は、そうした「家」の連合体という性格をもっていた。もちろん戦国大名は、その「家」の当主と主従関係を結んでいたが、それは「家中《かちゅう》」との関係に比べれば強固ではなく、中

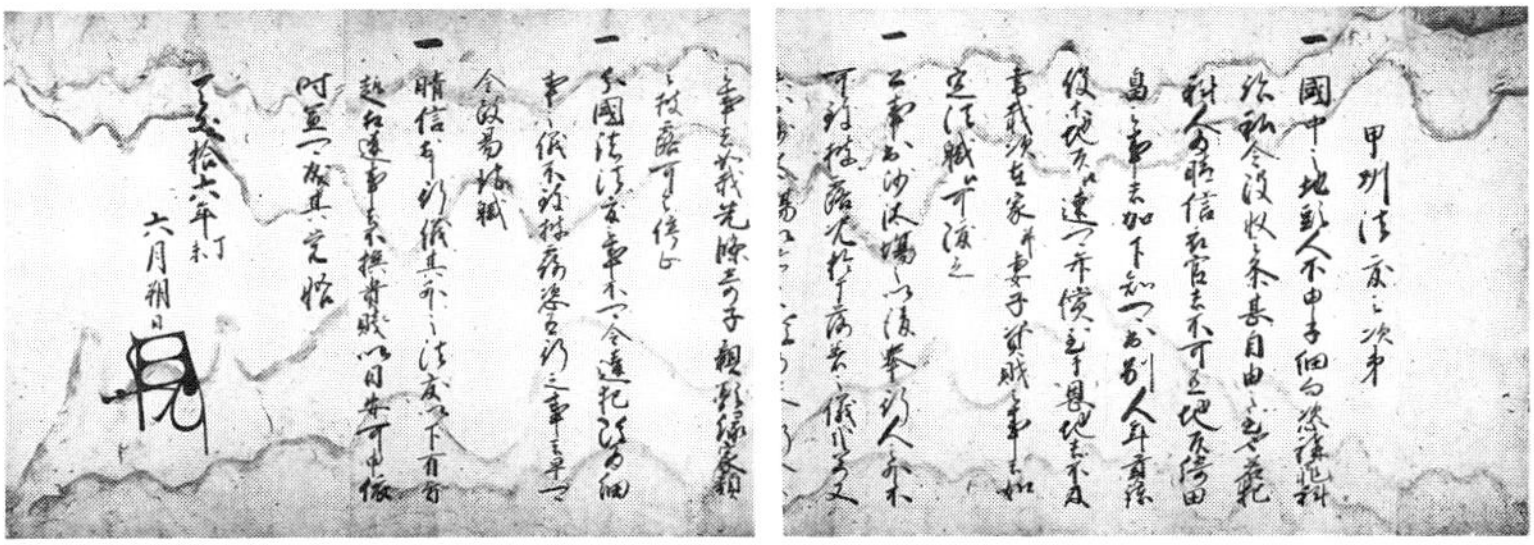

図 46　甲州法度之次第

核となる自分の「家」が安泰でなければ、「分国」の統治も安定しないのである。

少し難しいかも知れないが、このように戦国大名には、領国を統治する公権力の側面と、主従制によって家臣を編成する家権力の側面があった。この両側面を統一的にとらえることが、戦国大名領国の成り立ちを理解する鍵となる。以下、具体的に述べることとしよう。

分国法の制定

戦国大名の地域公権力としての統治の中心に据えられるのは、「分国法」と呼ばれる法律である。今川義元《いまがわよしもと》は『今川仮名目録《かなもくろく》』で、将軍家が諸国の守護を任命して天下を統治する時代は終わり、今は自分の力量により「国の法度《はっと》」を制定して領国の秩序を維持する時代となったのだと、誇らかに宣言している。また武田晴信《たけだはるのぶ》は『甲《こう》州法度之《しゅうはっとの》次第《しだい》』で、この法律に違犯し勝手な行いをした者がいたら、細かいことであっても役職を罷免《ひめん》すると述べている。それだけでなく、自分自身がこの法律の趣旨に反する行動があった場合も、誰でも「目安《めやす》」によって申し出てほしいともしている。このように「分国法」は、大名自身が遵守しなければならない厳しい法律だった。

こうした一種の法治主義の立場から、訴訟を処理し法律違反者を処罰する裁判制度の充実が図られた。今川氏の場合は、義元の代に「定」と題する裁判関係の法令が特に作られ、月に六回の法廷開催、審理にあたる評定衆《ひょうじょうしゅう》や原告・被告との連絡にあたる奉行人《ぶぎょうにん》の役割など、具体的手続きが明文化された。また、訴訟が多くて遅延した場合は原告・被告にその旨を伝えることなど、細かい配慮も記されている。

その中で、訴訟を取り次ぐ伝手《つて》のない人のために、「目安箱」(「目安」=訴状を受け取る箱)を設置することが定められている。これは広範な人々に裁判を開放する制度といえるが、戦国大名の裁判制度の特徴がそこにあったわけではない。訴訟の取り次ぎは、寄親《よりおや》と呼ばれる戦国大名の有力家臣が行うのが普通だった。寄親については次節で詳しく説明するが、下級家臣との間で寄親—寄子《よりこ》と呼ばれる関係を結び、戦闘の指揮や大名への要求の取り次ぎなどにあたる人物である。寄子からすれば、自分を保護してくれるパトロンのような存在といえる。戦国大名の家臣団は、こうした人的関係を通じて結びつきを強めていたのであり、訴訟においても寄親の力は大きく物を言った。「目安箱」を通じて訴訟を行うのは、こうした関係をもたない「たよりなき者」であり、実際には不利な立場に置かれざるをえなかっただろう。

喧嘩両成敗法

「分国法」の核心は喧嘩両成敗法《けんかりょうせいばいほう》にあった。『今川仮名目録』では、喧嘩を行ったものは、正当性(「道理《どうり》」)の如何によらず両方とも死刑に処すると規定されている。

ここでの「喧嘩」は、ただの殴り合いのような暴力行使ではない。四―4「毛利氏の『公儀』権力化」でも述べたように、紛争を実力行使により解決する私戦、すなわち自力救済のことである。

中世社会では国家権力の力が弱く、地方の紛争はほとんど自力救済によって解決が図られていたといってよい。室町幕府も、自力救済を規制しようと、「故戦防戦法《こせんぼうせんほう》」を制定していた（三―2「幕府政治の動向」参照）。しかしその内容は、「故戦」（最初に喧嘩を仕掛けた側）と「防戦」（それに応じた側）とで刑罰に軽重があり、また「防戦」側は正当性があれば罰は減じられるというもので、こうした点はもとより決しがたく、結局中途半端なまま実効性をもたなかった。それに対し今川氏の喧嘩両成敗法は、紛争解決における実力行使を一切禁止し、今川氏の裁判権に服することを強制したものとして、画期的意義をもつものである。裁判制度の整備・充実は、まさにこれと表裏一体の関係にあった。

『甲州法度之次第』にも、『今川仮名目録』と同様の条文がある。これに対しては、家臣の間から、自力救済の禁止は戦闘者としての武士の本分を否定するものである、喧嘩をけしかけられて応じないような臆病者は戦場で役に立たないと、不満の声が上がったという。しかし、喧嘩両成敗法は否定されることなく、「天下の大法」として武家社会に定着していった。すでに述べたように、紛争の深刻化という社会状況が選択の余地をなくしていたのである。

土地紛争の解決

実際、「分国法」には様々な紛争の解決方法を記した条文が載せられている。なかでも、土地をめぐる紛争が最も深刻だった。

『今川仮名目録』が第一条で真っ先に取り上げたのは、百姓が所持する「名田《みょうでん》」をめぐる紛争である。他の百姓が領主に対し、納める年貢を増やすので「名田」を没収して自分に与えてほしいと申し出ることにより、百姓間で争いが生まれるのだという。何の見返りもなく年貢を増やすと申し出るわけはないので、上納分を差し引いても手許に利益が残ると考えざるをえない。とすると、この紛争は二―1「土豪の役割」で述べたような、耕作者から受け取る加地子《かじし》をめぐる争いだったと考えられる。畿内近国と同じく、今川領国でも加地子が広汎に成立し、領主と結びついて集積を図る土豪の動きが活発になっていたのである。

さらに第二条では、田畠や山野の境界をめぐる紛争が取り上げられている。境界紛争はいつの世にもあるものだが、第三条では洪水などで荒れ地となっていた耕地の再開発が原因となって境界紛争が生まれるとされている。下総結城《しもうさゆうき》(茨城県結城市)の領主結城氏が定めた『結城氏新法度』の第五八条でも、境界紛争というものは開発が進行し所領の境界にまで及んだときに起きるものであり、こうした場合は開発地を折半《せっぱん》して解決することとされている。また『今川仮名目録』第一五条によれば、近年、新しい用水路の開削により紛争が頻発しているという。他人の土地を通さなければならないときの補償問題であり、これが耕地の開発の進展と関わっていることはいうまでもない。このように、東の今川領国や結城領においても、二章で述べた畿内近国の郷村と同じく、農民たちの開発の進展が原因となって、境界紛争がさまざまな形で起きていたのである。領主たちは、自らの収入確保だけでなく領民の利益擁護を目指したので、農民間の紛争は領主間の所領紛争へと発展した。こうした社会的問題の深刻化が、公権力としての戦国大名の登場を求めていたことを見逃してはならない。

国土の防衛と対外侵略

戦国大名の地域公権力としての役割には、紛争解決とならんで国土防衛による平和の維持があった。

戦国大名はそのために、武士だけでなく百姓も戦争に動員した。北条氏は、今川氏が滅亡し武田氏との対決が本格化すると（七—2「越相同盟から甲越同盟へ」参照）、領国内の人口調査を行い、郷村を通じて合戦時に百姓を動員する体制を整えた。ほんらい百姓は非戦闘員で、軍需物資の運搬などの陣夫役に動員されることはあっても、戦闘に直接参加することはなかった。そこで北条氏は、「このような乱世の時に、国に住むものは出陣して戦闘に参加しないわけにはいかない」と、今回の動員の正当性を主張した。その上で、「もし拒否する者がいたら直ちに処罰を加えるが、これは『大途』の不当な行為では決してない」と述べている。まさに、「くに」を守る責任者の立場からの動員なのだということを強調しているのである。

『今川仮名目録』では、家臣が許可なく他国の者の合戦に参加することを禁じている（第三二条）。これは、交戦権を大名が独占することを意味しており、領国内での「喧嘩」の禁止と一体となった、外に向かっての自力救済の否定だった。家臣の武力行使は、大名の統制下でしか許されなくなったのである。これに対応して、軍事制度の整備が進行する。四—4「毛利氏の『公儀』権力化」で述べたように、毛利氏「家中」においては井上《いのうえ》衆誅伐事件後に作成された起請文《きしょうもん》で、「喧嘩」の禁止とともに毛利氏の軍事指揮権が承認されていた。その直後に、出陣の際の動員人数や装備を規定した「具足《ぐそく》注文《ちゅうもん》」、戦場での進退は大将の命令に従うことなどを規定した「軍法書《ぐんぽうしょ》」などが作成されている。

しかし、家臣たちは大名の軍事指揮に一方的に従っていたわけではなかった。起請文では、合戦で功績をあげた者に対し褒美が与えられない場合は、重臣たちが上申するともされている。軍事奉仕と恩賞授与という相互契約が確認されているのである。家臣たちにとっては、自力救済を通じた勢力拡大の条件が奪われた以上、大名の合戦に参加し功績をあげる以外に発展の道はなかったのであり、それだけ恩賞要求が強かったのである。このように、領国内における平和の実現は、対外侵略＝領土拡大の衝動の強化と表裏一体の関係にあった。軍事制度の整備も、一面では侵略戦争を勝ち抜く統制のとれた軍隊の創出を目的とするものだったのである。ここに、七章で述べるような大名間の戦争が展開する社会的要因があったといえよう。

2―領主層の結集

土豪層の家臣化

本章1節で述べたような立場から領国主の地位に就いていた戦国大名は、その支配を安定させるために、「国衆」をはじめ、さまざまなレベルの領主たちを家臣として編成し、結びつきを強めることに努めた。なかでも、土地・加地子の集積により経済力を強め、それを基礎とした軍事力・政治力によって郷村支配者すなわち領主的性格を強めていた土豪（二―1「土豪の役割」参照）の家臣化は、重要な意義をもっていた。土地や郷村の支配をめぐり争いあっていた土豪のなかには、これに積極的に呼応する者がいた。

今川領国に属する駿河泉郷《するがいずみ》（静岡県駿東《すんとう》郡清水《しみず》町）の杉山善二郎という土豪は、天文二十二年（一五五三）に今川義元から、泉郷の年貢を納める責任者として米一〇石一斗と銭五貫を取得することが認められた。それは、前年に杉山氏を現地案内人として行われた検地の結果検出された増分を納めることを、杉山氏が約束した見返りだった。義元は、杉山氏の「忠節」を賞し、今後代官や他の百姓がこの権利を要求してきても認めないことを保障している。つまり、前節でみた年貢納入をめぐる争いの解決を通じて、今川氏は土豪杉山氏と御恩《ごおん》―奉公《ほうこう》（この場合は年貢納入）関係を結んだのである。杉山氏は、泉郷で年貢を納めずに逃亡した農民の逮捕・処罰や、その家の没収処分業務を行う村落指導者でもあった。

同じ今川領国の駿河前田郷《まえだ》（静岡県富士市）では、弘治《こうじ》元年（一五五五）に訴訟に基づいて検地が行われ、増分を加えて五二貫七〇〇文の年貢を徴収することになったが、そのうちの一七貫二〇〇文の加地子分は、納入責任者である神尾藤七郎に屋敷とともに「給恩」として与えられた。神尾氏は、後に今川氏真《うじざね》が甲斐《かい》武田氏に攻められて逃れる際に、彼の供をした「忠節」を賞されている。

このように今川氏は、地域社会の紛争に公権力として積極的に介入する一方で、それを通じて土豪たちを家臣に取り立て、地域支配や軍事行動にあたらせていたのである。

戦乱のなかで　こうした土豪層の家臣化の契機は領国内部の紛争に限られず、戦乱による対立の先鋭化もその大きな一つとなった。

周防山代《やましろ》地方（山口県岩国市《いわくに》）は安芸（広島県）との国境の山あいにあり、十三ヶ郷と呼ばれる村々が谷ごとに点在していた。大内領国辺境の山間部という地理的条件から、国人領主支配は発達せず、村々では刀禰《とね》と呼ばれるリーダーの下で自治的生活が営まれ、土地をめぐる紛争も刀禰の手によって解決されていた。しかしここでも、刀禰の地位をめぐる土豪間の争いがあり、十三ヶ郷の中の宇佐《うさ》村や府谷《ふのたに》村では、刀禰が私利を貪っていたとして討ち果たされ、別の土豪に取って代わられるという武力抗争まで起きていた。

そうしたなかで、厳島合戦で勝利した毛利氏が、大内領国を征服すべく山代地方に侵入してきた（七—3「毛利氏の中国地方制覇」参照）。これに対し住民たちは、刀禰の主導下で山代一揆を結成して抵抗した。一方刀禰と対抗していたグループは、阿賀《あか》郷の三分一氏が刀禰錦見氏の首をはねるなど、毛利方に寝返る者が続出した。ここに山代地方は毛利方と大内方の二つに分裂し、やがて山代一揆は抵抗空しく敗れ去った。刀禰たちのなかには討ち死にする者もいたが、毛利方に降伏し裏切り組とともに村落リーダーの地位を守った者も多かった。しかし、その立場には大きな変化があった。

毛利氏は、征服地の土地所有関係・支配体制を確定するため、永禄《えいろく》三年（一五六〇）に山代地方一帯に検地を行った。これにより、土豪たちが持っていた加地子の取得権は否定され、彼らは毛利家臣となり軍役奉公を行う見返りに給分《きゅうぶん》として宛行われるか、さもなくば百姓身分としてすべて年貢として納めるかの選択が迫られた。実際には、毛利方についた土豪たちのほとんどは家臣として給分をもらい、代官として派遣された毛利氏譜代家臣の「一所衆《いっしょしゅう》」として、代官支配の拠点である生見《いきみ》村の高《たか》森《もり》城（山口県岩国市）の普請や城番を勤め地域防衛にあたる一方で、代官とともに毛利氏の九州遠征などに従軍し各地を転戦している。

それだけではなかった。彼らのうちから、代官の下で村ごとに給地の打ち渡し・管理や租税の徴収など業務を担当する「散使《さんし》」が選ばれた。これは、刀禰の機能を引き継ぐものともいえるが、毛利氏から任命される役職に変わっていた。

こうして彼らは、戦国大名毛利氏の家臣として軍事と地域行政を担うようになった。毛利氏からみれば、彼らを掌握することにより、軍事力基盤を拡大し、かつ、強力な地域支配体制を作り出すことに成功したのである。

検地の役割　これまで見てきたように、土豪層を家臣に編成するうえで、検地は重要な役割を果たしていた。検地は田畠などを調査し、それぞれの所在地・面積・年貢量や年貢取得者（給人《きゅうにん》）・納入責任者（名請人《なうけにん》）を確定する作業だが、これを通じ従来百姓の取得分だった加地子は検地増分とされて年貢分に組み込まれた。したがって、前項で見たように土豪たちには、百姓にとどまるか給人となって大名に仕えるかの選択が迫られたのである。

その様子がよくわかる史料として、永禄六年（一五六三）の「恵《え》林《りん》寺《じ》領検地帳」が残されている。恵林寺は甲斐塩山《えんざん》（山梨県塩山市）にある臨済《りんざい》宗の名刹《めいさつ》で、武田信玄《しんげん》（武田晴信は永禄二年（一五五九）に入道して信玄と称した。以下、信玄と記す）はここを自らの位牌所とし、美濃《みの》（岐阜県）から名僧快川紹喜《かいせんしょうき》を住職に招いた。それに際して寺領が寄進《きしん》されたが、その前提として行われた検地の内容を記したのが「恵林寺領検地帳」である。それによると、従来の納入分の二倍近い大幅な増分が打ち出され、その中から二百貫余の寺領年貢が確定された。

図47　恵林寺

増分の処理は土地所持者の性格により三つの方式によって行われた。第一は、以前より当該地域内に所領を持っていたグループで、従来の給分（「本御恩」）に加えて増分も「御重恩」として与えられ、「勤軍役御家人衆」と呼ばれた。第二は、これまで年貢を納めていた百姓のうち、従来の年貢（「本成方」）は引き続き納めるが増分は「御免」とされたグループで、「勤軍役衆」と呼ばれた。第三は、これまでの納入分に加えて増分も年貢として納めることとされたグループで、「惣百姓」と呼ばれた。

検地による増分の打ち出しは、第三グループの百姓の年貢負担の大幅増をもたらすものだった。加増された第一グループの家臣も、負担すべき軍役量が増大することとなった。第二グループは、軍役を勤めることを条件に加地子取得権を保障され、その意味で新たに武田氏家臣の末端に加えられることになった。このように検地は、大名の経済基盤を強化するだけでなく、軍事力基盤強化の面でも重要だったのである。

検地と貫高知行—軍役制

戦国大名が検地を行うのには、様々な契機があった。今川氏のように、土地をめぐる紛争解決の一環として行われる検地は、公事《くじ》検地と呼ばれている。ここでの「公事」とは訴訟の意味である。その場合は係争地ごとに行われるが、毛利氏のように征服を契機として広域的に行われる場合もあった。紛争と戦争という戦国大名成立の本質的要因に関わる問題が、直接の契機となっているのである。それだけではなかった。北条氏は、早雲《そううん》から氏綱へといった代替わりごとに検地を行っていた。これは、土地に関する権利を保障する最高権力としての国主の立場から行われたと考えられるが、それが受け入れられたということは、北条氏の権威の強さを物語るものといえよう。

どの場合にも共通しているのは、検地の結果が貫文高などとして定量的に示されることである。その単位面積あたりの量は一定していないが、北条領国では田一反あたり五〇〇文・畠一反あたり一六五文とされていた。これにそれぞれの面積を乗じたものが、その土地の年貢基準高となるのである（実際には、ここから「井料《いりょう》」（用水管理費）・「神田分《しんでんぶん》」（神社維持費）などが控除され、実際の納入高が決められた）。それは同時に家臣の知行高となり、これが基準となって勤めるべき軍役の内容が決められた。これを貫高知行制《かんだかちぎょうせい》という。

『結城氏新法度』には、五貫文ならば一人が武装・歩行で参陣、一〇貫文ならば一人が武装・乗馬で参陣という規定が載せられている。北条氏の場合、軍役内容は着到状《ちゃくとうじょう》と呼ばれる文書によって確認されている。武蔵八林郷《むさしやつばやし》（埼玉県比企《ひき》郡川島《かわじま》町）に住む土豪道祖土《さいど》氏は、屋敷分として与えられた二五貫文に対して、馬上一騎・指物持ち一人・槍持ち一人で合計三人分の軍役が義務付けられた。さらに、こうした内容を集成した「小田原衆所領役帳」も作られている。

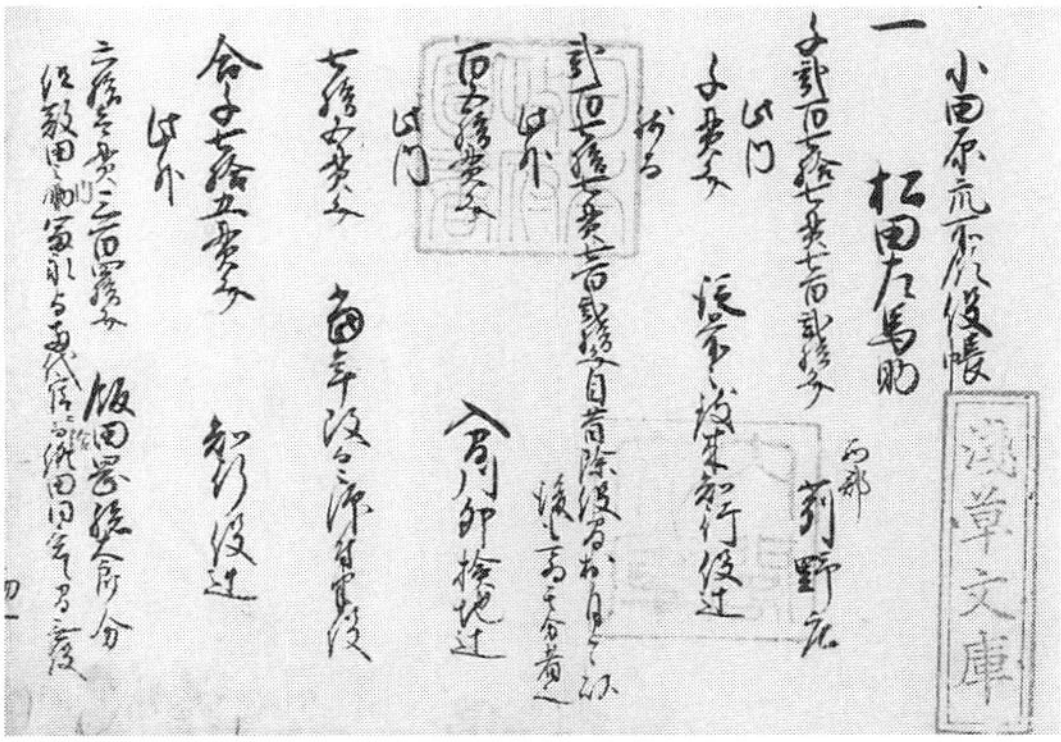

図48　小田原衆所領役帳

謡曲『鉢木《はちのき》』の故事のように、鎌倉時代の御家人は「いざ鎌倉」というときは全てを投げ打っても全力で奉公するものとされていた。それに比べると貫高制軍役はドライな制度ともいえるが、これにより戦国大名は軍事動員能力を定量的に掌握することができるようになった。それだけでなく、前述のように検地は大幅な増分を打ち出しており、その規模は飛躍的に拡大されることとなった。戦国大名の軍隊は、こうして作り出されたのである。

寄親寄子制

このような土豪クラスの小規模家臣の大量創出は、戦国大名権力の大きな特徴の一つだった。これに対応して、家臣団の編成方式にも独自の特徴が見られた。前節で触れた寄親寄子制である。寄親は頼親とも書き、寄子は与力《よりき》・同心《どうしん》ともいう。「寄」とは、身を寄せるなどというように保護の意味であり、寄親—寄子関係はいわば擬制的な親子関係だった。このような関係は、古くから有力者と「寄人《よりうど》」などとして存在していたが、戦国大名はそれを積極的に制度化したのである。

大名は土豪を直臣《じきしん》として取り立てたのだが、前項で見たように戦闘単位としては小さすぎたので、これを有力家臣に寄子として預け軍事指揮にあたらせた。寄子は寄親に従って戦闘に参加（与力・同心）し、寄親は寄子の手柄を大名に上申したり訴訟の取り次ぎにあたるなどの便宜をはかった。「恵林寺領検地帳」に出てくる「勤軍役御家人衆」も、飯富虎昌《おぶとらまさ》・山県昌景《やまがたまさかげ》ら武田氏重臣の同心＝寄子だった。この場合は寄親がそれぞれ違っており、以前より合戦参加などを通じて個別に結びついていた関係を、改めて確定したものと思われる。山代地方の「一所衆《いっしょしゅう》」は、毛利氏の防長の大内領国を征服する過程で新しく編成されたものであり、各郷の代官の寄子として地域的にまとまった集団を形成していた。

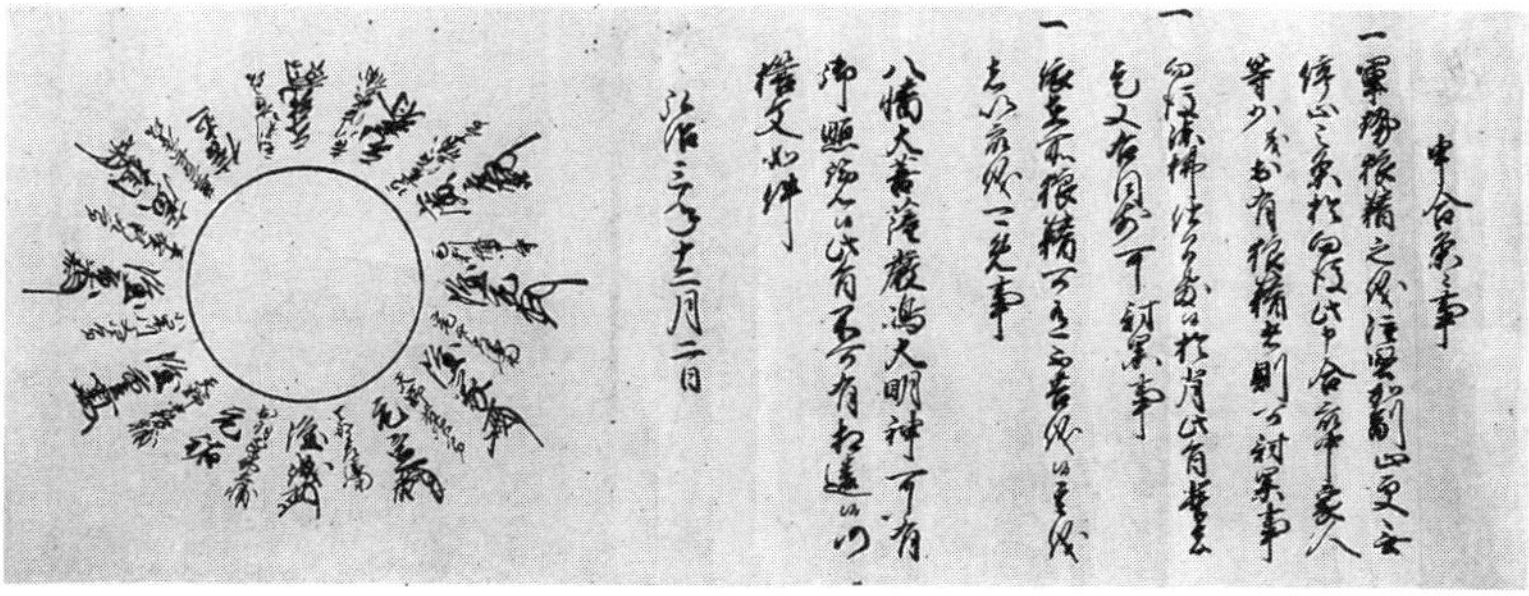

図49　毛利元就外十一名契状

こうした方式は、他にも北条氏・今川氏・六角氏・伊達氏など多くの戦国大名によって採用されていた。彼らは分国法によって、寄子が寄親を勝手に取りかえたり、寄親以外のものを通じて訴訟を行うことを禁止した。寄親—寄子制を通じて、家臣団の内部秩序の統制を図ったのである。他方、寄親—寄子関係が強くなりすぎると、有力家臣の実力が強化され大名を脅かしかねない。そこで毛利氏は、寄子はあくまで「公儀」に従う直臣であり、その給地を寄親が勝手に処分したりしてはいけないと、釘を刺すことを忘れなかった。

国人領主の編成

このような家臣団の編成は、大名「家中」や新規取り立ての土豪層が主な対象となっていた。独自の「家中」を有し自立性が強い国人領主を、強い統制下に置くことには大きな困難があった。

毛利元就・隆元父子は弘治三年（一五五七）、安芸高屋保《たかやほ》（広島県東広島市）の平賀《ひらが》広相《ひろすけ》、安芸三入《みいり》荘（広島市）の熊谷信直《くまがいのぶなお》ら国衆たちと、軍勢狼藉や陣払いの禁止など軍事行動に関する起請文を、傘連判《からかされんぱん》により取り交わした。本巻の冒頭で述べたように、傘連判は一揆契状作成の際に使われる署名方式である。違反者に対しては各国衆が処分することとされており、内容的にも彼らは対等の立場にあったといえる。同じ日に、毛利氏「家中」が起請文を提出しているが、こちらの方は軍勢狼藉・陣払《じんばら》いを行わないことを毛利氏に誓約したもので、違反者の処分も毛利氏に委ねている。弘治三年といえば、毛利氏が大内領国の征服を完了し、安芸・備後《びんご》・周防・長門の四ヵ国の支配者の地位に就いた時期である。それでも、「家中」と国人領主では大名との関係が全く違い、後者は依然として対等な国人一揆のメンバーとしての性格を払拭していなかったのである。

同じようなことは、越後《えちご》長尾《ながお》氏についてもいえる。四―2「越後の享禄・天文の乱」で述べたように、長尾為景《ためかげ》は越中《えっちゅう》への侵攻を繰り返し、これには阿賀北《あがきた》の中条藤資《なかじょうふじすけ》、中越《ちゅうえつ》の栖吉《すよし》城（新潟県長岡市）主長尾房景《ふさかげ》ら国衆も参加していた。しかし彼らは、国主からの軍事動員に従ったのではなく、為景の「合力《ごうりき》」（＝軍事協力）要請に応じただけだった。景虎《かげとら》の代になると軍役制度が整備され、晩年には「軍役帳」が作成されて国衆も含めた家臣の負担内容が定量化された。しかし、それは検地を踏まえた所領貫高に基づくものではなく、個々の国衆との交渉によって決められたものだった。知行安堵状自体が発給されていない者もいたのである。

そうはいっても、大名はただ手をこまねいていたわけではない。やはり軍事が鍵だった。「合力」関係とはいっても、実際に軍事指揮をとるのは大名であり、勝利した場合に敵側の没収地を分配する権限を握っていたのも大名だった。こうした権限が、大名の国衆統制の武器になったことはいうまでもない。また為景は、房景に対し「国に対する御粉骨」を賞しており、国主の立場も主従関係の弱さを補うものとして活用されていた。毛利氏の場合も同様である。後に熊谷信直は、毛利氏から恩賞として各地で知行を与えられた。そのうちの一つには、前述のように検地が行われ「散使」を通じた地域支配体制が構築された、周防山代での二五〇貫文の所領があった。国衆たちは、所領拡大要求を満たすために戦国大名の軍事指揮に従うのだが、その所領は大名が検地を通じて在地の関係を掌握したものだった。したがって領国の拡大は、確かに国衆所領の拡大ともなるが、全体的に見れば、大名の国衆に対する優位性を高めていく結果をもたらしたのである。

3―領国・領民の支配

地域の再編成

戦国大名による領国の形成は、領主層の結集だけでなく、農民・商工業者などの領民の統合の強化ももたらした。

領国となる地域は、これまで見てきたように国衆所領や自治的郷村などが並立していた。それだけでなく、領主と領民の関係も複雑で、領主以外の者の被官となって保護を受ける百姓もいた。それぞれの判断で関係を結ぶことができたからである。そのため、近江の六角氏が得珍保《とくちんのほ》（五―1「新儀商人の活躍」参照）に陣夫を徴発しようとしたところ、百姓たちは六角氏家臣の被官人や与力として出陣しているので供出できないと断わる事態も起きている。村の代表である沙汰人は、「主なしの百姓は御座なく候」とも述べている。もちろん陣夫逃れの口実だろうが、多くの百姓がさまざまなルートで六角氏家臣と主従関係を結んでいたことは疑いない。同じようなことは、周防の大内氏領国でも起きている。大内氏が赤間関《あかまがせき》（山口県下関市）の「地下中」に対して、浦役銭《うらやくせん》という租税を賦課しようとしたところ、「寺僕」あるいは「武家被官」、つまり別人の従者であることを理由に拒否する者がいたのである。

大名はこうした事態を許さなかった。大内氏は、住人ならば「公役《くやく》」を勤めるのは当然だという論理に基づき、拒否する者は赤間関を追放するよう命じている。さらに、こうした問題の根源にある領域支配と人身支配の不一致（領主と主人が違うこと）を解消するため、大内氏は家臣領内の百姓が別人の被官となることを禁じる法令を発布している。このようにして大名は、支配関係の一元的整理・統合を図ったのである。

こうした問題は、すでに国衆間でも存在していた。四―4「国人領主間の争い」で紹介した越後阿賀北の本庄《ほんじょう》氏と鮎川《あゆかわ》氏の所領紛争は、相手の領内に呼応する者がいたことにより深刻化していた。ここにも、領域支配と人身支配の不一致があったのである。そこで、解決方法として双方の「家中」メンバーによる起請文の取り交わし方式がとられたのだと思われる。すなわち、お互いの「家中」メンバーを確認することにより居住地と主人とを一致させ、この「ねじれ現象」を解消しようとしたのである。先の大内氏の法令は、こうした問題を制度的に解決するものであり、戦国大名は広域を統合する上位者の立場から積極的に取り組んだといえよう。

新たな身分編成

こうした地域の再編成と並行して、領民の身分的編成が進んだ。身分というのは、簡単にいえば、人々の社会的役割（職能）や序列を家単位で規定したもので、普通は代々世襲される。現在の社会では職業選択の自由が法的に保障されており、人がどのような社会的役割を果たすかは個人が決める建前になっているが、前近代の身分制社会では勝手に選ぶことはできないのである。身分を決めるには社会の認定も重要だが、最終的には国家などの公権力が法的に決定する。難しくいえば、公権力が社会的分業を政治的に編成したものが身分である。それぞれの身分集団が「役」という職能に対応した義務を果たすことにより、社会は成り立っている。それを統括する公権力は、その反対給付として、それぞれの職能を遂行するうえで必要な権利を保障する役割を果たした。

当時の社会を成り立たせる基礎は農業生産だったから、身分編成で一番重要なのは農業の担い手を決めることだった。その際に大きな役割を果たしたのは検地だった。前節では、土豪層を家臣に編成するうえでの検地の役割を説明し、新たな給人＝武士身分が生み出されたとしたが、それは「楯の一面」である。検地は年貢取得者や取得量を確定する作業だが、裏を返せば年貢納入責任者・納入量を確定する作業でもある。こうして年貢納入責任者（名請人）として検地帳に登録された者が百姓身分とされるのである。検地によって年貢納入量が増えたのは確かだが、彼らは一方で、年貢を納めている限りは土地を取り上げられない、すなわち農民的土地所有権（耕作権）が大名から保障されたのである（ただし、実際に耕作するのは誰でも構わない）。年貢納入だけでなく、人足などの夫役も百姓が負担すべき「役」だった。こうした見方からすると、武士身分の者は、国土防衛などのために軍役を勤める義務を果たす限りで、その原資として年貢を受け取る権利が認められていたといえる。もちろん、そこには搾取という現実が存在し、生活水準からすれば決して平等ではなかったが、原理的にはこのような身分制の論理で、年貢取得が正当化されていたのである。

それだけでなく、商工業者や運輸業者なども身分制的編成を受けた。そのやり方は大名により多少異なるが、商人であれば、木綿役・酒麹《さけこうじ》役など扱う商品に対する営業税がかけられた。商品の保管や輸送に携わる問屋は、軍需物資等の輸送のための伝馬《てんま》役《やく》がかけられた。湊の廻船業者は船役である。職人のうち、鍛冶《かじ》・番匠《ばんしょう》（大工）・皮作りなど城郭建設や武器作りに携わるものは、製品を納入したり労役を提供したりした。漁民たちは、肴役《さかなやく》・塩役《しおやく》として水産物を納入した。これらへの反対給付として、それぞれの営業権が保障されたのである。

土豪を通じた郷村支配

こうした枠組みを作り出しながら、大名の領国支配が展開していく。まず、百姓たちの生活する郷村社会を見てみよう。はじめに確認しておかなければならないのは、それが一律ではなかったことである。戦国大名領国では、近世大名領（藩）とは違って兵農分離を原則とはしておらず、家臣たちはそれぞれが所領を支配するのが原則だった。だから、本章2節「国人領主の編成」で述べたように、もともとの国人領の場合は大名が介入するのは難しかった。しかし一方では、郷村のリーダーである土豪を直臣に取り立てることを通じて、新しい秩序を作っていった。郷村支配の面で彼らに与えられたのは、代官としての役割だった。

本章2節「検地と貫高知行—軍役制」で紹介した武蔵八林郷（埼玉県比企郡川島町）の土豪道祖土氏は、同時に近隣の三保谷郷（埼玉県比企郡川島町）の代官でもあった。北条氏は三保谷郷の検地を行った上で、代官道祖土氏と百姓中に直轄分として毎年一六〇貫文の年貢を納めるよう命じている。この郷には、寺社や別の家臣の給地もあり、それらについても道祖土氏が年貢収納にあたっていたと考えられる。また道祖土氏には、郷村支配の費用として「堤免《つつみめん》」や「代官給」などの取得が認められていた。

今川領国では、本章2節「土豪層の家臣化」に出てきた杉山善二郎や神尾藤七郎などの名職所持者が、その役割を果たしていた。名職所持者は今川領国の各地に見られるが、駿東地域（静岡県東部）では、西沢田《にしさわだ》・井出《いで》・石川《いしかわ》（いずれも静岡県沼津市）などの郷村に盤踞《ばんきょ》する、後藤・杉山・栗田氏といった土豪たちがその地位にあった。彼らは湧水点《ゆうすいてん》に屋敷を構え用水を管理するなど、地域の生産基盤を掌握していたが、同時に、今川領国の最前線を守る興国寺城《こうこくじ》（静岡県沼津市）の城番などを三〇〇貫文の軍役として集団で勤めていた。

毛利領国では、本章2節「戦乱のなかで」で述べたように、広域支配を担当する「代官」の下で、郷村ごとに「散使」という役職が設定された。散使には用水の分配や耕地の割り当てにもあたる郷村のリーダーが任命された。彼らは在地の状況を知悉《ちしつ》し、大名直轄領の管理・年貢の収納だけでなく、家臣の給地の打渡《うちわたし》実務や年貢の収納にもあたっていた。さらに散使は、犯罪者の逮捕や「公役」＝大名が賦課する租税の徴収にもあたっていた。このように散使は、直轄領・家臣給地の枠を越えた地域行政を担当していたのである。

給地の細分化による家臣団統制

こうして大名は、土豪を家臣に取り立て代官的役割を与えることにより、彼らの政治・経済・軍事力を通じた郷村支配を行った。それは、百姓支配だけでなく家臣団統制にも大きな力となった。このような地域において給地を与えられた家臣たちは、本拠地とは違い、彼ら現地の土豪に依拠しなければ年貢の徴収も覚束《おぼつか》なかったのである。

これには戦国大名領国特有の事情が関わっていた。家臣が新恩給地を与えられるのは、合戦での軍功などによっている。恩給の対象も、内戦や征服による敵対者の所領没収によって生まれる。つまり、どちらも戦争と密接に関わっていたのだが、本章1節「国土防衛と対外侵略」で述べたように、家臣が戦国大名に結集する直接的動機として、合戦で功績をあげ恩賞を獲得することの比重は大きく、彼らの要求は強かった。ところが、それに応じるだけの給地を用意することは難しく、あっても散在・零細の形態、すなわち細切れに与えざるをえないことがしばしばあった。

福間彦右衛門という毛利氏家臣は、三二石の給地をもらう約束だったが、「明所」がないという理由で、一五石分しか与えられず、残りは当分「浮米」すなわち蔵米から支給されることとなった。これなどは良い方で、二〇〇石分が二一石・一八石・一五石・六石など、分散した給地として与えられる場合すらあった。だから、それぞれの給地を自分の手で支配することなどは、効率が悪かったのである。しかも、土豪たちは大名の直臣であり、代官の寄子に編成されていたので、人格的な結びつきも断たれていた。だから、家臣たちは給地をもらったとはいえ関わりは薄く、蔵米知行のように単に給分を支給されるのと大して変わらなくなってしまった。上杉領国の場合も、一つの村を複数の家臣が知行する「相給」という形態が広がり、一〇人以上の家臣が知行する場合も少なくなかった。ここでは「中使」と呼ばれる役人が給地を管理していた。

こうした事情のため、領国拡大のなかで、家臣たちは戦国大名への依存性を強めていくことになるのである。

都市・流通の支配

戦国大名が重視したもう一つの柱は、物資流通を始めとする交通の要衝であり、政治の中心ともなる都市の支配だった。永禄三年（一五六〇）越後の上杉氏は、春日山《かすがやま》城の城下町である府内《ふない》（新潟県上越市）の町人に法令を発し、五年間諸役と地代を免除するとともに、町内にある寺社領や給人領を他に移転することとした。城下町を「御料所」すなわち直轄領としたのである。これにより、直江津《なおえつ》に入港する船、町内の酒屋などの商人・馬方《うまかた》などの運輸業者に対する課税が免除されることとなった。このような免税措置による都市振興政策は北条氏領国でもとられており、武蔵府中と鎌倉を結ぶ街道が多摩《たま》川を渡る地点に位置する関戸宿《せきどしゆく》（東京都多摩市）は、北条氏から伝馬役の減免や濁酒・魚干物役の免除措置がとられた。また近江観音寺《かんのんじ》城主六角氏は、城下町の石寺《いしでら》（滋賀県安土町《あづち》）を楽市として座の営業特権を否定した。これも同様の性格をもつ政策だった。

このように戦国大名が都市における営業活動を保護・振興したのは、大名にとって必要な物資やサービスを調達する便宜を考えてのことだった。特に、戦時における人や物資の調達・輸送の確保は存亡に関わる重大問題だった。そのため、越後府内でも関戸宿でも、伝馬・宿送役は別扱いとして賦課された。永禄三年は、上杉氏にとって信濃《しなの》や関東での武田氏・北条氏との戦いが本格化する時期であり、直轄化政策はそれに備えたものといえる。だから逆に、武田氏との関係が険悪になった駿河《するが》の今川氏真が、甲斐《かい》への塩の輸送を禁じたように、「荷留《にど》め」という禁輸政策がとられることもあった。また越後府内の町人は、春日山城防衛のための普請役や籠城戦への参加が義務付けられた。

そうはいっても、都市住民は一方的に大名に奉仕していたわけではない。都市は農村と違い、不特定多数の人々が集まる場である。とりわけ、市場などで商取引が行われるときには紛争が付きものである。この時代には、「押し買い」といって商談が成立していないのに勝手に値段を決めて買い取ったり、「国質《くにじち》」・「郷質《ごうじち》」といって同じ国や郷に住む人の債務に連帯責任がかかるといった、今では考えられないような慣行があった。このように紛争のタネは尽きなかったので、彼らにとっても市場の秩序を守る公権力が必要だったのである。五章「広がる地域社会」で述べたように流通圏は広域化しており、戦国大名はそれに対応する公権力としての役割を果たすことにより、都市住民に受け入れられていたといえよう。

杵築の場合

出雲杵築《いずもきづき》（島根県出雲市）の動向は、そうした事情をよく教えてくれる。杵築は、縁結びの神様として有名な出雲大社の門前町であり、多くの参詣客を集め賑わっていた。

図50　出雲大社

それだけでなく、「杵築市庭《いちば》」という市が開かれ、日本海水運を通じた出雲鉄の移出など、石見《いわみ》～伯耆《ほうき》（島根・鳥取県）に広がる営業圏をもつ出雲最大の商業都市でもあった。その担い手は御師《おし》（ガイド）と商人を兼ね「室」と呼ばれる宿を経営する有力町人だった。杵築は千家《せんげ》・北島《きたじま》の両出雲国造《こくぞう》家の領地であり、彼らは国造家の被官《ひかん》となって営業特権を保障してもらい、また「市目代《いちのもくだい》」を中心に「惣中《そうちゅう》」を結成して都市の運営にあたっていた。

五―1「シルバーラッシュの時代」で述べた石見銀山の開発は、杵築にも大きな影響を与えた。活発化した商品流通により、大和《やまと》・丹波《たんば》・山城《やましろ》など山陰地方以外からも商人が訪れるようになり、町内では新興勢力が台頭するなど、取引規模が拡大したのである。これにより、周辺の塩冶《えんや》・平田《ひらた》（島根県出雲市）・直江《なおえ》（島根県斐川町）などの市が衰え、「杵築商人中」がこの地域の流通の主導権を握るようになった。

重要なのは、こうした杵築の活況が、一方でさまざまな紛争を誘発したことである。「室」の営業権をめぐる争い、新規の船の着岸、盗み・喧嘩・火事の頻発、取引に使う枡や銭をめぐる争いなどである。こうした状況に、従来のシステムは対応できなかった。そこで、戦国大名の尼子《あまご》氏が、天文二十一年（一五五二）、はじめて「杵築掟書条目」という都市法を公布し、紛争裁定・秩序維持に乗りだしたのである。尼子氏を滅ぼした毛利氏も、出雲侵攻とともにいち早く杵築を制圧して直臣を派遣し、宿経営者の権益を保障するとともに、彼らに物資調達・輸送業務を担わせた。

このように戦国大名は、広域的に発展していた経済秩序を維持する役割を果たしつつ、自らの経済的基盤の確保に努めていた。それだけでなく、さらに積極的に領国の産業基盤の充実に向けた施策に取り組んでいた。

産業基盤の整備

九頭竜川《くずりゅう》が山あいを抜け越前平野《えちぜん》に入ったところに、鳴鹿大堰《なるかおおぜき》（福井県坂井市）という大きな取水堰がある。ここから流れ出す十郷用水は、近世には越前平野北部四二ヵ村・三万四八二八石を灌漑《かんがい》していた広域用水だった。二―2「用水をめぐる争い」でも見たように、用水をめぐっては利用者間で様々な利害対立があった。これに対し朝倉《あさくら》氏は、天文六年（一五三七）に用水普請の負担、分水のやり方などを定めた掟を発している。甲府盆地を流れる釜無《かまなし》川と南アルプスから流れ出る御勅使《みだい》川が合流する竜王《りゅうおう》（山梨県甲斐市）付近は、幾度となく洪水に襲われた。そこで武田信玄は、御勅使川の流路を変えて高岩と呼ばれる巨岩にぶつけ、水の勢いを弱めるとともに、下流に堤防を築いて住民や耕地を守った。近世に入ってさらに整備されたが、今もその跡は「信玄堤」として残されている。こうした大規模な用水管理や治水事業は、広域的公権力である戦国大名が果たすべき、あるいは戦国大名ゆえに果たしうる役割だった。

図51　信玄堤

「信玄堤」造成の土木事業には、金山衆と呼ばれる鉱山業者の技術が利用されたといわれている。甲斐には「甲州金《こうしゅうきん》」を産出する金山が多く、なかでも鶏冠山中（山梨県甲州市）にある黒川《くろかわ》金山が有名で、武田氏が支配した一六世紀に最も繁栄した。戦国大名は毛利氏の石見銀山をはじめ鉱山を直轄支配しており、鉱山業者も直属下に置いたのである。黒川金掘衆は合戦にも工兵として動員され、北条氏との戦い（七―2「越相同盟から甲相同盟へ」参照）では駿河深沢《ふかざわ》城（静岡県御殿場《ごてんば》市）攻略の際に坑道を掘り進めた功績によって、普請役《ふしんやく》や棟別役《むねべつやく》を免除されている。

戦国大名は、交通路の整備にも努めた。武田信玄が信濃攻略のために八ヶ岳《やつがたけ》山麓に建設したとされる「棒道《ほうみち》」が有名だが、「ライバル」上杉謙信《うえすぎけんしん》も、関東出兵のために魚沼《うおぬま》地方から三国《みくに》峠越えのルート整備に努め、何度となく坂《さか》戸《と》城（新潟県南魚沼市）の長尾政景《まさかげ》に「路次普請」を命じている。また、坂戸城下の大手口《おおてぐち》を軍勢が通るのは「不自由」だとして別のルートを通らせており、バイパスまで整備したと思われる。これは伝馬政策と同じように、戦時における人員・物資の迅速な移動を直接の目的としたものだが、同時に人・物の移動にも役立つものだった。

領国経済と御用商人

こうした政策を通じて、戦国大名領国は経済圏としてのまとまりを強めていった。その中心となるのは、本節「都市・流通の支配」で紹介した越後府内のような本城の城下町だったが、広い領国を単一の流通圏にまとめることはなく、「平成の大合併」で生まれた市くらいの広さをもつ支城領が編成の単位となった。例えば北条氏領国では、現在の埼玉県の中央部が松山《まつやま》城（埼玉県吉見《よしみ》町）領となり、市野《いちの》川対岸の城下町松山本郷《ほんごう》（埼玉県東松山市）は市場町として発展していた。北条氏は、人が集まりやすいように、本郷の市においては借銭《しゃくせん》・借米《しゃくまい》の返済請求をしてはいけないとする法令を出した。また支城主である上田長則《うえだながのり》は、領内の者は本郷の市を通じずに他領の商人と取引してはならないと厳命し、違反者は一類《いちるい》ともに処刑するとした。支城城下町の流通機能強化のために、硬軟織り交ぜた政策がとられていたのである。また近くの秩父《ちちぶ》地方は鉢形《はちがた》城（埼玉県寄居《よりい》町）領となっていたが、ここでは数キロ間隔で開かれていた大宮《おおみや》・吉田《よしだ》・大野原《おおのはら》・贄川《にえがわ》（埼玉県秩父市）・小鹿野《おがの》（埼玉県小鹿野町）の六斎市《ろくさいいち》の開催が日を違えて設定されており、毎日どこかで

図52　北条氏の領国支配

市が開かれているようになっていた。こうした単位で日常的な取引が行われていたのである。

このような領国経済を統轄させるために、大名は城下町の有力商人を御用商人に取り立てた。上杉氏領国には、伊勢御師の出身で青苧《あおそ》商売に従事していた蔵田《くらた》氏がいた。五―1「木綿の普及」で述べたように、青苧は木綿普及以前の庶民の衣料麻の原料だが、越後の頸城《くびき》・魚沼地方が特産地で畿内などへも移出されていた。五―1「新儀商人の活躍」で述べたように、この商売に対しては青苧座の本所である公家の三条西家《さんじようにし》が「公事」を賦課しており、蔵田氏は越後でその徴収にあたっていたが、戦国時代には上杉氏が独自に青苧役を賦課するようになった。これは重要な財源で、前述の府内の町人に免税措置をとったときも、免除対象から外された。蔵田氏は、その徴収を委ねられることにより、国内の青苧商人を統轄したのである。また蔵田氏は、長年の経験を生かして、三条西家との公事減額交渉や、謙信が上洛するときの通路の確保など、対外的な交渉役ともなっていた。

今川氏領国では、駿府の友野《ともの》・松木《まつき》氏が有名である。友野氏は、今川氏から駿府の商人頭に任命され、領国内の商人から木綿役や胡麻油商売役《ごまあぶらしようばいやく》を徴収する権限が与えられた。徴収は江尻《えじり》（静岡市）や岡宮《おかみや》・原《はら》・沼津《ぬまづ》（静岡県沼津市）などの市や湊で行われており、地域経済圏に対応した体制がとられていたと考えられる。今川氏は、見返りとして友野氏から木綿などを上納させた。松木氏は京都との取引に従事していたが、伝馬役や諸商売役を免除される見返りとして、今川氏からの求めに応じて京都から諸物資を取り寄せていた。

特権商人は、大名の財政運営にも関わっていた。蔵田氏は、上杉家の「御蔵番《みくらばん》」すなわち財産管理を担当していた。毛利氏領国では、瀬戸内海や日本海の要港が直轄地となり、尾道《おのみち》の泉《いずみ》屋・笠岡《かさおか》屋といった商人が蔵本として年貢や段銭《たんせん》の管理・運用にあたっていた。年貢・段銭徴収は年数回に集中して行われ、全てが直ちに支出されるわけではないので、彼らはそれらも原資として金融業を営んだ。毛利氏は彼らの債権を保護し、その見返りとして、戦時における兵粮米《ひょうろうまい》の調達や貸付などの「御用《ごよう》」を勤めさせた。これにより、収入と支出とのギャップを埋める効率的大名財政運営が行われていたのである。

撰銭禁止令を通じた通貨管理

こうした領国経済の運営に大きな障害となる問題が、この頃発生していた。五―1「撰銭問題の発生」で述べた事態である。撰銭が広がれば、商品取引や金銭の貸借、さらには年貢や段銭などの納入が滞ってしまう。これに対し各地の戦国大名は、撰銭禁止令を発布して貨幣流通の円滑化に努めた。

最初に出された大内氏の撰銭禁止令は、私鋳銭《しちゅうせん》（民間で作られた粗悪な銭）などの撰銭は認めつつ、永《えい》楽《らく》通宝・宣徳《せんとく》通宝は撰銭をしてはならないとした。ただし、全てをこの二種類の銭で支払ってはならず、段銭の場合は二〇パーセントまで、利子支払いや売買の場合は三〇パーセントまでに限るとしている。北条氏の場合は、関東地方で永楽通宝が好まれていたため、これを精銭（良銭）とし、「大かけ（欠）」・「われせん（割銭）」・「打ひらめ（平）」という粗悪銭は撰銭を認め、それ以外の「中銭」は年貢納入や商売での三〇パーセントの混入を許した。毛利氏の場合は法令は定めなかったが、「古銭」と呼ばれる基準銭と、「当料」と呼ばれる使用銭との交換比率（「和利」）を一対四や一対六の割合で公定し、多種の銭が使用できるようにした。

　このように、大名によって定められた貨幣の価値・使用方法は、領国によって異なっていた。しかし領国内では、前述したような流通統制が行われており、年貢・段銭などとして受け取ることを保証したので、領民たちはこれに従って貨幣を使用した。領国外から奢侈《しゃし》品を購入する寺社などが、精銭を求めて質の劣る銭での年貢受け取りを拒否する事態も、安芸の厳島神社領などで見られたが、当時の大名大内氏は、撰銭禁止令に基づいて受け取りを命じている。こうした面でも、戦国大名は公権力としての重要な役割を果たしていたのである。

城下町の発展

　このようなまとまりをもった領国の中心となったのが、大名の城下町である。ここでは、朝倉氏城下町の越前一乗谷《いちじょうだに》（福井市）を例に、その姿を紹介することにしよう。

一乗谷は、天正《てんしょう》元年（一五七三）に織田信長の軍勢が攻め込んだ際、放火によって灰燼に帰し、その後は復興されることなく農地などに使われていた。そのため遺構が破壊されずに残ることとなり、国の特別史跡に指定されて発掘調査が行われ、道路や建物の復元も進められており、当時の状況を良く伝えているのである。

　一乗谷は、福井市の中心部から東南東一〇キロで足羽《あすわ》川と合流する一乗谷川が作る小盆地である。東西を標高二〇〇～四〇〇メートルの山に挟まれ、その間の幅は広くて数百メートル、その内に上城戸《かみきど》・下城戸《しもきど》という高さ五メートル程度の土塁で区切られた、長さ約二キロの「城戸内《きどのうち》」と呼ばれる地域がある。このような一種の惣構えによって守られたのが、一乗谷の城下町だった。

川の東岸には朝倉氏館があり、山を背にして三方を一〇〇メートル程度の堀と土塁が廻っている。この中には主殿《しゅでん》・会所《かいしょ》・厩《うまや》・台所・湯殿《ゆどの》などの建物が建ち並び、朝倉氏の日常生活の場であるとともに、会議なども開かれる政庁でもあった。その周辺には庭園や寺院の跡も残っている。川を挟んだ西側には南北を走る幅五メートルの道を軸として整然とした町割りがなされており、道の西には間口三〇メートルほどの武家屋敷、東には間口六メートル程度の町屋が並んでいた。出土品から、鍛冶・研《と》ぎ師《し》・紺屋《こんや》・檜物師《ひものし》・番匠（大工）・数珠師《じゅずし》などが営業していたと考えられている。

このように、一乗谷には朝倉氏だけでなく多くの家臣や商工業者も生活していた。朝倉氏の家訓である『朝倉孝景条《たかかげじょう》

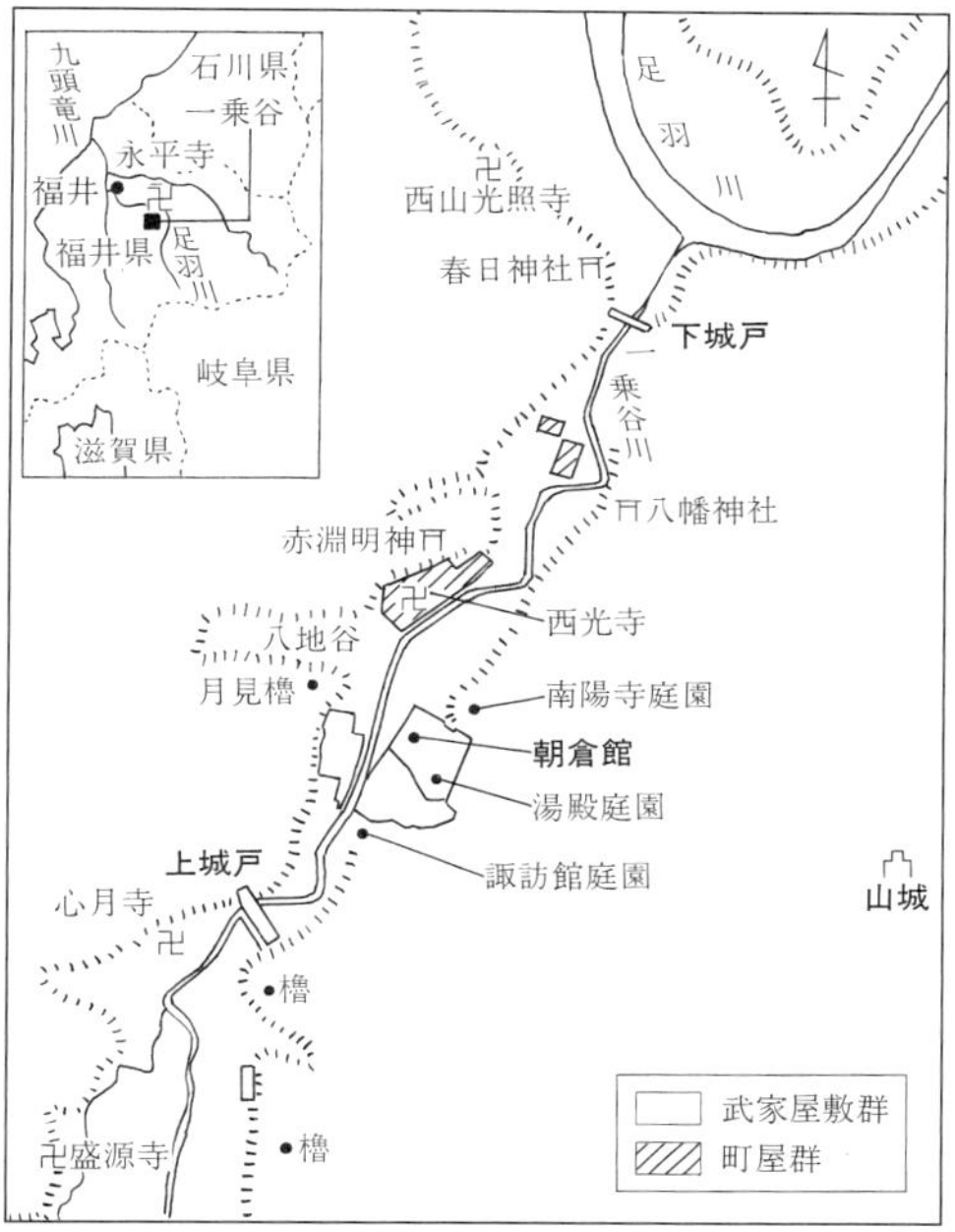

図53　一乗谷城下町略図

条《じょう》』には、「朝倉氏以外は国内に城郭を構えてはならず、上級家臣は一乗谷に引っ越し領地には代官を置くこと」という条文がある。ここからすると、近世のような兵農分離によって、家臣は城下町に集住していたように思われるが、すでに見たように実際にはそのようなことはなかった。しかし、国政に与《あずか》る重臣たちや馬廻り衆などの直属家臣は、ここを本拠とするか一定期間ここに居住して政務にあたっていたのだろう。その需要に応じて、商職人たちが営業していたと考えられる。

このように大名城下町へ家臣が結集していたことは、周防大内氏の『大内氏掟書』に「在山口衆」のうち「少分限の仁」は年百ヵ日の休暇が与えられるという規定があることや、近江六角氏の観音寺城に重臣の名前を冠した郭《くるわ》が多数あることからも知られる。大名の求心力が、それだけ強まっていたのである。

4──領国の文化

京都との交流

周防の大内氏は京都文化の摂取に熱心で、そもそも山口に本拠を定めたのも、三方を山に囲まれ中央を一ノ坂《いちのさか》川が流れる地形が京都に似ていたためとされている。そこで、いわゆる「小京都」作りに取り組み、京都に倣った町割りや「大路」・「小路」を付した町名付け、祇園社・北野天神の勧請《かんじょう》などを行い、山鉾《やまぼこ》巡行も盛大に行った。また、多くの公家が京都とつながりの深い大内氏の許に身を寄せた。彼らは、持明院基規《じみょういんもとのり》の音曲、小槻伊治《おづきこれはる》の儒書など家業をもって大内氏に仕えたが、前述の二条尹房《にじょうただふさ》と同じく陶隆房《すえたかふさ》の謀反の際に命を落とした。

駿河の今川氏は京都の公家との婚姻関係が続き、その縁で頼って来る者も多かった。一―3「公家たちの下向」で述べた和歌の冷泉為和《れいぜいためかず》、蹴鞠の飛鳥井雅康《あすかいまさやす》だけでなく、氏親の姉北向殿を妻とした正親町三条実望《おおぎまちさんじょうさねもち》と息子の公兄《きんえ》は、駿河に本拠を構え官位昇進のときだけ上洛するという生活を続けていた。また寿桂尼《じゅけいに》の甥である中御門宣綱《なかみかどのぶつな》も駿河に在国した。彼らは今川氏が催す歌会などに冷泉為和とともに参加していた。公家ではないが、連歌師の宗長《そうちょう》は駿河の人であり、今川氏にお抱え連歌師として仕えつつ、宗祇《そうぎ》に弟子入りして研鑽を積んでいた。

越前朝倉氏も京都文化とのつながりは深く、一乗谷には諏訪館《すわやかた》跡・湯殿跡・南陽寺《なんようじ》跡などの庭園が残されているが、石組みなど当時の京都の庭園を彷彿させるものがある。それだけでなく、公家の高《たか》辻章長《つじのりなが》・清原宣賢《きよはらのぶかた》らを招いて、『日本書紀』や中国の古典を侍読《じどく》させている。また永禄五年（一五六二）には、義景が大覚寺義俊《だいかくじぎしゅん》・四辻季遠《よつつじすえとお》・飛鳥井雅敦《まさあつ》らを招き、居館付近の阿波賀河原《あばがかわら》で曲水《きょくすい》の宴を開き、和歌・漢詩を詠みあった。しかし、一方的な京都へのあこがれではなく、『朝倉孝景条々』に「大和《やまと》の猿楽座を呼んで能を鑑賞するよりも、地元の猿楽師を上洛させて習わせた方がよい」とあるように、領国に高度な文化を定着させることに心を配っていたようである。

一方で、大名にとって大切だったのは、領国支配と密接に関わる文化である。この面では、長年繰り返されてきた年中行事が注目される。とりわけ、年が改まる正月の儀礼は秩序を再確認する場として重要だった。

年中行事

毛利家では、年始の挨拶に訪れる人々の日取りと儀礼が「佳例《かれい》」（めでたいやり方）として定められていた。防長征服直後の弘治四年（一五五八）の場合は、元日には、吉田《よしだ》・多治比《たじい》・中馬《ちゅうま》・山手《やまて》・小山《おやま》（広島県安芸高田市）という郡山《こおりやま》城周辺地域の衆や、中間《ちゅうげん》衆・小者《こもの》衆・馬屋方《うまやかた》衆といった下層の者たちが参上し、「御寒酒通」・「握銭」という儀礼が行われた。詳しい内容は分からないが、酒が振る舞われ、お年玉のように銭が配られたのだろう。また「近習《きんじゅう》」と呼ばれる側近家臣は小座敷に上がることを許され、席次も決まっていた。二日には、福原《ふくはら》・桂《かつら》・志道《しじ》氏といった毛利氏庶流の親類衆が座敷に上がり、相伴衆《しょうばんしゅう》が供をした。五日にはその他の「外様《とざま》衆」が座敷に上がって「握銭」を行い、六日は「麓まわりの寺家衆」、八日は「惣郷まわりの寺家衆」、十日には平賀《ひらが》・阿曽沼《あそぬま》・熊谷《くまがい》・天野《あまの》氏ら国衆の使者が年賀に訪れた。こうして、家臣たちは毛利氏権力内部での序列、自らの位置を確認したのである。注目されるのは、国衆が自らは訪れず使者を送っていることで、本章2節「国人領主の編成」でのべた彼らの位置が、ここにもはっきり示されているのである。

このような年中行事を通じた人々の社会的関係の確認は、大名と家臣との間にとどまるものではなかった。越後の国人領主色部《いろべ》氏の年中行事のやり方を細かく記した、『色部氏年中行事』というたいへん貴重な史料がある。そこには、色部氏家臣だけでなく百姓や職人・商人・寺社衆など領内の様々な階層の人々が、これに参加していることが記されている。例えば、色部氏館で行われる正月三日の「椀飯《おうばん》」には、百姓衆も酒と塩引き鮭を持参している。それを「御館様《おやかたさま》」が賞味した後、百姓衆も相伴に与っている。これは、仏神を敬うこと・用水等を整備すること・年貢等を納めることを約束しあう吉書始《きっしょはじめ》と呼ばれる儀礼として行われたとされている。領主・百姓が一つになって正月を祝うとともに、お互いの立場・関係を神仏に懸けて確認しあう場であったのである。

学問のすすめ

もう一つ、大名が重視したのは学問だった。戦国の武士といえば、合戦ばかりしていた武人と思われるかも知れないが、決してそうではない。「乱世の梟雄《きょうゆう》」などといわれがちな北条早雲は、その家訓とされる『早雲寺殿二十一ヶ条』で、「よき友を求めるとすれば、手習い・学問の友である」として、領国を治めるには「文武」を兼ね備えなければならないと説いている。軍神と崇められる上杉謙信（長尾景虎）も、養子景勝《かげかつ》の学問には注意を払っており、手紙の字がうまくなったのを褒め、「いろは」や上杉家臣名を列挙した書き方の手本を贈っている。

それは、単に教養として必要だったのではない。尼子氏家臣だった多胡辰敬《たごときたか》は、家訓において第一に大切なのは手習い・学問だとし、学問のない人はものごとの道理が分からず、道理を知らずに物を言っても人の耳に入らないので、犬がほえるのと同じだとまで書いている。辰敬は、道理を学ぶ上で算用、すなわち数学を重視した。彼は言う。「国を治め、郡郷や村里を管理し田畠を経営するのも皆算用である。商売や貸借については言うまでもないが、職務を奉公するにも算用が必要である。算用を知れば道理を知る、道理を知れば迷いなし」と。すでに見てきたように、領国を統治するには軍事奉公までも数値で計ることが必要な時代になっていたのである。こうした合理主義的精神が、戦国大名の家臣の間にも広まっていたことは、時代のあり方をよく物語っているといえよう。

当時の学問は、寺院で教えられるのが一般的だった。毛利氏家臣の玉木吉保《たまきよしやす》は『身自鏡《みのかがみ》』と題する自伝を書き残した。一般の武士が自伝を書くなど、当時としては希有といえるが、それだけの教養を身につけていたのだろう。その中で、彼の少年時代の学問について、以下のように述べている。十三歳で元服すると、学問のために勝楽寺《しょうらくじ》という真言《しんごん》宗寺院に入った。まず「いろは」を学び、漢字も次第に習い般若心経《はんにゃしんぎょう》や観音経《かんのんきょう》を読むようになった。寺では、早朝に起きて諸方を拝した後は、終日手習いに勤しみ、一年で『御成敗式目《ごせいばいしきもく》』や『庭訓往来《ていきんおうらい》』・『童子教《どうじきょう》』・『実語教《じつごきょう》』といった教科書を読み終えた。十四歳になると、教科書は『和漢朗詠集《わかんろうえいしゅう》』や『論語《ろんご》』・四書五経《ししょごきょう》などへとステップアップし、さらに十五歳では、『万葉集《まんようしゅう》』・『古今和歌集《こきんわかしゅう》』や『伊勢物語《いせものがたり》』・『源氏《げんじ》物語』などを読み、和歌・連歌も嗜んだ。

吉保は、このように集中して学問に励んでいたが、『世鏡抄《せきょうしょう》』という当時の処世訓の書では、七〜十歳くらいで寺に入り十三歳で卒業するのが良いとされているので、多少晩学だったのかも知れない。ちなみに、『世鏡抄』の作者は一日のスケジュールとして、午前六時より九時までお経を読み、それから一二時までが手習い、一二時から午後三時頃まで物語を読み、それから五時まで遊んで、その後八時までは管弦などを嗜み、八時から一〇時は自由時間とするのが良いとしている。その上で、遊びが過ぎれば学問を忘れ、学問が過ぎれば気の病になると警告している。

七　国郡境目相論―大名間の領土紛争―

1―幻の大領国―大内氏の盛衰

争乱の性格変化

四章「新秩序への模索」で述べたように、応仁の乱を契機に地方では様々な争乱が起きていたが、その性格は時代の進展とともに変化していった。一五世紀後半では、駿河《するが》今川《いまがわ》氏の家督争いや朝倉《あさくら》氏の越前《えちぜん》での覇権確立など、まだ中央との関係が重要な意味を持っていた。明応《めいおう》の政変以後の一六世紀前半になると、地域権力の自立が進み、越後《えちご》守護代の長尾為景《ながおためかげ》が上杉《うえすぎ》氏から奪権する際に、細川高国《ほそかわたかくに》の支持が大切だったということはあるが、今川氏花倉《はなくら》の乱に典型的に見られるように、地域社会内部の政治的関係が争乱の性格を基本的に規定するようになった。越後においても、結局それが帰趨を決したのである。

こうした過程を通じて、前章で述べた大名領国が成立するのだが、そのことは戦国争乱の性格を変えることにもなった。武田《たけだ》信玄《しんげん》と上杉謙信《けんしん》の激突で有名な「川中島合戦」に典型的に見られるように、地域社会で覇権を確立した大名同士が、支配圏の拡大を目指して争いあうようになるのである。当時それは「国郡境目相論《こくぐんさかいめそうろん》」と呼ばれた。その意味については後に説明するが、これを通じて各大名の支配領域が徐々にはっきりしてくる。あるいは、出雲《いずも》の尼子《あまご》氏や駿河の今川氏のように、滅亡に追い込まれる大名も出てくることになる。

そして、織田・豊臣政権による統合が進むなかで、「国郡境目相論」は終止符が打たれ、新しい全国的な政治秩序が作り出されていく。この章では、そこに至るまでの過程を地域ごとに見ることとする。扱う時期は地域により本巻の範囲（織田信長の上洛まで）を越えることもある。織田・豊臣政権の影響力が及ぶのは、畿内から離れるほど遅くなるからである。

大内・大友・少弐氏の角逐

北九州では、非足利氏一門系守護として南北朝時代より周防《すおう》・長門《ながと》に根を下ろし、筑前《ちくぜん》・豊前《ぶぜん》にも勢力を伸ばしていた大内《おおうち》氏を軸に、争乱が展開した。応仁の乱で大内政弘《まさひろ》が西軍として上洛すると、その隙をついて、大内氏に追われ家臣の対馬宗《つしまそう》氏に保護されていた少弐《しょうに》氏と、大内氏と豊前の帰属をめぐり争っていた大友《おおとも》氏が、東軍からの誘いに応じて筑前・豊前に侵攻し、大宰《だざい》少弐・筑前守護の経歴を持つ少弐氏は大宰府《だざいふ》と博多《はかた》を占拠して旧領を回復した。さらに政弘の叔父である大内教幸《のりゆき》が家督を狙って東軍方として挙兵したので、大内領国は大荒れとなった。

しかし、周防守護代として国許《くにもと》を守っていた陶弘護《すえひろもり》が教幸を防長から撃退、大内氏の北九州支配の拠点だった豊前馬《うま》が岳《たけ》城（福岡県行橋《ゆくはし》市）で自刃に追い込んだ。さらに文明《ぶんめい》九年（一四七七）、大内政弘が足利義政《よしまさ》から周防・長門・筑前・豊前の守護職を安堵されて帰国し、翌年には少弐氏から筑前を奪回した。少弐氏は守護職を得ていた肥前《ひぜん》に逃れ、同じく肥前を本拠としていた九州探題渋川《きゅうしゅうたんだいしぶかわ》氏との抗争に勝利して肥前・筑後《ちくご》を制圧し、勢力の回復を図った。しかし、政弘の後を継いだ大内義興《よしおき》が明応六年（一四九七）に追討の兵を起こすと、当主の少弐政資《まさすけ》は最後に拠った筑前晴気《はるけ》城（佐賀県小城市）を陥され自殺した。これにより、少弐氏の勢力は一段と衰え、末子の資元《すけもと》が大友氏を頼って再起を期すこととなった。

その大友氏は、応仁の乱では東軍からの要請により大内氏と戦ったものの、その後は大内氏から嫁を迎えて関係改善を図った。しかし、四―3「大友氏二階崩れの変」で述べたように、明応五年（一四九六）に大友政親《まさちか》が息子の義右《よしすけ》を毒殺し自らは大内氏に殺害されるという事件が起きると、跡を継いだ政親の弟親治《ちかはる》は大内氏との対決姿勢を強めた。豊前における両者の抗争は、文亀《ぶんき》元年（一五〇一）の大友氏による馬が岳城攻撃でピークを迎えるが、撃退されて一段落する。大内氏は周防に逃れてきた足利義材《よしき》を擁して上洛する準備に専念し、大友氏は姻戚関係にあった肥後《ひご》守護菊池《きくち》氏の家督問題への介入に重点を置くようになるのである。大内義興は永正四年（一五〇七）、細川京兆《けいちょう》家の内部分裂を機に上洛を決断し、義材に働きかけて大友氏との講和を斡旋させた。これにより、大内氏は筑前と豊前、大友氏は豊後、少弐氏は肥前、菊池氏は肥後の守護職につく形で、いちおうの勢力範囲が画定された。

少弐氏の滅亡と北九州の新地図

大内義興は永正十五年（一五一八）、尼子《あまご》氏の安芸《あき》・石見《いわみ》進出に対応するため帰国し、対外戦略の重点は中国地方へと移された。一方大友氏は、菊池氏家督に姻族である肥後阿蘇《あそ》氏や一族の詫磨《たくま》氏を送り込んでいたが、菊池氏家臣団の支持を得られず内紛が絶えなかった。そこで永正十七年（一五二〇）、大友親治の孫にあたる義武《よしたけ》（義鑑《よしあき》の弟）に菊池氏の家督を継承させた。

これにより北九州は一時安定したが、少弐資元が肥前の龍造寺《りゅうぞうじ》氏らの支持を得て勢力を回復することで争乱が再発した。義興に代わった大内義隆《よしたか》は、享禄《きょうろく》三年（一五三〇）に筑前守護代の杉興運《すぎおきかず》を討伐に赴かせ、田手河原《たでがわら》（佐賀県吉野ヶ里《よしのがり》町）で龍造寺勢の奇襲をうけて撃退された。さらに、大友氏に反抗するようになった菊池義武が大内氏と結ぶなかで、大友氏も少弐氏支援を再開した。これに対し大内氏も、天文《てんぶん》二年（一五三四）に重臣陶興房《おきふさ》（弘護の子）を筑前に派遣し大宰府を回復、さらに肥前に侵攻して龍造寺氏を味方に引き入れるなど、少弐氏を圧迫していった。天文五年（一五三六）には、大内義隆が後奈良《ごなら》天皇の即位式に多額の献金をした見返りに大宰大弐《だいに》の官職を獲得し、名実ともに少弐氏を圧倒した。そしてこの年、孤立した少弐資元は多久《たく》城（佐賀県多久市）で自刃した。一方の大友氏は、菊池義武との争いに忙しかったが、大内氏の矛先が少弐氏に向いている隙に戦いを有利に進め、天文四年（一五三五）に

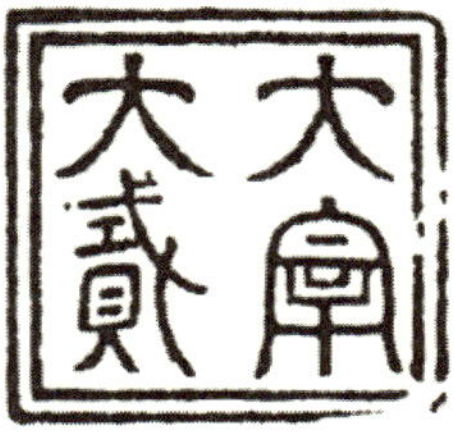

図54　大内義隆の印章「大宰大弐」

菊池氏との和議を成立させ、義武は有馬《ありま》氏を頼って亡命した。こうしたなかで、大内・大友氏間の和平交渉が、時の将軍足利義晴《よしはる》の斡旋により進められ、天文七年（一五三八）和議が正式に成立し、大内氏に占拠されていた筑前の大友氏領が返還されることとなった。

こうして北九州では、少弐氏が滅亡し菊池氏の地位が形骸化する一方、大内氏と大友氏の間には力の均衡が成立した。大内氏の戦略課題は、何よりも日明《にちみん》貿易の拠点である博多を抑えることだった。あえて領国を離れ何度も上洛したのも、ライバルである細川氏と対抗するためであり、また、貿易許可権をもつ将軍との関係を維持するためだった。朝廷に多額の献金をして大宰大弐を獲得したのも、古くから貿易を管轄していた大宰府での地位を名分《めいぶん》として重視したからだった。このことは反面で、国衆たちとの主従関係の強化が遅れる問題を残した。大友氏も、一族や家臣団の統制が不十分なままであり、拡大した支配圏は不安定性を免れなかった。

大内・尼子氏の抗争始まる

中国地方の争乱は、北九州と密接に関わって展開した。大内氏は、周防・長門の守護であるだけでなく、安芸では東西条《とうざいじょう》（東広島市）・石見では迩摩《にま》郡（島根県大田《おおだ》市）を所領とし、ここを拠点に勢力を拡大していた。両国とも守護は山名《やまな》氏だったが、ほとんど領国が展開できずにおり、割拠する国人領主に対する大内氏の影響力は大きかった。

これに対抗する勢力として台頭してきたのが、出雲の尼子氏だった。四―2「尼子氏、出雲国主に」で述べたように、一六世紀初めには尼子氏は出雲国主の座を占めていたが、さらに永正《えいしょう》年間（一五一〇年代）には、塩冶郷《えんや》（島根県出雲市）を本拠とする国内最有力の幕府奉公衆《ほうこうしゅう》塩冶氏に、経久《つねひさ》三男の興久《おきひさ》を養子として送り込み、家督を相続させた。このころ尼子氏は、前述の杵築《きづき》大社（出雲大社）造営だけでなく、もう一つの有力宗教勢力である鰐淵寺《がくえん》の掟を制定して統制を強めた。こうして力を蓄えた折も折、大内義興が足利義材を擁して上洛し国許を離れるというチャンスが廻ってきた。

しかも安芸では、厳島神社の神主職をめぐり神官の友田《ともた》氏と小方《おがた》氏の抗争が始まっていた。そのため、義興に従って上洛していた安芸国衆たちの間では、長期遠征の負担や国許の政治情勢に対する不安が募り、毛利興元《もうりおきもと》・吉川興経《きつかわおきつね》・高橋元光《たかはしもとみつ》など無断で帰国する者も生まれた。その後許可を得て帰国した者も含めた九人の安芸国衆は、永正九年（一五一二）に一揆契状《いっきけいじょう》を認《したた》め、将軍や諸大名から命令があっても一揆中で相談して行動すること、お互いの間の紛争は合議《ごうぎ》によって解決すること、他衆との争いには一致して対応することを約束しあった。

こうした状況の下、安芸・備後《びんご》で尼子方の動きが活発化した。永正十二年（一五一五）には尼子方に転じた備後三吉《みよし》氏を高橋氏が攻撃し、かえって高橋元光が敗死した。同じ年、安芸西部の分郡《ぶんぐん》守護で銀山《かなやま》城（広島市）に拠る武田信繁《たけだのぶしげ》が、大内氏に反旗を翻して挙兵し、大内方の己斐《こい》城（広島市）を攻めた。これに対し、大内義興の命をうけた毛利興元が武田方の有田《ありだ》城（北広島町）を攻略した。信繁は己斐城の包囲を解いて有田城の奪回を目指したが、永正十四年（一五一七）に毛利氏の攻撃を受けて戦死した。この戦いは、前年に病没した興元を継いだ幼少の息子幸松丸《こうまつまる》を支える、興元の弟毛利元《もと》就《なり》の初陣だった。こうして、大内方と尼子方の抗争が本格的に始まったのである。

一進一退

翌永正十五年、日明貿易の管轄権を認められ石見守護にも任じられていた大内義興は、いよいよ周防に帰国し尼子方との対決に本腰を据えた。まず厳島神社の神主職をめぐる抗争に介入し、友田・小方氏いずれの神主職を認めず、安芸西部の諸城に直臣を城番として配置し直接統制を強めた。さらに大永《だいえい》二年（一五二二）には陶興房に武田氏の拠る銀山城を攻めさせたが、はかばかしい成果を上げられずにいた。それどころか、厳島神社神主職問題で大内氏に恨みを抱いていた友田興藤《おきふじ》が、翌年、大内氏の統制強化に反発する神領衆《しんりょうしゅう》（厳島神社領の武士）の支持を得て挙兵、諸城の城番を放逐し自らは桜尾城《さくらお》（広島県廿日市市《はつかいち》）に入り神主を自称した。

こうした有利な状況を見た尼子経久は、安芸に出馬し国衆たちに服属を呼びかけた。これに毛利氏が応じ、大内方の拠点鏡山城（東広島市）を一気に攻め落とした。すると、他の国衆たちも次々と尼子方に転じた。これに対し大内義興は、息子義隆とともに出陣し厳島に本陣を置いて武田・友田氏を攻めた。しかし、神領衆の抵抗は激しく桜尾城は容易に落ちなかった。そこで義興は、石見国衆吉見頼興《よりおき》を仲介に立て、友田氏を神主とすることを条件に和睦に持ち込んだ。さらに、幸松丸の早世をうけて家督を継いだ毛利元就が、これに介入しようとした尼子氏に不信を募らせていたのを見て、再度大内方につかせることに成功した。これを弾みに、野間《のま》・天野《あまの》・阿曽沼《あそぬま》氏ら尼子方の国衆を次々と降伏させ、大永七年（一五二七）までに広島湾頭をはじめ安芸西部の確保にいちおう成功した。

その後、享禄元年（一五二八）に大内義興が病死して嫡男義隆が家督を継ぎ、翌年には安芸で尼子方に寝返った高橋氏を毛利氏が討つということはあったが、基本的には戦況は落ち着きを見せる。この時期、出雲では塩冶興久の反乱が起きた。理由は不明だが、危機感を深めた経久は、孫の晴久《はるひさ》に毛利元就との兄弟契約を結ばせ、その元就の進言により義隆から経久支持の約束を取り付けた。この頃大内氏は大友氏との抗争を再燃させており、尼子氏との間で相互不可侵協定を結んで北九州に力を集中しようとしたのである。これにより興久は孤立し、舅である備後山内氏の許に逃れるが、天文三年（一五三四）に自殺している。ここから尼子氏は東方への進出に力を注ぎ、天文五年までに備中《びっちゅう》・美作《みまさか》を制圧し、同七年には播磨《はりま》に乱入し、守護赤松政村《あかまつまさむら》が淡路《あわじ》に逃れる事態も生まれている。

侵入合戦と大内氏の滅亡

しかし、天文七年（一五三八）大友氏との間に和睦を成立させた大内氏は、再び中国経略に力を注ぐこととなり、尼子氏も対応に追われるなかで東方進出は頓挫した。衝突のきっかけは、高屋保《たかやほ》の頭崎城《かしらざき》（東広島市）に拠る安芸国衆平賀《ひらが》氏の内紛だった。父弘保《ひろやす》が大内方だったのに対し嫡子の興貞《おきさだ》が尼子方に転じ、ついに武力衝突に及んだ。大内氏は毛利氏らを援軍として派遣し、天文九年（一五四〇）六月に頭崎城西方の造賀《ぞうか》（東広島市）で交戦、大内方の勝利に終わった。ここで尼子晴久は、安芸の大内方の中心である毛利氏攻撃を決意し、九月に三万の大軍で郡山城《こおりやま》（安芸高田市）を包囲した。毛利方の兵力は三〇〇〇に過ぎなかったが籠城戦を耐え抜き、陶隆房《たかふさ》（興房の子、後の晴賢《はるかた》）率いる大内方の援軍を得て翌年一月に決戦、晴久大叔父の尼子久幸《ひさゆき》

図 55　大内義隆

らが戦死した尼子方は退却を余儀なくされ、多くの戦死者を出した。続いて頭崎城も陥落し、芸備の尼子方国衆は雪崩を打って大内方に転向、銀山城も陥落して武田氏は滅亡、友田興藤は自刃した。

こうして安芸の尼子方は一掃された。さらに同年十一月には尼子経久が亡くなり、晴久の痛手は計り知れないものとなった。これをチャンスと見た大内義隆は、翌天文十一年（一五四二）出雲に侵攻し、尼子氏の本拠富田《とだ》月山《がっさん》城（島根県安来《やすき》市）を包囲した。ところが、尼子方の頑強な抵抗にあって戦線が膠着すると、吉川興経・杉原理興《すぎはらまさおき》ら国衆たちが再度転向し、翌年五月に海路撤退せざるをえなくなった。そのときの混乱で、義隆養子晴持《はるもち》が乗船の転覆により溺死するという悲劇も起きた。その後両者は積極的に遠征することはなく、大内方は杉原理興の拠る備後神辺《かんなべ》城（広島県福山市）の攻撃に力を集中し、天文十八年（一五四九）にようやく陥落させた。

しかし、義隆は出雲での敗戦以降、軍事・政治に消極的となり、京都から下った公家や文人と遊芸にふける生活を送るようになったとされている。このままでは大内家が衰退すると懸念した陶隆房は、義隆を廃し嫡子の義尊《よしたか》を擁立するクーデターを企てた。（義隆の寵臣相良《さがら》武任《たけとう》との確執も一因とされている。）そして天文二十年（一五五一）八月、隆房は本拠の富田若山城《わかやま》（山口県周南市《しゅうなん》）で挙兵、山口へ攻め寄せた。義隆は逃れたものの長門深川《ふかわ》の大寧寺《だいねい》（山口県長門市）で自害、義尊も捕らえられて殺害された。隆房は、大友宗麟の弟で義隆の甥にあたる大友晴英《はるひで》（後の大内義長《よしなが》）を家督に迎え、自らは晴賢と改名した。方針転換の理由は不明だが、大友氏との連携による安定化路線を選択したとも考えられる。しかし、このクーデターは大内氏家臣の積極的支持を得られず、晴賢は五年後の厳島合戦で戦死を遂げ、大内領国もその二年後に毛利氏によって滅ぼされることとなった。

2—拮抗する東国大名たち

河東一乱

東国における新たな争乱の幕は、天文六年（一五三七）の河東一乱《かとういちらん》により切って落とされた。「河東」とは駿河の富士《ふじ》川以東を指す。四—3「今川氏花倉の乱」で述べたように、天文五年（一五三六）に今川氏の家督を継いだ義元《よしもと》は、疎遠となった北条氏との連携を絶ち、甲斐《かい》武田信虎《のぶとら》の娘と結婚し「駿甲同盟《すんこう》」を成立させた。それに反発した北条氏綱《ほうじょううじつな》は、駿河に侵攻し河東を占領した。これを「河東一乱」という。まさに、室町幕府体制下のしがらみを断ち切った、隣接する大名同士の領土紛争だった。

その後も北条氏の占領は続いたが、天文十四年（一五四五）に北条氏は危機に襲われた。時の関東《かんとう》管領山内《かんれいやまのうち》上杉憲政《のりまさ》が、大反攻作戦に出たのである。憲政は、扇谷《おうぎがやつ》上杉朝定《ともさだ》と結び、さらに古河公方《こがくぼう》足利晴氏《はるうじ》を説得して反北条陣営に引き込んだ。その一方で、今川氏・武田氏と連携を取り、東と西の双方から北条氏を攻撃する手筈をとった。さっそく義元は河東奪回の兵を起こし、武田信玄も援軍に出陣した。八月に本格的戦闘が開始され、なかなか決着がつかないでいたところ、九月に憲政が関東一円の将兵を動員し、数万の大軍で北条綱成《つなしげ》の守る河越《かわごえ》城を包囲した。

天文十年に死去した氏綱から家督を継いだ北条氏康《うじやす》は、ここに至って河東支配を断念、武田氏の仲介により今川氏と和睦することを決意した。両者は、北条氏が支配拠点となっていた吉原《よしわら》城（静岡県富士市）と長久保《ながくぼ》城（静岡県長泉《ながいずみ》町）から撤退し、駿河・伊豆の国境をもって両領国の境界とする領土分割協定を結んだ。当時これを「国分《くにわけ》」と称し、後に豊臣秀吉はこのような紛争を「国郡境目相論」と呼んだ。その後今川氏は、この地域で集中的に検地を実施し、天文十八年（一五四九）からは興国《こうこく》寺《じ》城（静岡県沼津市）を本格的に整備して付近の土豪に普請や城番を命じた。こうして河東は興国寺城を中心とする政治的領域の性格を強めた。このように、紛争は城を中心とする国・郡規模単位の争奪戦的性格を強め、その解決は大名間の国分協定として行われるようになったのである。

河越夜戦

一方北条氏康は、協定締結後の天文十五年（一五四六）になって、ようやく河越城の救出に向かうことができた。数では圧倒的に劣っていたため、氏康は計略をめぐらし、和睦を申し入れて油断させたところに夜襲をかけた。虚をつかれた上杉軍は一挙に壊滅、上杉朝定の戦死により扇谷上杉家は滅亡した。上杉憲政は上野平井城《こうずけひらい》（群馬県藤岡市）に、足利晴氏は古河にそれぞれ敗走した。これにより、南関東における北条氏の覇権が確立した。

上杉方からは、大石《おおいし》氏や藤田《ふじた》氏など北条方に鞍替えする有力武将が続出し、関東管領山内上杉氏は自壊していった。憲政はなおも平井城に拠っていたが、家臣が憲政を見限って北条氏に内通し、遂に天文二十一年（一五五二）、城から追放されるに至った。その後憲政は、上野で居所を失い三国《みくに》峠を越えて、越後上杉家を滅ぼしたかつての仇敵長尾氏を頼り、関東回復への援助を求めることとなる。ここに山内上杉氏の関東支配は、終焉を迎えたのである。

北条氏の南関東進出は、関東管領・古河公方という伝統的勢力の抗争への介入を通じて行われ、度々の危機を乗り越えて達成されたものだった。それは軍事戦略・戦術の優越性だけではなく、六章で見たように検地等を通じた新たな地域支配体制を作り上げ、強固で統制のとれた軍隊を編成することによりもたらされたものだった。河越合戦で夜襲に成功したのもそのためである。一方、上杉方の軍隊は数は多くても寄せ集めの勢力であり、いったん危機に陥ると簡単に壊滅・敗走したのである。こうして、南関東での支配者の交代は完了した。

三国同盟の成立

こうした政治関係の変化は、新たな紛争の火種を生むこととももなった。「甲駿同盟」成立後、後顧の憂いのなくなった武田氏は、本格的に信濃《しなの》進出を開始した。父信虎を追放した信玄は、天文十一年（一五四二）に同盟関係にあった諏訪頼重《すわよりしげ》を滅ぼし、さらに佐《さ》久《く》へと侵入、葛尾城《かつらお》（長野県坂城《さかき》町）に拠る村上義清《むらかみよしきよ》と対峙した。天文十七年（一五四八）には上田原《うえだはら》（長野県上田市）、天文十九年（一五五〇）には戸石《といし》城（長野県上田市）で合戦に敗れながらも、周辺領主を味方につけて村上氏を包囲し、天文二十二年ついに葛尾城を陥落させた。義清は越後に逃れ、上杉謙信に救援を求めた。そこで謙信はさっそく信濃に出兵し、川中島で武田勢との最初の対決を迎えた。

こうした情勢の進展は、信玄に後方安定の必要性を痛感させた。天文十九年に「甲駿同盟」の絆となっていた姉（今川義元夫人）が亡くなると、信玄は直ちに嫡子義信《よしのぶ》と義元の娘との婚儀を整え、同盟の継続を図った。さらに北条氏とも連絡を取って、娘を氏康の嫡子氏政《うじまさ》の嫁に送り、あわせて、今川氏と北条氏の仲立ち役となって義元の嫡子氏真《うじざね》と氏康の娘との婚姻を成立させた。ここに天文二十三年（一五五四）、武田・今川・北条氏による「三国同盟」が成立したのである。これに関しては、同年に北条氏康がまたも駿河に侵攻し今川・武田連合軍と激突しようとした折、義元の軍師である太原崇孚《たいげんそうふ》が、三者を集めて互いに争う愚を説き同盟を結ばせたという「善得寺《ぜんとくじ》の会盟」の話が有名だが、婚儀は以前より進められており、また、今川方の人間が仲立ち役を行えるかも疑問であり、このように劇的な出来事は実際にはなかったと思われる。

ともかく、上杉憲政が長尾景虎の保護下でしきりに関東回復を求めており、北条氏にとっても、上杉氏を共通の敵とするこの同盟は、関東を制覇する上で有益だった。また、今川氏も北条氏との和睦以後本格的に三河《みかわ》に侵攻し、天文十八年（一五四九）には松平竹千代《まつだいらたけちよ》（後の徳川家康《とくがわいえやす》）を人質に取り、三河を実質的に支配するようになっており、義元も長く三河に在国するようになっていたので、三者間の関係安定は大いに歓迎するところだった。以後、この地域の争乱は長尾氏と武田・北条氏の対抗を軸に展開することとなる。

長尾景虎の対外戦略

上杉憲政や村上義清が越後に逃れてきたのは、長尾景虎が享禄・天文の乱を最終的に収束した直後のことだった（四―2「長尾景虎の覇権」参照）。権力基盤は依然不安定だったが、信越国境と本拠春日山城《かすがやま》（新潟県上越市）との距離は三〇キロ足らずであり、武田氏の信濃制覇は直接の脅威となる。また、景虎は名分を重んじる人物で、父為景《ためかげ》とは違い関東管領からの要請を無視できなかったようである。何よりも、いまだバラバラな家臣たちを外征の旗印の下に団結させ、領土拡張欲を満たす格好の大義名分が舞い込んできたと思っただろう。

前述のように、景虎はさっそく両勢力の接点である川中島に出陣したが、これは前哨戦に過ぎなかった。帰国すると直ちに上洛して後奈良天皇に謁見し、刀と盃を贈られるとともに「住国・隣国で敵対する輩」の討伐を賞する綸旨《りんじ》を与えられた。これにより、武田方やそれと連携する越中《えっちゅう》一向一揆の動きへの牽制と、国内での立場強化を目論んだのである。弘治《こうじ》元年（一五五五）、景虎は武田氏の木曽《きそ》攻略を牽制するため再度川中島に出陣した。このときはにらみ合いが長く続いたものの、今川義元の仲介で和議となり、その間に木曽氏は武田氏に降伏してしまった。翌年、突如景虎は引退を表明した。父為景以来の努力で越後に平和が訪れ、信濃も二度の出陣で信玄を追いつめ味方を安心させたのに、家臣団はまとまっておらず自分への信頼も薄いというのが理由だった。自分に従えないのなら談合により国政を運営しろというのだが、景虎という中心を失えば越後が再び内乱の巷となることは目に見えていた。長尾政景《まさかげ》が慰留に努め、家臣一同が忠誠を誓う旨の起請文《きしょうもん》を提出することで、景虎は政務に復帰した。対外戦略では武田氏に翻弄されたが、家臣団の統制強化ではなかなかの手腕を発揮したといえよう。

永禄《えいろく》二年（一五五九）、景虎は再度上洛し、今度は将軍足利義輝《よしてる》と謁見した。そこで、「裏書免《うらがきめん》」・「塗輿免《ぬりごしめん》」という文書作成様式（書札礼《しょさつれい》）や乗物に関する三管領《かんれい》並の特権を与えられ、また、上杉憲政の関東回復を援助する命令書を得た。こうしたことにより、身分序列上信濃守護を自任する武田信玄の上に立ち、かつ関東出兵を正当化する将軍家の「お墨付き」を得たのである。いよいよ翌永禄三年、「越山」（山を越えて関東に進むこと）が敢行された。

小田原城包囲と関東管領就任

折しも景虎の許へは、北条氏に久留里《くるり》城（千葉県君津《きみつ》市）を包囲された安房《あわ》の里見義堯《よしたか》から救援要請が寄せられていた。景虎は関東の諸将に、戦乱が続き万民が苦労している関東平定のために越山する、きっと北条と武田の軍勢が出陣してくるだろうが、必ず打ち破るので兵を率いて参陣せよと檄を飛ばした。そして九月、上杉憲政を擁して上野に入り沼田《ぬまた》城（群馬県沼田市）などを次々と攻め落とし、白井《しろい》城（群馬県渋川市）の長尾氏、箕輪《みのわ》城（群馬県箕郷町）の長野《ながの》氏らを味方につけ、上野を制圧して厩橋《うまやばし》城（群馬県前橋市）で越年した。さらに下野《しもつけ》・武蔵《むさし》・常陸《ひたち》など関東各地の武将も次々と駆けつけ、このとき作成された「関東幕注文」というリストには二五〇名以上の名が連ねられている。

翌永禄四年二月景虎は、松山《まつやま》・河越などの北条支城には目もくれず、一路小田原城を目指して進撃し、三月には一〇万といわれる大軍で包囲した。しかし、正面決戦を不利と見た北条氏康が徹底した籠城作戦をとると、兵粮などの長期戦の準備がなかったためか、常陸の佐竹《さたけ》氏や下野の宇都宮《うつのみや》氏らがしきりと撤退を求めるようになった。そこで景虎もやむなく包囲を解いて鎌倉に向かい、憲政から上杉の家督と関東管領職を譲り受け、鶴岡八幡宮《つるがおかはちまんぐう》の神前で諸将を従えて就任儀式を催した。これを機に、景虎は憲政の一字をとって上杉政虎《まさとら》と名乗るようになる（以後、十二月には将軍の一字をとって輝虎《てるとら》と改名、さらに元亀《げんき》元年（一五七〇）に出家して謙信と称するようになる。煩雑さを避けるため、以下では「謙信」に統一する）。しかし、実質を得ることなく六月には厩橋城から帰国の途に就いたのである。

川中島決戦と連年の越山

しかも、これで兵馬を休めることはできなかった。越山の隙をついて、武田信玄が越中一向一揆に越後攻撃を依頼し、また川中島を抑える海津城《かいづ》（長野市）を築いて北信支配を強化していたのである。そこで謙信は、早くも八月に一万八〇〇〇ともいう大軍を率いて信濃に入り、海津城を見下ろす妻女山《さいじょさん》に陣を取った。武田勢の主力をおびき出して、一気に決戦を挑む作戦だった。信玄も決戦を覚悟し、一万七〇〇〇といわれる兵を率いて海津城に入った。こうして、両雄が斬り結んだという伝説を残す、川中島合戦史上最大の戦いが始まったのであ

図56　上杉謙信

る。武田軍別働隊の妻女山夜襲を逆手にとって山を下りた上杉軍が八幡原《はちまんばら》の武田方本陣を襲い優勢に立ったが、別働隊の来援により形勢が逆転し上杉軍は後詰めの控える善光寺平《ぜんこうじだいら》へと退却したという。合戦後、双方が数千の敵を討ち取り勝利したと宣伝した。それは誇張にしても、主力が遭遇して多数の死傷者が出たのは確かだろう。しかし戦略的に見れば、何ら成果を上げずに引き返した謙信の負けは否定のしようがない。武田氏の勢力は善光寺平にまで及ぶようになり、上杉方は高梨《たかなし》氏が拠った飯山《いいやま》城（長野県飯山市）周辺を残すのみとなった。

謙信は信越国境では守勢に入り、関東を戦略目標として毎年のように越山した。しかし、秋の収穫後に出兵し敵対する諸城を攻撃しては春に引き返すというパターンの繰り返しで、領国支配の進展は見られなかった。それどころか、永禄七年（一五六四）の国府台《こうのだい》合戦（千葉県市川市）で北条氏康が、反北条氏の中心里見氏と岩付《いわつき》城（埼玉県岩槻市）に拠り江戸地域に力を持つ太田《おおた》氏の連合軍を破り本格的に北関東へ進出してくると、北条方に寝返る諸将が続出し、永禄十年（一五六七）には厩橋城将の北《きた》条高広《じょうたかひろ》（越後国衆）までもが北条方に寝返った。これにより、関東での上杉方の拠点は沼田城を残すのみとなった。

結局、上杉謙信は大義名分をかざして信濃と関東の二正面作戦を展開し、個々の戦闘では強さを発揮することはあったが、戦略的観点に欠けていたといわざるをえない。信濃に出兵しても武田信玄に決戦を回避され、不在の間に体制整備を許してしまった。関東でも同様だった。結局、「三国同盟」の包囲網のなかで、各地への転戦を強いられながら上野の一部以外は領土的成果を得られず、「諸軍労兵」（軍隊が疲れ切ってしまうこと）という状況になっただけであった。

今川氏の滅亡

こうした枠組みが大きく転換する契機となったのは、永禄三年（一五六〇）の桶狭《おけはざ》間《ま》（名古屋市緑区）の合戦での今川義元の戦死である。あまりにも有名な合戦だが、その意味については誤解もある。一般には、今川義元は上洛して衰退した室町将軍に代わり天下に号令しようとしており、行く手を遮る織田氏を叩こうとして出陣したが、初戦の勝利（織田方の丸根《まるね》砦・鷲津《わしづ》砦（どちらも名古屋市緑区）陥落）に慢心し、昼間から酒宴を開いていたところを織田軍の奇襲に遭い、敢えなく討ち死にしたと思われている。しかし、すでに見てきたように義元は優れた政治家であり、それまでの戦略からすれば、三河支配の安定化のために、侵攻を繰り返す尾張《おわり》の織田氏を討つことに主眼があったと考えられる。また、織田信長は当初から奇襲を意図したわけではなく、今川軍の進軍ルート選択や天候などの条件が重なり、たまたま隊列が延びていた本隊を側面から急襲することができたとされている。義元には不幸な結果といえるが、織田軍の動きを直前まで摑んでいなかった点では、手抜かりがあったといわれても仕方がないだろう。

ともかく、義元と多くの重臣が戦死したことは、今川氏にとって大きな痛手だった。従軍していた松平元康《もとやす》（後の徳川家康、以下では徳川家康と表記する）は、今川勢が駿河に引きあげるのを待って、本拠岡崎《おかざき》城（愛知県岡崎市）に帰った。人質として離れてから一三年が経っていた。家康は、今川氏から離れ織田氏と同盟を結んだ。義元から家督を継いでいた今川氏真は暗愚なイメージが強いが、実際にはそうでもなく、戦死した家臣の家督継承・所領相続を安堵するなど、事態の沈静化に努めていた。松平氏の動きに対しても積極的に反撃し、北条氏との連携を強化するなどの外交努力も行っている。しかし、退勢を挽回するまでには至らず、永禄八年（一五六五）には三河最後の拠点吉田《よしだ》城（愛知県豊橋《とよはし》市）を失い、さらに遠江《とおとうみ》でも井伊谷《いいのや》（静岡県浜松市）の井伊《いい》氏などが離反していった。

こうした情勢を見て武田信玄は駿河侵入を決意、今川氏から妻を迎えていた嫡子義信が反対すると、幽閉して永禄十年（一五六七）に自害させた。これを見た氏真は、甲斐への塩の輸送を禁じる（「塩《しお》留《どめ》」）とともに、上杉氏と連絡を取り信玄を牽制するよう求めた。これに対し信玄は永禄十一年（一五六八）、再び越中の一向一揆を動かすとともに、越後阿賀北《あがきた》の国衆本庄《ほんじょう》氏と結び反上杉で挙兵させた。こうして謙信の動きを封じた信玄は、徳川家康と駿河・遠江の領土分割を約束し、この年十二月駿河へと侵入、家康も遠江に侵入した。氏真は駿府を守ろうとしたが家臣の大半が離反、遠江掛川《かけがわ》城（静岡県掛川市）に逃げざるをえなかった。一方、北条氏も氏真救援のため駿河に侵入、河東地域を制圧して武田方と対峙した。翌永禄十二年、掛川城は徳川家康の総攻撃をうけ、今川方も粘り強く抵抗したが家康の説得により開城、氏真は義父北条氏康の保護を求めて駿河大平城《おおひら》（静岡県沼津市）に移り、駿河支配権を北条氏に譲り渡した。ここに名族今川氏は滅亡したのである。

越相同盟から甲相同盟へ

三国同盟は完全に崩壊し、武田氏と北条氏が対決することとなった。氏康は、共通の敵を持つこととなった上杉謙信に働きかけ、永禄十二年（一五六九）に「越相《えつそう》同盟」を結んだ。条件は、上杉氏の上野支配を承認し、人質として氏康の息子三郎を差し出すことだった。大きな譲歩だったが、関東の反北条勢力の動きを封じ、北方から武田氏を牽制させる意義は大きかったのである。

駿河では北条氏と武田氏が一進一退の攻防を繰り返していた。その間に信玄は、上野・武蔵を廻って小田原城を包囲・攻撃するという大胆な作戦に出たが、北条氏は今回も籠城作戦をとり撤退を余儀なくさせた。しかし、同盟相手の謙信は一向に信濃・甲斐に出陣する気配を見せず、北条方の城は河東の中心興国寺城《こうこくじ》と、籠坂峠《かごさか》からの侵入に備えて新たに築城した深沢城《ふかざわ》（静岡県御殿場市《ごてんば》）を残すのみとなった。武田氏も、元亀元年（一五七〇）に徳川氏が居城を浜松《はままつ》に移し、上杉氏と結んで対決姿勢を強めていたので、ここでの抗争に早く決着をつける必要があった。そこで元亀二年、深沢城に大攻勢をかけて落城させ、遠江・三河へと転戦した。同年十月「越相同盟」を主導した北条氏康が亡くなると、信玄の娘を妻とし親武田的だった氏政は、武田方からの働きかけに応じて、頼りにならない「越相同盟」を破棄し、「甲相《こうそう》同盟」を復活させることとした。条件は、武田氏が進出していた西上野以外の北条氏の関八州《かんはっしゅう》支配と武田氏の駿河支配を相互承認することだった。これにより、北条方最後の拠点興国寺城は武田方に引き渡され、黄瀬《きせ》川・狩野《かの》川をラインとする国境が画定された。以後、武田氏は西上作戦に主力を注ぎ、元亀三年（一五七二）の三方原《みかたがはら》の戦い（静岡県浜松市）で徳川・織田連合軍を撃破することとなる。

一方謙信は、永禄十二年三月に本庄氏を降伏させ、「越相同盟」を成立させて後方の安定を得ると、北陸進出に力を注ぐようになる。そして、対武田・一向一揆で利害の一致する徳川氏、さらには織田氏との関係を深め、元亀三年には同盟関係を成立させている。しかし、浅井《あざい》・朝倉《あさくら》氏の滅亡や長篠《ながしの》の合戦での武田方の敗北により信長の勢力が伸張し、とりわけ越前一向一揆を壊滅させ加賀《かが》に進出する勢いを示すようになると、一転して天正四年（一五七六）に本願寺・一向一揆と和睦、天正五年（一五七七）には七尾城《ななお》（石川県七尾市）を攻略し越中・能登《のと》を制圧した。翌年正月、北陸方面が一区切りついたとして、北条氏に圧迫されていた関東諸将から強く要請されていた越山の陣触れを行ったが、「虫気《むしけ》」（脳卒中か）に倒れ不帰の客となった。

御館の乱と甲越同盟の成立

謙信には実子がおらず、後継者も指名していなかったため、養子の景勝と景虎との間で跡目争いが生まれた。景勝は上田長尾政景の遺子、景虎は「越相同盟」成立時に人質となった北条氏康の七男三郎である。ともに春日山城に住んでいたが、景勝が機先を制して春日山城を占拠したので、景虎は上杉憲政の住む府内の御館《おたて》に逃れた。「御館」とは前関東管領を敬した名称で、ここの攻防が焦点となったことから「御館の乱」と呼ばれる。家臣団も両派に分裂した。上野在陣の諸将は、北条氏との関係を重視して景虎方についた。景勝の出身地魚沼《うおぬま》地方をはじめ大半の国内家臣は、北条氏の影響力が強まることを恐れて景勝方についたが、逆に栃尾《とちお》城（新潟県長岡市）の本庄秀綱《ひでつな》や三条城《さんじょう》（新潟県三条市）の神余親綱《かなまりちかつな》ら古志《こし》・蒲原《かんばら》郡の諸将などは、魚沼郡勢力の伸張を危惧して景虎方についた。周辺の大名も、景虎の実家北条氏だけでなく、武田氏や会《あい》津《づ》の葦《あし》名《な》氏などが軍勢を派遣し、越後は争乱の巷と化した。

結局、武田氏が「甲相同盟」による北条氏との連携を捨て、妹を景勝に嫁がせ「甲越同盟」を成立させることにより、国外からの援助に期待していた景虎方が不利となり、天正七年（一五七九）三月御館が陥落し景虎は関東へ逃れる途中で自害、憲政も景勝方に殺害された。その後も景勝は国内の景虎派の鎮定に努め、栃尾・三条城に上田出身者を入れるなど勢力を拡大していった。しかし、その頃すでに織田氏勢力が越中に侵入するようになっており、盛んに越後国衆に離反工作を行っていた。そしてついに天正九年（一五八一）、所領紛争に対する景勝の処置に不満を抱いていた新発田《しばた》城（新潟県新発田市）の新発田重家《しげいえ》が反乱を起こした。こうしたなかで景勝は、武田氏を滅ぼし東国に進出した織田氏の攻勢を受けることになるのである。

その武田氏では、天正元年（一五七三）に西上途上で病没した信玄の跡を勝頼《かつより》が継いでいた。勝頼は、翌年父も落とせなかった高天神城《たかてんじん》（静岡県掛川市）を攻略するなど、再度西方で攻勢を強めた。さらに徳川方に奪われた長篠城（愛知県新城市《しんしろ》）の奪回を目指したが、天正三年（一五七五）長篠城の西方設楽《したらが》原《はら》で徳川・織田連合軍に完敗し壊滅的打撃を受けた。いわゆる長篠合戦である。勝頼は、遠江の守りを固める一方、「甲越同盟」を結んで駿豆国境で北条氏と対決する路線をとり、天正七年（一五七九）、狩野川に面して三枚橋《さんまいばし》城（静岡県沼津市）を築いた。北条氏も対岸に泉頭《せんとう》城（静岡県清水町）を、駿河湾内の内浦湾に水軍拠点として長浜《ながはま》城（静岡県沼津市）を築いた。双方の水軍は、天正八・九年に沼津沖で海戦に及ぶなど激闘を繰り返したが、決着がつかないまま織田・徳川軍の侵攻を迎えることとなった。

3——毛利氏の中国地方制覇

毛利氏の台頭

西国では、滅亡した大内氏に代わり毛利氏が情勢を主導するようになる。毛利氏は元々は安芸の一国人領主だったが、元就の代になり大きな発展をとげた。庶子だった元就が家督を継いだのは、前述のように甥の幸松丸が夭逝した大永三年（一五二三）のことだった。このとき毛利氏は尼子方についていたが、重臣の渡辺勝《わたなべすぐる》と坂広秀《さかひろひで》が尼子氏と結び、元就を倒して異母弟の相合元綱《あいおうもとつな》を擁立する陰謀が発覚したため、大内方に復帰した。その条件として佐東《さとう》郡で一三七〇貫の所領を獲得したことは、広島湾頭への進出の足がかりとなった。享禄二年（一五二九）には、尼子方に寝返った高橋氏を討ち遺領を大内義隆から与えられた。こうして所領を拡大した元就は、長女を隣接する甲立五龍《こうたちごりゅう》城（広島県安芸高田市）の宍戸《ししど》氏嫡男隆家《たかいえ》に嫁がせるなど、近隣国衆との関係を強化し安芸・石見の国人領主のリーダー的地位を固めていった。享禄四年（一五三一）に尼子晴久が兄弟契約の相手に元就を選んだり、天文九年（一五四〇）の安芸攻撃で郡山城を標的としたのも、それと関わっていた。

図 57　毛利元就

次いで元就は、国境の大朝《おおあさ》（広島県北広島町）を本拠とし石見国衆と関係深い吉川家と、瀬戸内水軍を有する竹原《たけはら》（広島県竹原市）・沼田《ぬた》（広島県三原市）の両小早川《こばやかわ》家に、二男の元春《もとはる》と三男の隆景《たかかげ》を養子として送り込み家督を継がせた。有力国衆家の乗っ取りともいえるが、それぞれの家中が当主の死や健康・資質（「器量《きりょう》」）の問題から、毛利氏一族を招いたという側面もあり、安芸の領主たちが毛利氏の下に結集を強めようとする動きに乗ったものでもあった。以後元春と隆景は、元就から家督を継いだ長男隆元《たかもと》を補佐し、それぞれ山陰・山陽での勢力伸長において重要な役割を担った。毛利氏を支える吉川氏と小早川氏は、「毛利両川《りょうせん》」と呼ばれた。

こうして安芸の有力国衆家を傘下におさめた毛利氏は、さらに井上衆の誅伐を断行し、家中の結束も強化した（四―4「毛利氏井上衆討伐事件」参照）。その直後、陶隆房から大内義隆を除く意志を告げ協力を要請する書状が元就の許に届いた。元就はチャンスとばかり、クーデターが勃発するや直ちに平賀氏の家督紛争に介入し、義隆が後援していた沼田小早川家出身の隆保《たかやす》を廃し、神辺城攻撃で戦死した前当主の弟広相《ひろすけ》を家督につけた。広相は元就に平賀家再興への尽力を謝し、子々孫々に至るまでの協力を誓った。一方尼子氏も、混乱に乗じて備後への攻勢を強めた。陶晴賢（隆房改め）は直接対応する余裕がなかったため、元就に佐東郡の所領を安堵するとともに芸備国衆の軍事指揮を委ねた。元就は彼らを率いて、尼子方についた志川滝山《しかわたきやま》城（広島県福山市）の宮光寄、旗返《はたがえし》城（広島県三次《みよし》市）の江田《えだ》隆連《たかつら》、甲山《こうやま》城（広島県庄原《しょうばら》市）山内隆通《やまのうちたかみち》らを次々と攻め、逃亡・降伏に追い込んだ。こうして、芸備は毛利氏の制圧下に入ったのである。

厳島合戦

ここに至って晴賢は黙視できなくなり、腹心の江良房栄《えらふさひで》を備後に派遣、元就が落とした旗返城を接収した。さらに天文二十二年、大内義隆の姉婿である石見津和野《つわの》（島根県津和野町）の吉見正頼《よしみまさより》が反陶氏の兵を挙げると、晴賢は元就をはじめとする安芸の国衆に吉見氏討伐への加勢を強く求めてきた。元就は力関係から拒否はできないと考え、自分が援軍を率いて出陣するるつもりだった。しかし、隆元や家臣たちは強く反対した。元就が抑留されたり、不在の間に尼子

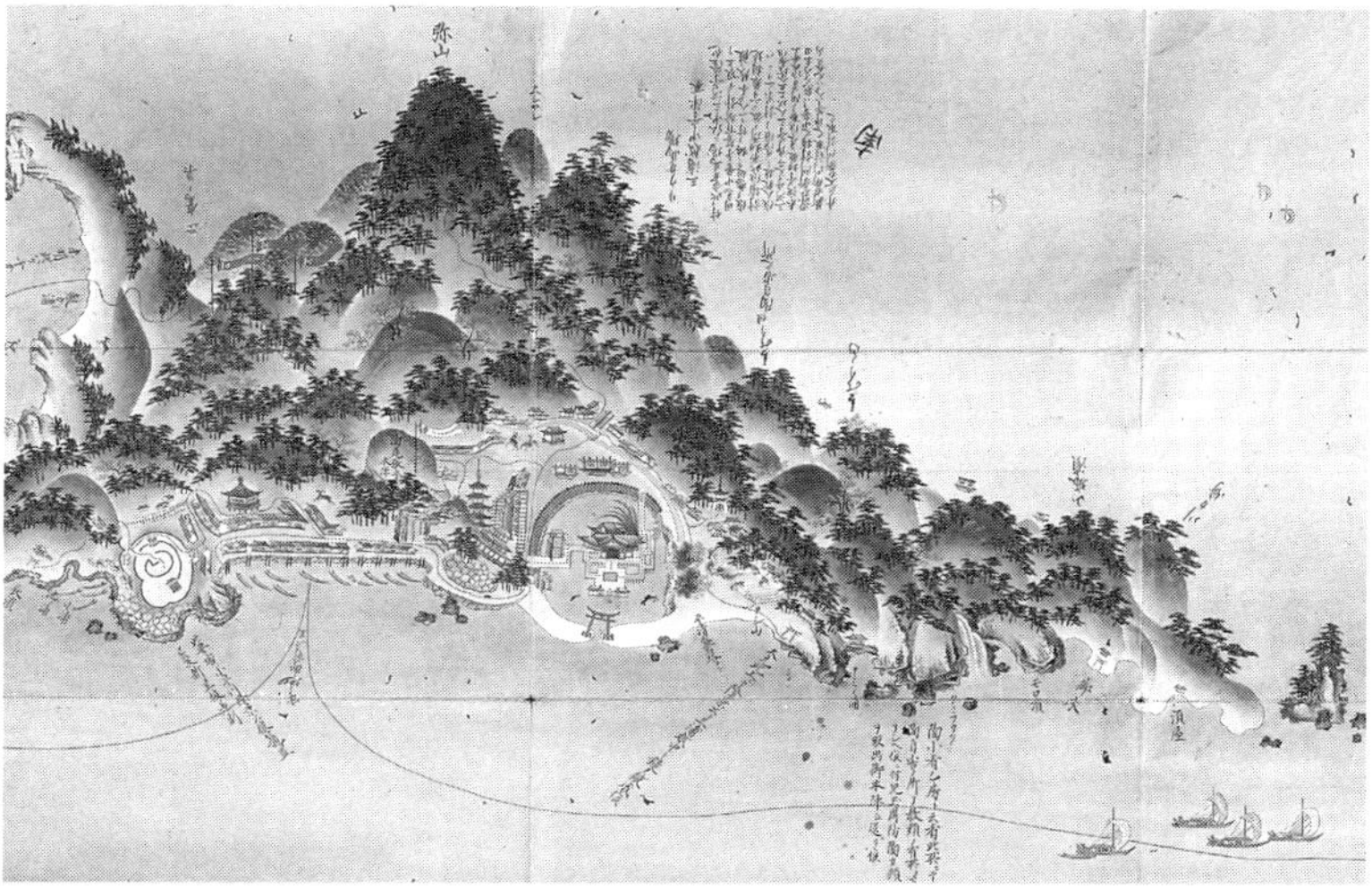

図58　芸州厳島一戦之図

方が攻め寄せてきたら、毛利家は危機に陥るというのである。決着がつかないまま年を越したところ、平賀広相が周防から派遣された督戦の使僧を捕え、毛利氏の許に送りつけてきた。陶氏との対決の意思表明である。これを弾みに、家臣のなかでも決戦論が力を増していった。こうした国衆や家中の旺盛な戦意に勝機を見出した元就は、遂に決断を下し、平賀・天野氏ら国衆に協力を求める書状を発した。大内・尼子の二大勢力の間を揺れ動いていた安芸の領主たちは、毛利氏の下に結集し自立と対外発展を目指す道を選択したのである。

元就は直ちに、吉見氏攻撃で手薄になった銀山・桜尾など安芸西部の城を次々と接収した。これを知った晴賢は腹心の宮川房長《みやがわふさなが》を派遣、山代《やましろ》・山里《やまざと》（広島県廿日市市）の一揆勢も加え七〇〇〇の兵で桜尾城の奪回を図った。しかし毛利軍は、桜尾城西方の折《お》敷畑《しきばた》（広島県廿日市市）でこれを包囲・殲滅、さらにゲリラ的抵抗を続ける一揆の本拠を、脅迫・懐柔・裏切り工作などあらゆる手段を使って平定していった。ここに晴賢は急遽吉見氏と和睦、翌天文二十四年（一五五五）九月、二万の兵を率いて安芸に出馬、厳島に陣を構えた。対する毛利軍は三千余に過ぎなかったが、嵐をつき夜陰に乗じて厳島に上陸、晴賢本陣裏手の山から奇襲を敢行した。不意を突かれた陶軍は総崩れとなり、晴賢は自刃して果てた。毛利軍の統制力と機動力の勝利だった。

引き続き元就は、大内氏の本国防長の征服に乗り出した。杉氏・右田《みぎた》氏など重臣たちは次々と寝返ったが、一揆勢が頑強に抵抗した。しかし、ここでも武力行使と裏切り工作を使い分けつつ、山代の成君寺城《じょうぐんじ》（山口県岩国市）、須々万《すすま》の沼城《ぬまじょう》（山口県周南市）など一揆の拠点を落としていった。そして弘治三年（一五五七）三月山口に進出、大内義長は脱出し実家のある豊後に逃げようとしたが、長門且山城《かつやま》（山口県下関市）に追いつめられ自害を遂げた。

尼子・大友氏との角逐

こうして安芸・備後・周防・長門の四ヵ国を支配下に収めた元就は、大内氏に代わり尼子・大友氏と対峙することとなった。尼子氏は大内氏撃退後再び東方へ進出し、天文二十一年（一五五二）には晴久が将軍足利義輝から因幡《いなば》・伯耆《ほうき》・備前《びぜん》・美作・備後・備中の守護に任じられ、出雲・隠岐《おき》とあわせて八ヵ国の「太守」となった。しかしすでに見たように、備後では毛利方との争いが続いていた。また晴久は天文二十三年（一五五四）、叔父国久《くにひさ》・誠久《さねひさ》父子の一族新宮党《しんぐうとう》を粛清した。原因ははっきりしないが、新宮党は尼子氏の最強軍団とされており、失った痛手は大きかった。

元就は、まず石見の攻略に手をつけた。前述のように、石見は守護支配が弱く大内氏の影響力が強かったが、益田《ますだ》（島根県益田市）を本拠とする益田氏を筆頭に、国衆が盤踞《ばんきょ》していた。元就は厳島合戦前から元春を派遣し、大内方だった益田氏を牽制するため、その一族で本明《もとあけ》城（島根県江津《ごうつ》市）に拠る福屋隆兼《ふくやたかかね》、周布《すふ》郷（島根県浜田《はまだ》市）を支配する周布元兼《もとかね》らを味方に引き入れた。防長征服後、益田氏をはじめとする大内方国衆は次々と服属し、焦点は東部の石見銀山（島根県大田《おおだ》市）をめぐる攻防に移った。銀山を守る山吹《やまぶき》城の刺賀長信《さすがながのぶ》が帰順したため、いったんは毛利方に属したが、尼子方は近隣の温《ぬ》湯《ゆ》城（島根県川本町）主小笠原長雄《おがさわら》と連携して永禄元年（一五五八）に奪取し、本城常光《ほんじょうつねみつ》を城将においた。翌年、元就は自ら主力を率いて温湯城を攻撃し長雄を降伏させ、ここを拠点に銀山奪回を目指したが、山吹城の守りは堅く戦線は膠着した。

この頃、北九州では大友氏との抗争が激しさを増していた。大内氏の滅亡は義長を通じて結びついていた大友氏にも影響が及び、古処《こしょさん》山城（福岡県朝倉市）に拠る秋月《あきづき》氏や筑紫《ちくし》（福岡県筑紫野《ちくしの》市）に勢力を張る筑紫氏ら筑前・豊前の国衆が、少弐氏の残党らとともに反大友の兵を挙げた。大友義鎮《よししげ》は鎮圧に成功するが、秋月・筑紫氏は毛利氏を頼って山口に亡命した。彼らは毛利氏の支援を得て九州に再上陸、旧領回復を目指した。一方義鎮は、永禄二年（一五五九）に豊前・筑前の守護職も得て支配を固めようとした。これに対し元就は、大友氏の勢力が関門《かんもん》海峡を越えることを恐れ、門司《もじ》城（北九州市門司区）を手に入れ橋頭堡《きょうとうほ》とした。そこで義鎮は永禄四年（一五六一）十月に大軍を派遣して奪回を目指し、元就も隆景に水軍を率いて救援させた。一ヵ月近く攻防が続いた末、水軍力に勝る毛利方が勝利を収めた。勢いに乗る毛利方は、さらに苅田《かんだ》松山《まつやま》城（福岡県苅田町）を奪取するなど豊前南方に進出した。

尼子氏の滅亡

毛利氏と石見銀山争奪戦を展開していた永禄三年（一五六〇）、尼子晴久は四十七歳で亡くなった。嫡子義久《よしひさ》は出雲安定のため、将軍足利義輝が進めていた毛利氏との和平工作に応じることとした。元就も、九州方面での戦況が重大化し、小笠原長雄の降伏に伴い所領替えを迫られた福屋隆兼が尼子方に寝返り挙兵する情勢を見て、永禄四年十二月、和睦に踏み切った。後ろ盾を失った隆兼は逃亡、残された一族・家臣は誅殺された。山吹城の本城常光も毛利氏に降伏し、残った尼子勢も出雲に退いた。

すると、出雲でも赤穴《あかな》（島根県飯南《いいなん》町）の国衆赤穴久清《ひさきよ》が毛利方に寝返った。これを機に元就は和睦を破棄し出雲に侵入、三沢《みざわ》（島根県奥出雲町）の三沢氏・三刀屋《みとや》（島根県雲南《うんなん》市）の三刀屋氏らが次々と寝返り、毛利軍は一気に出雲平野に進出した。ここで元就は、出雲国衆の内心を試すため、降伏後先陣を切って活躍していた本城常光を討った。そのため、再び離反する者も多く出て長期戦を強いられたが、大局的には忠誠を試し団結を固めることができた。そして永禄六年（一五六三）、二正面作戦を避けるため、今度は門司城を残して豊前から撤退することを条件に大友氏と和睦した。

和睦交渉を済ませた毛利隆元が出雲に移動する途中で急死するという事件は起きたが、戦線を整理した毛利方は、富田城防衛の最大拠点白鹿城《しらが》（島根県松江市）を落とし、宍道湖《しんじ》北岸の洗骸崎《あらわいざき》に本陣を構えて島根半島との連絡を遮断、水軍が海上封鎖を行い、さらに伯耆・因幡の尼子方を討って包囲網を強化した。完全に孤立した富田城は、飢えに襲われ密かに退去する者が続出した。ここに及んで永禄九年（一五六六）十一月、尼子義久は降伏を決意し開城した。義久ら尼子氏一族は、殺されることなく安芸に移され軟禁された。

毛利包囲網との戦い

毛利・大友間の講和が成立することにより、筑前・豊前の毛利方国衆は大友氏の圧迫を受けることとなった。義鎮（出家して宗麟《そうりん》と号す）は永禄十年（一五六七）、大友氏一門で筑前方面の支配を任されながら毛利方に寝返っていた、筑前宝満城《ほうまん》（福岡県太宰府市）主の高橋鑑種《たかはしあきたね》討伐に乗り出した。すると、国衆たちは反大友氏の兵を次々に挙げ、毛利氏も吉川元春・小早川隆景率いる大軍を派遣、筑前立花城《たちばな》（福岡県新宮町《しんぐう》）をめぐって攻防を繰り返した。

ここで大友氏は、諸勢力と連携し毛利氏後方の攪乱を図った。まず永禄十二年（一六六九）六月、新宮党尼子誠久の末子勝久《かつひさ》が尼子旧臣の山中幸盛《やまなかゆきもり》（鹿之介《しかのすけ》）らとともに、但馬《たじま》の山名祐豊《やまなすけとよ》の支援をうけて出雲・伯耆に乱入、十月には、大内義隆の従兄弟輝弘《てるひろ》が大友勢とともに秋穂《あいお》（山口市）に上陸、山口を占拠した。これを見て毛利軍は立花城をあきらめ門司城を残して北九州から撤退、毛利方国衆は大友氏に降伏した。

一方、帰国した毛利軍は直ちに輝弘軍を掃討、次いで出雲に入り富田城南方の布部《ふべ》（島根県安来市）で迎撃する尼子勢を粉砕、尼子方の諸城を次々と落とし、元亀二年（一五七一）八月、最後の拠点新山《しんやま》城（島根県松江市）も陥落した。勝久・幸盛らは美作（岡山県北部）方面に逃亡し再起を期することとなる。その二ヵ月前、最後まで第一線で指揮をとっていた毛利元就が、七十五歳の生涯を終えている。元就死後は、隆元を継いだ年少の孫輝元《てるもと》を、叔父元春・隆景らが支える体制がとられた。

大友氏は、その後も備前（岡山県東部）を支配する浦上宗景《うらがみむねかげ》と提携して後方攪乱を続け、接点となる美作・備中の国衆を反毛利方に誘った。天正元年（一五七三）、尼子勢が因幡に再侵攻し鳥取《とっとり》城（鳥取市）を奪取、翌年には長年毛利方だった備中の三村元親《みむらもとちか》が、毛利氏が敵対していた浦上氏の家臣宇喜多直家《うきたなおいえ》と結んだことに不満を抱き、反旗を翻した。しかし、輝元は自ら出陣して三村氏の本拠松山《まつやま》城（岡山県高梁《たかはし》市）を落とし、山陰では元春が山名氏と和睦して、孤立した勝久・幸盛を因幡から追い、山陽では宇喜多直家が浦上氏の天神山《てんじんやま》城（岡山県和気町）を落とした。こうして反毛利勢力は掃討されていったが、尼子勢や浦上宗景は織田信長に救援を要請し、また天正四年（一五七六）には信長から追放された足利義昭《よしあき》が備後鞆《とも》（広島県福山市）に到来して、毛利氏に帰京への援助を求める。こうして毛利氏は、石山本願寺と提携して信長と対決するに至るのである。

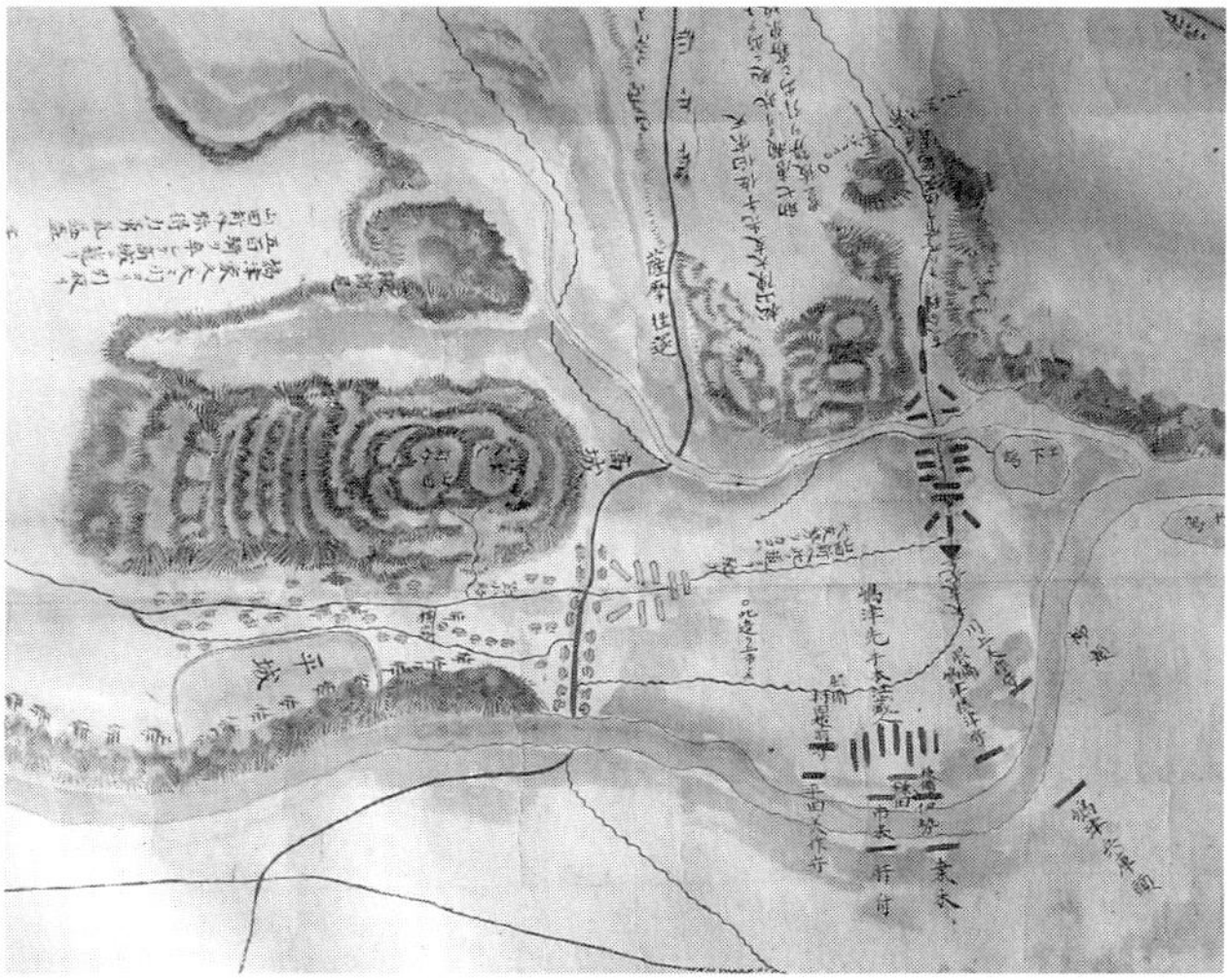

図59　日向高城陣構図

島津氏の九州制圧

肥前の龍造寺氏は、北九州に進出してきた毛利氏と結んで、大友氏に反抗するようになった。これに対し大友氏は、永禄十二年（一五六九）に毛利軍が北九州から撤退すると肥前への進出を試み、元亀元年（一五七〇）に大軍を派遣して龍造寺氏の本拠佐嘉《さが》城（佐賀市）を攻めた。しかし、城北西の今山《いまやま》で龍造寺氏家臣鍋島直茂《なべしまなおしげ》の急襲により打撃を受け、和睦せざるをえなくなった。これ以後、龍造寺氏が肥前を中心に勢力を拡大するようになる。

一方南九州では、薩摩《さつま》・大隅《おおすみ》・日向《ひゅうが》の守護職をもつ島津《しまづ》氏が、一族の内訌《ないこう》を繰り返してきたが、薩摩半島を本拠とする伊作《いざく》家出身の貴久《たかひさ》が、出水地方を

図 60　龍造寺隆信

本拠とする薩州家の実久《さねひさ》との抗争に勝利し、本宗家の家督を相続して天文十九年（一五五〇）鹿児島に御内《みうち》城を築き入城した。貴久は、さらに大隅への進出を目指し、国衆の中心である姶良《あいら》郡の蒲生《がもう》氏を攻め、弘治三年（一五五七）に本拠の蒲生城（鹿児島県蒲生町）を攻略した。その後島津氏は、薩摩北部の入来院《いりきいん》氏・祁答院《けどういん》氏、大隅の肝付《きもつき》氏、日向伊東《いとう》氏ら有力国衆との抗争に勝利し、天正五年（一五七七）貴久の子義《よし》久《ひさ》が伊東氏を日向から放逐して三国統一を達成した。

こうして島津氏は、伊東氏を保護する大友氏と直接対決することとなり、天正六年十一月、日向北部の島津方拠点高《たか》城（宮崎県木城町）を攻撃する大友方の大軍を撃破、さらに敗走する大友勢を二〇キロ北の耳川《みみかわ》（宮崎県日向市）まで追撃し、壊滅状態に至らせた。この大敗により大友氏は頽勢《たいせい》へと向かう。毛利氏撤退後大友氏に従っていた秋月・高橋氏ら筑前・豊前の国衆は早速反旗を翻した。龍造寺氏も島津氏と連携して筑後に侵入した。豊後でも一族の田原《たわら》親貫《ちかつら》や重臣の田北紹哲《たきたしょうてつ》の反乱が相次ぎ、大友領国はまさに崩壊寸前の様相を呈した。

一方島津氏は、攻撃の矛先を肥後に向け、南部球磨《くま》・芦北《あしきた》・八代《やつしろ》の三郡を支配する相良《さがら》氏の諸城を落とし、相良氏を幕下に入れた。ここから宇土《うと》（熊本県宇土市）の名和《なわ》氏、隈本《くまもと》（熊本市）の城《じょう》氏ら主立った肥後の国衆は島津方となり、さらに、龍造寺方だった肥前日野江城《ひのえ》（長崎県南島原市《みなみしまばら》）の有馬氏《ありま》も、龍造寺氏が配下の者と直接と結びつき宗主権を脅かされたため、島津方に転じた。こうして島津氏と龍造寺氏が対峙する情勢が生まれ、天正十二年三月、龍造寺方の肥前島原城（島原市）を島津軍が攻撃し、救援に向かった龍造寺軍と対戦した。当初、数と装備で勝る龍造寺軍が圧倒的に優勢だったが、隆信が突撃してきた島津方の将に討ち取られ形勢は逆転した。隆信の嫡子龍造寺政家《まさいえ》は島津氏と和睦し麾下《きか》に入った。島津氏は残った阿蘇氏《あそ》も降伏させて肥後征服を果たし、大友氏を南と西から追いつめていった。大友氏は、四国を征服し関白に就任した豊臣秀吉に救援を求め、秀吉は島津氏と大友氏に停戦を命ずる形で介入してくることとなる。

長宗我部氏の土佐統一

その四国のうち、讃岐《さぬき》（香川県）・阿波《あわ》（徳島県）は細川・三好氏《みよし》の支配下にあり、畿内と深く関わっていたことは三章「畿内の政争」で述べたとおりである。伊予《いよ》（愛媛県）では守護の河野氏《こうの》が内紛を繰り返すなかで、大内氏と結びついた惣領家《そうりよう》が地位を確立していった。しかし、大内氏の勢力が家臣・国衆に浸透し、その中から反抗する者も現れてくると、今度は大友氏の大内包囲網に参加した。それを支えた重臣で村上《むらかみ》水軍の一族でもある来島通康《くるしまみちやす》は、小早川隆景の養女を嫁に迎えて毛利氏に接近し、厳島合戦では水軍を派遣して勝利に貢献した。土佐《とさ》（高知県）は細川京兆家の分国だったが、政元《まさもと》暗殺後は国衆が割拠するようになる。なかでも、応仁の乱を避けて所領の幡多庄《はた》（高知県幡多郡域）に下向《げこう》した公家の一条氏《いちじよう》は、土着して材木の移出や海上交

図61　長宗我部元親

易で利を上げ、土佐西部を支配下に置いた。

一条氏は、永禄十年（一五六七）伊予西南部に進出し河野氏と衝突した。それぞれ大友氏・毛利氏と結んでおり、西日本における二大勢力の抗争の一環でもあった。一条氏は、大《おお》津《つ》地蔵嶽《じぞうがだけ》城（愛媛県大洲市）に拠る宇都宮《うつのみや》氏や松葉《まつば》城（愛媛県西予市）に拠る西園寺《さいおんじ》氏を語らい、来島氏の軍勢が籠もる鳥坂《とさか》城（愛媛県西予《せいよ》市）を攻めた。それを知った元就は、厳島合戦での支援の恩返しと称して小早川隆景と吉川元春を伊予に派遣した。これにより力関係が逆転し、一条方は退却、宇都宮氏は降伏した。その後、来島通康と隆景養女との間に生まれた牛福（後の河野通直《みちなお》）が、当主に実子がいなかった河野家を継ぎ、伊予への毛利氏の影響力が一段と強まった。一方、一条氏の当主兼定《かねさだ》は伊予侵攻作戦の失敗により家臣や同盟者の信頼を失い、土佐東部を制圧した長宗我部《ちょうそかべ》氏が勢力を拡大してくると、天正二年（一五七四）家臣に本拠中村《なかむら》城を追放され、大友氏を頼って豊後へと落ちのびた。

長宗我部氏は、岡豊《おこう》城（高知県南国《なんこく》市）を本拠とする国人領主で、細川氏の被官として権勢を振るったが、政元の暗殺を契機に孤立を深め、永正六年（一五〇九）、本山《もとやま》郷（高知県本山町）の本山氏ら周辺の国衆により岡豊城を落とされ、当主兼序《かねつぐ》は自害、嫡子国親《くにちか》は一条氏の許に逃れた。国親は長じて一条房家《ふさいえ》の斡旋により岡豊城に復帰し、仇敵たちを次々と滅ぼしていった。さらに嫡子元親《もとちか》が、本山氏を降伏に追い込み、永禄十二年（一五六九）には安芸《あき》城（高知県安芸市）の安芸氏を滅ぼして土佐東部を手中に収めた。一条氏が伊予侵略に失敗したのは、ちょうどその頃だった。長宗我部氏は、土佐統一の過程でライバルの国衆を次々と滅ぼしていった。そのため、彼らの家臣だった土豪たちを直接掌握することとなり、「一領具足《いちりょうぐそく》」と呼ばれる小規模家臣集団が生まれたとされている。

さらに元親は、縁故関係のあった明智光秀《あけちみつひで》を通じて織田信長と連携をとり、阿波・讃岐への進出を図った。阿波では、天正五年（一五七七）に実権を握る三好長治《ながはる》が主筋にあたる細川真之《さねゆき》を攻めて失敗し自害したことから生まれた混乱に乗じ、三好氏の本拠勝瑞《しょうずい》城（徳島県藍住《あいずみ》町）を包囲していった。讃岐では、一人三好氏に抗していた天霧《あまぎり》城（香川県多度津《たどつ》町）に拠る香川《かがわ》氏と結んだ。これに対し三好氏は、羽柴秀吉を通じて織田信長の支援を求めた。対毛利戦で三好氏の水軍を利用しようとする思惑から、秀吉・信長は長宗我部との断交へと路線を変更し、元親も毛利氏との連携を図った。信長は甲斐武田氏討伐後、四国と中国の征服を目指したが本能寺の変で横死、元親はこれに乗じて勝瑞城を攻略し、阿波・讃岐の制圧にほぼ成功する。さらに毛利氏が秀吉と和睦した後は、伊予進出も窺うこととなる。

奥羽の争乱

南奥羽《おうう》では、「天文の乱」（四—3「伊達氏天文の乱」参照）を乗り切った伊達《だて》氏が、勢力を発展させていた。晴宗《はるむね》は、大崎《おおさき》五郡（宮城県北西部）を領する名族大崎氏に代わり、

馬上少年過
世平白髪多
残躯天所赦
不樂是如何

図62　伊達政宗

弘治元年（一五五一）に幕府から奥州探題《おうしゅうたんだい》に補任された。名称のみの職ではあるが、大崎氏や奥州惣奉《そうぶ》行《ぎょう》の系譜を持ち葛西《かさい》七郡（宮城県北東部〜岩手県南部）を領する葛西氏ら伝統勢力を凌駕する格式を獲得し、子弟を彼らの家に入嗣させて従属下に置いた。また、東の小高《おだか》城（福島県南相馬《みなみそうま》市）に拠る相馬氏と、伊具《いぐ》郡（宮城県南部）をめぐり抗争を繰り返した。

一方、南からは常陸《ひたち》（茨城県）の佐竹氏が進出し、三春《みはる》城（福島県三春町）の田村《たむら》氏と連携して、小峰《こみね》城（福島県白河市）の結城白川《ゆうきしらかわ》氏を攻めた。結城白川氏は会津の蘆名氏と結んで対抗したが、天正三年（一五七五）に城を落とされ、天正七年（一五七九）には佐竹氏から義重《よししげ》の二男義広《よしひろ》を家督に迎えることとなった。この過程で、蘆名氏は台頭する伊達氏と対抗するため佐竹氏と結ぶようになった。このため田村氏は伊達氏と結ばざるをえなくなり、当主清顕《きよあき》は同じ天正七年に娘の愛《め》姫《ご》を当時十三歳の政宗《まさむね》に嫁がせている。

政宗は、天正十二年（一五八二）に父輝宗《てるむね》から伊達の家督を相続した。同じ年に蘆名氏当主の盛隆《もりたか》が家臣に殺害される事件が起き、生まれたばかりの嫡子も夭逝して後継者争いが生じ、結局白川義広が蘆名家を継ぐこととなった。一方伊達氏では、天正十三年（一五八三）に輝宗が帰参を装った蘆名派の二本松《にほんまつ》城（福島県二本松市）主畠山義継《はたけやまよしつぐ》に拉致され、義継ともども死亡する事件が起きたが、家中に動揺は生まれなかった。これを機に、政宗は二本松城を接収し、さらに蘆名氏が家督相続をめぐり佐竹派と伊達派に分裂している状況を見て攻勢をとった。蘆名義広は相馬氏と連携して政宗を挟撃しようとしたが、政宗は裏をかいて会津に侵攻、両者は天正十七年（一五八九）、会津磐梯山麓《ばんだいさんろく》の摺上原《すりあげはら》（福島県猪苗代《いなわしろ》町）で決戦に及んだ。蘆名方は一致して戦うことができず、伊達方が勝利し政宗は蘆名氏の黒川《くろかわ》城（福島県会津若松市）に入城し、義広は常陸に逃げ帰った。これにより伊達氏は南奥羽を制覇したが、すでに豊臣秀吉は惣無事令《そうぶじれい》を発しており、蘆名氏からの臣従約束も取り付けていたので、政宗を厳しく追及することとなる。

奥羽の争乱は、他の地域でも展開していた。出羽の村山《むらやま》地方では羽州探題《うしゅうたんだい》の末裔最上《もがみ》氏が勢力を伸ばし、尾浦《おうら》城（山形県鶴岡市）に拠る武藤《むとう》（大宝寺《だいほうじ》）氏を攻めて庄内《しょうない》地方にも進出した。武藤氏は越後の本庄氏の援助をうけて対抗、当主の義興《よしおき》が戦死すると、本庄家からの養子義勝《よしかつ》を擁した本庄繁長《しげなが》の軍勢が天正十六年（一五八八）侵入、尾浦城東の十五里ヶ原《じゅうごりがはら》で最上方を破り、庄内は上杉領国に編入された。

北奥羽では、東に三戸南部《さんのへなんぶ》氏（青森県三戸町）を本宗とする一戸《いちのへ》〜九戸《くのへ》南部氏一族が割拠《かっきょ》し、十五世紀半ばには西の十三湊《とさみなと》（青森県五所川原《ごしょがわら》市）を本拠とする安藤《あんどう》氏を蝦夷地《えぞち》に追うほどの勢力を示した。安藤氏は後に檜山《ひやま》（秋田県能代《のしろ》市）に復帰し、安藤愛季《ちかすえ》が元亀元年（一五七〇）に一族の湊《みなと》安藤氏（秋田市）を統合して南部氏と対抗し、近世大名秋田氏の祖となった。また、南部氏の一族といわれる大浦《おおうら》為信《ためのぶ》は、南部氏の津軽代官を討ち、さらに北畠顕家《きたばたけあきいえ》の末裔が拠る浪岡御所《なみおかごしょ》（青森市）を奪って津軽地方に勢力を伸ばした。近世弘前藩主津軽氏の祖である。彼らは、相互抗争や一族の内訌を繰り返すなかで、天正十八年（一五九〇）の豊臣秀吉による「奥州仕置《おうしゅうしおき》」を迎えることとなる。

5──戦乱と民衆

戦場の惨禍

度重なる戦乱のなかで、民衆が受けた被害は数知れなかった。すでに述べたように、当時の戦争の基本は地域支配の拠点となる城の攻防にあった。攻撃側の常套手段は、城周辺の田畠の作物を刈り取り兵粮を断つ「刈田《かりた》」・「麦薙《むぎなぎ》」、それに城下町の放火だった。毛利氏が尼子氏の富田月山城を包囲したときは、三年にわたって「麦薙」や生産妨害の「苗代返し《なわしろがえ》」が行われたとされている。上杉氏の御館の乱では、景虎方は春日山城下に火を放って三〇〇〇軒の家を焼き払い、景勝方も府内を一軒残らず焼いたという。栃尾や三条の城下も焼き払われたが、景勝は落城間近と誇らかに語っている。

兵士たちによる「乱取り《らんど》」・「人取り《ひとと》」すなわち物品や人間の略奪も絶えなかった。『政基公旅引付《まさもとこうたびひきつけ》』には、守護方や根来寺《ねごろ》の軍勢が日根庄《ひね》に乱入し、放火や略奪・人の生け捕りを行っている様が、繰り返し記されている。大名らは放置していたわけではなく、六―2「国人領主の編成」で述べたように、毛利氏をはじめとする安芸の国衆は、防長征服にあたって軍勢狼藉《ろうぜき》の禁止を誓い合っている。しかし、そこでは何度制止しても収まらないためとされている。彼らを戦争に駆り立てるためには、完全に禁止することは難しく、一定の略奪は認めなければならなかったのである。上杉謙信が越山して常陸小田《おだ》城（茨城県つくば市）を攻め落とした際、兵士はさっそく「人取り」に走り、城下で一人あたり二〇〜三〇文という安値で人身売買が行われた。しかも、それは謙信の「御意《ぎょい》」、すなわち公認によるものだったという。

山あがり・城あがりと制札

もちろん、民衆も様々な対策を取っていた。日根庄では、軍勢が押し寄せると村人は山に登って見物したという。在地徳政が行われていた伊勢の小倭郷《おやまと》では、集落ごとに小規模な山城が作られており、恐らく戦時の避難所として利用されていたと思われる。また、山に小屋を設けて避難することもあり、「山あがり」・「小屋あがり」と称した。それだけでなく、地域を支配する領主の城に避難する場合もあった。上杉謙信が北条氏の小田原城を包囲したとき、小田原の町人や付近の住人はことごとく城に避難したという。ただし、民衆の入ることができる郭は限られており、戦闘に支障がないようになっていた。のちに北条氏は、豊臣秀吉軍の攻撃に備え、都市小田原の主要部分を防御施設（「惣構《そうがまえ》」）で囲んだ。目的については見解が分かれているが、民衆防衛機能が強化されたことは確かだろう。

より積極的に、居住地を平和領域とするため、相争う大名から、軍勢の狼藉や竹木の伐採などを禁じる制札《せいさつ》を出してもらうこともあった。制札は大名がその地を支配下に収めた宣言とされるものだが、同時に、対象地の平和と安全を保障することを約束したものでもある。上野国下室田《しもむろだ》（群馬県高崎市）にある長年寺は、付近の箕輪城主長野氏を開基《かいき》とする曹洞《そうとう》宗寺院である。ここに、永禄六年（一五六三）に武田信玄が発給した制札が残されている。信玄は、永禄四年の川中島合戦の後、西上野を制圧するため上杉方に属していた箕輪城攻略を目指し、通路にあたる長年寺付近にまで進出した。長年寺の住職だった受連《じゅれん》という僧は、信玄の本陣に出向いて制札をもらい受け、軍勢が刀をかざし衣服を剝ぎ取っても、制札を捧げ持って寺を守ったという。永禄九年に箕輪城は落城し長野氏は滅亡するが、受連は自らの労苦を覚書に記し、後世に伝えたのである。

半納と国土防衛

こうした状況は、大名の勢力が競合する境界地域など、係争地において典型的に見られた。そこでは、年貢の二重負担（当時の言葉では「二重成し」）という事態すら生まれていた。これではたまらないので、住民たちは「半手《はんて》」・「半納《はんのう》」を申し出、双方に半分ずつ納めることで折り合いをつけ、平和領域として略奪を免れようとしていたという。これを「境目の村」の自立性の現れとする評価もあるが、それよりも不安定な政治秩序による過重な負担の方が問題だろう。

このような場合、畿内近国では民衆をふくむ惣国一揆が地域社会の危機に対応していた。しかし、それは緊急避難的に作り出されたものであり、恒常的秩序を作り出すには至らなかった（二―4「惣国の一揆」参照）。その一方で進行したのは、戦国大名による領国形成である。それは地域社会の平和秩序維持という客観的課題に基づいており、大名自身も国土防衛を標榜し百姓までも動員していた。そこにおいて領民として各の役割を果たすことも民衆の選択肢であり、こちらの方が当時においては現実的な安全確保の方法だった。今川義元が領国最前線の拠点として構築した興国寺城（静岡県沼津市）の普請や城番を付近の土豪が行ったり（本章2節「河東一乱」参照）、周防山代の土豪たちが一揆メンバーから一転して毛利氏の家臣となり高森《たかもり》城（山口県岩国市）の城番となったのも（六―2「戦乱のなかで」参照）、そうした選択でもあったといえる。その負担は確かに大きかったが、上杉謙信が軍事動員体制強化のため永禄三年（一五六〇）に府内町人の諸役・地代を免除し、永禄四年（一五六一）の関東侵攻に先立って領国に徳政令を出して百姓の負債を棒引きしているように、撫民《ぶみん》＝領民の保護も大名の資格が問われる重大な責任だった。

もちろん、大名の戦争は自衛のためにのみ行われるものではなく、家臣が積極的に参加した背景に領土拡張欲があったことは、すでに述べたとおりである。また、今川領国が崩壊したように、こうした秩序自体が絶対的安全を保障するものでもなかった。しかし、こうした要素のバランスの上に成立していたのが戦国時代の政治社会であり、「平和」もその中でしか獲得されない歴史性を帯びていたのである。

終章　天下統一に向けて

戦国争乱は、豊臣秀吉による全国制覇＝「天下統一」から関ヶ原合戦を経て、大坂冬・夏の陣による豊臣家の滅亡で「元和《げんな》偃武《えんぶ》」を迎え、終わりを告げた。その内容は次巻で述べられることになるが、ここでは、これまで述べてきたことを踏まえ、戦国争乱を通じて大名領国が並び立つ状況が進むなかから、全国統一政権が生み出されることになる条件を考えることで、次の時代を見通すこととしたい。

戦国争乱は、室町幕府の全国支配を解体させ、地域社会において新しい質の政治的統合を進めた。その一段階として大名領国が成立すると、領国間の紛争である「国郡境目相論《こくぐんさかいめそうろん》」が本格的に展開した。この紛争は、大名同士が「国分け」協定＝「同盟」の締結で解決が図られる場合があったが、政治状況の変化により解消される不安定性を免れなかった。また、将軍が独自の立場から調停に乗り出すようになるが、強制力を伴わなかったため大名側の戦略にご都合主義的に利用されるにとどまった。しかし、戦争は人的・物的資源を消耗させ、社会の疲弊をもたらすものである。戦国大名が「喧嘩両成敗」法によって領国内の私戦を禁じたように、強力な全国政権が「平和」を強制しようとしたときに、それを受け入れる社会的条件は存在していたといえよう。もちろん、その政権も戦争を通じてしか成立しえず、全国制覇の達成自体あらかじめ約束されたものではなかったが。

経済的に見ると、日本列島の一体性は商品流通の発展を通じてむしろ強まっていた。戦国大名の経済も、領国内で完結するものではなく、とりわけ、鉄砲などの武器・武具や、原料となる鉄・煙硝《えんしょう》、さらには兵粮米《ひょうろうまい》などの調達において、領国外との取引は不可欠だった。この点では、経済先進地である畿内への依存性は高かった。こうしたなかで発生した撰銭《えりぜに》状況は、深刻な問題を引き起こした。戦国大名は撰銭禁止令を発して対応しようとし、領国内ではそれなりの成果を上げたが、その効力は領国外へは及ばなかった。これにより、同じ銅銭でも貨幣価値が地域によって異なることとなり、特定の貨幣が大量移動したり領国外では通用しなくなる事態が生まれた。こうした貨幣流通の不安定性は取引の大きな障害となり、列島規模で通用する統一貨幣が必要となったが、その流通を保証するのは全国統一政権でなければならなかった。流通・金融に関わる商人、とりわけ遠隔地間の取引に従事する豪商を中心として、全国統一政権への期待が高まったとしても不思議ではない。

ここで留意しておかなければならないのは、東アジアの国際関係である。戦国時代の東アジアでは、明を中心とする冊封《さくほう》体制が動揺・解体し、倭寇《わこう》と呼ばれた民間貿易集団が主として交流を担い、後にはポルトガル人などのヨーロッパ勢力が参入した。こうしたなかで、大友・島津氏ら西国の大名は独自の外交・貿易を展開していた。これが、彼らの自立的活動を支える基盤の一つとなっていた。したがって、このような東アジアの国際関係にどう対応していくかは、全国統一政権の確立にとってゆるがせにできない重大課題だった。それは、全国制覇の手が西に進めば進むほど、現実味を増していくのである。

基本文献紹介

『大日本史料』《だいにほんしりょう》

六国史を継ぐものとして編纂が開始された日本史の基本史料集。出来事を年月日順に掲げ、それに関する史料を列挙しており、現在も東京大学史料編纂所で編纂が続けられている。本巻に関するものとしては、第八編の応仁元年（一四六七）～延徳二年（一四九〇）、第九編の永正五年（一五〇八）～大永三年（一五二三）、第一〇編の永禄十一年（一五六八）～天正二年（一五七四）、第一一編の天正十年（一五八二）～天正十三年（一五八五）の分が刊行されている。

『大日本古文書』《だいにほんこもんじょ》

東京大学史料編纂所が編纂・刊行している古文書集。基本的に「家わけ」となっており、「東寺文書」「高野山文書」など寺社関係の文書が多いが、「毛利家文書」「吉川家文書」「小早川家文書」「伊達家文書」「島津家文書」「上杉家文書」「相良家文書」「熊谷家・三浦家・平賀家文書」「山内首藤家文書」「益田家文書」といった戦国武将家の文書も、多数入っている。

『中世法制史料集』《ちゅうせいほうせいしりょうしゅう》

佐藤進一・池内義資氏により編集が開始された日本中世の法制史料集で、岩波書店から全六巻（別巻二）が刊行されている。第一巻の刊行は一九五五年、最終の第六巻が二〇〇五年、実に半世紀の長きにわたって続けられた事業である。特に本巻と関係深いのは、第二巻の室町幕府法と第三巻の武家家法Ⅰで、前者には撰銭令・故戦防戦法などが収められ、後者には『今川仮名目録』『甲州法度之次第』『塵芥集』『結城氏新法度』『六角氏式目』『大内氏壁書』などの分国法が収められている。

『中世政治社会思想』《ちゅうせいせいじしゃかいしそう》

岩波書店より刊行された叢書『日本思想大系』のうちの上下二冊で、上は武家思想、下は公家思想・庶民思想に関する基本史料が収められている。本巻に関するものとしては、上に室町幕府法・武家家法・一揆契状、下に惣村の掟書・百姓等の申状が入っている。第一線の研究者による詳しい注・解題・解説が付されているのが特徴で、初学者から専門研究者に至るまで、史料理解の大きな手助けとなっている。

『萩藩閥閲録』《はぎはんばつえつろく》

長州藩の歴史学者永田政純が、藩主毛利吉元の命により、毛利氏家臣所蔵の古文書・系譜などを編集した全二〇四冊の史料集。享保十一年（一七二五）に六年の歳月をかけて完成した。所収の家数は百姓・町人も含めて一一〇〇家余、収録文書数は一万点をはるかに超え、他に類例のない武家史料集となっている。山口県文書館から、目録を収めた別巻も含め、全六巻で刊行されている。

『政基公旅引付』《まさもとこうたびひきつけ》

前関白九条政基が、家領和泉日根庄を直務支配するため、文亀三年（一五〇三）から永正元年（一五〇四）まで下向したときに書いた日記。貴族の目からではあるが、在地社会の様子が生き生きと描かれた貴重な史料である。『図書寮叢刊』（一九六一）として刊行されているが、一九九六年には詳しい索引・本史料及び日根庄に関する研究抄録が付された中世公家日記研究会編『政基公旅引付（日本史史料叢刊1）』（和泉書院）が刊行され、いっそう利用しやすくなっている。

『今堀日吉神社文書』《いまぼりひえじんじゃもんじょ》

滋賀県東近江市今堀にある日吉神社が所蔵する文書群。中世の今堀郷は山門（比叡山延暦寺）領得珍保の一部で、惣村を形成するとともに住人は保内商人として流通に参加していた。そのため、惣村の運営に関する村掟や営業権をめぐる訴訟文書などが多く、中世村落史・商業史研究に資するところが大きい。仲村研編『今堀日吉神社文書集成』（雄山閣出版、一九八一年）として刊行されている。

『菅浦文書』《すがのうらもんじょ》

滋賀県伊香郡西浅井町菅浦の鎮守である須賀神社の「開けずの箱」に保管されていた文書群。中世の菅浦庄は地下請・自検断などの自治を行う典型的惣村であり、収められた村掟や年貢の受取状など一二〇〇点に及ぶ史料から、その様子を具体的に知ることができる。現在は滋賀大学経済学部史料館に保管され、同館の編纂により上下二巻として刊行されている。

『大乗院寺社雑事記《だいじょういんじしゃぞうじき》』

興福寺大乗院の門跡である尋尊・政覚・経尋三代の日記。特に、筆まめな尋尊が宝徳二年（一四五〇）から永正五年（一五〇八）にかけて書き継いだものが重要。応仁の乱や山城国一揆・明応の政変など、当時の畿内の政情をよく記している。また、寺院経営との関係で大和の座など商工業に関する記述も詳しい。刊本としては『続史料大成』などに収められている。

『言継卿記《ときつぐきょうき》』

公家の山科言継が、大永七年（一五二七）から天正四年（一五七六）まで書き継いだ日記。山科家は内蔵寮と御厨子所を所管しており、また言継は禁裏小番として毎日のように御所に出入りしていたため、当時の朝廷政治・経済や公家社会の様子が詳しく記されている。刊本としては『史料纂集』に収められている。

略年表

西暦	和暦	事項
一四三八	永享十	8月 鎌倉公方足利持氏、関東管領上杉憲実・幕府軍と争い翌年自害（永享の乱）。
一四四九	宝徳元	持氏遺児の成氏、鎌倉公方に就任。
一四五四	享徳三	12月 鎌倉公方足利成氏、関東管領上杉憲忠を殺害（享徳の乱始まる）。
一四五五	康正元	6月 駿河守護今川範忠、鎌倉を制圧。成氏、古河へ拠点を移す（古河公方と呼ばれる）。
一四五七	長禄元	交易上のトラブルからコシャマイン率いるアイヌが蜂起し、和人館を襲撃。武田信広、コシャマインを射殺。
一四五七	長禄元	幕府、足利政知を鎌倉公方として派遣。政知、堀越に留まる（堀越公方と呼ばれる）。
一四五九	長禄三	長禄・寛正の大飢饉起こる。
一四六四	寛正五	12月 足利義政、弟義尋（義視）を養子とし細川勝元が後見となる。
一四六五	寛正六	11月 日野富子、足利義尚を生み山名持豊が後見となる。
一四六六	文正元	伊勢貞親ら義視の叛意を讒言、事が露見し逃亡する（文正の政変）。
一四六七	応仁元	1・18 上御霊社の戦い起こる。5・26 応仁の乱始まる
一四七一	文明三	朝倉孝景、東方へ寝返る。
一四七三	文明五	3月 山名持豊死去。5月 細川勝元死去。12月 義政、義尚に将軍職を譲る
一四七四	文明六	山名政豊と細川政元の間で講和成立。
一四七七	文明九	畠山義就、河内に下向。大内政弘、周防に帰国。義視、美濃に下向（京都での応仁の乱終結）。
一四八二	文明十四	2月 足利義政、東山山荘造営開始。11月 義政、足利成氏と講和（享徳の乱終結）。
一四八五	文明十七	12・11 南山城の国人、「国中掟法」を定め畠山氏と交渉（山城国一揆）。

西暦	和暦	事項
一四八八	長享 二	加賀一向一揆、高尾城を包囲し、富樫政親自刃。
一四八九	延徳 元	3月 足利義尚、近江鈎にて陣没。
一四九〇	延徳 二	足利義材、第一〇代室町幕府将軍となる。
一四九一	延徳 三	足利政知、病死。
一四九三	明応 二	4月 細川政元、将軍足利義材を廃し義澄を立てる（明応の政変）。
一四九八	明応 七	伊勢新九郎（北条早雲）、堀越公方・足利茶々丸を攻め滅ぼす。
一五〇七	永正 四	細川政元暗殺。
一五〇八	永正 五	4月 足利義材、大内義興の軍勢とともに堺に上陸。7月 義材、征夷大将軍に復帰。
一五一一	永正 八	足利義澄、近江で病死。
一五一六	永正 十三	7月 伊勢新九郎（北条早雲）、相模を制圧。
一五一八	永正 十五	大内義興、周防へ帰国。
一五二一	大永 元	義材、京都を出奔し阿波へ移る。細川高国、義澄嫡子・義晴を将軍に擁立。
一五二三	大永 三	細川氏と大内氏の朝貢船が貿易の順序をめぐり争う（寧波の乱）。
一五三六	天文 五	6・10 今川義元、兄・玄広恵探と家督を争う（花倉の乱）。7・22 細川晴元、法華一揆を弾圧（天文法華の乱）。
一五四〇	天文 九	北条氏綱、鶴岡八幡宮正殿遷宮の儀式を挙行。
一五四一	天文 十	武田晴信（信玄）、父・信虎を駿河に追放。
一五四二	天文 十一	伊達晴宗、父・稙宗を幽閉（伊達氏天文の乱）。
一五四三	天文 十二	ポルトガル船、種子島に漂着（鉄砲伝来）。
一五四六	天文 十五	北条氏康、河越城を包囲する関東管領以下の諸軍勢を夜襲で破る（河越夜戦）。
一五四八	天文 十七	長尾景虎（上杉謙信）、兄晴景より家督を継ぐ。

一五四九	天文　十八	6月 三好長慶、江口の合戦で細川晴元と足利義晴・義輝（第一三代室町幕府将軍）父子らを破る。7・22 ザビエル、鹿児島に到着（キリスト教伝来）。
一五五〇	天文　十九	大友義鑑、家督相続問題で家臣らに殺害される（二階崩れの変）。
一五五一	天文　二十	陶晴賢、主君の大内義隆を廃し大友晴英（大内義長）を擁立する。
一五五四	天文二十三	武田・今川・北条の三勢力間で同盟成立。
一五五五	天文二十四	毛利元就、厳島で陶晴賢の軍勢を破る。
一五五八	永禄　元	三好長慶、足利義輝の帰京を許し、幕府の御相伴衆となる。
一五六〇	永禄　三	今川義元、桶狭間の戦いで落命。松平元康（徳川家康）、岡崎城に帰り今川家より独立。
一五六一	永禄　四	長尾景虎、小田原城包囲後、鎌倉で上杉家の家督を継ぎ関東管領に就任。
一五六四	永禄　七	三好長慶死去。長慶の甥（十河一存の子）・義継が後継となる。
一五六五	永禄　八	5月 三好義継と三好三人衆ら足利義輝を暗殺。
一五六六	永禄　九	11月 尼子義久、富田城を包囲され毛利軍に降伏。
一五六八	永禄　十一	9月 織田信長、足利義昭を擁し上洛。
一五七一	元亀　二	6月 毛利元就死去。嫡孫・輝元が後継となる。
一五七三	天正　元	武田信玄死去。四男・勝頼が後継となる。
一五七七	天正　五	島津義久、守護職を持つ薩摩・大隅・日向三国の統一を達成。
一五七八	天正　六	3月 上杉謙信死去。ともに養子の景勝・景虎の間で後継の座を争う（御館の乱）。11月 島津氏、日向北部で大友氏の大軍を破る。
一五八二	天正　十	長宗我部元親、阿波・讃岐をほぼ制圧。
一五八九	天正　十七	伊達政宗、摺上原で葦名氏を破る。

参考文献

秋山伸隆『戦国大名毛利氏の研究』吉川弘文館、一九九八年
新井白石『読史余論』岩波文庫、一九四九年
有光友学『戦国大名今川氏の研究』吉川弘文館、一九九四年
家永遵嗣『室町幕府将軍権力の研究』東京大学日本史学研究叢書、一九九五年
家永遵嗣「将軍権力と大名との関係をみる視点」『歴史評論』五七二号、一九九七年
池享『大名領国制の研究』校倉書房、一九九五年
池享「戦後歴史学を見直す―東アジア地域論を踏まえて―」『人民の歴史学』一五二号、二〇〇二年
池享『戦国・織豊期の武家と天皇』校倉書房、二〇〇三年
池享「戦国期地域権力の『公儀』について」『中央史学』二七号、二〇〇四年
池享「戦国期の地域権力」歴史学研究会・日本史研究会編『日本史講座5』東京大学出版会、二〇〇四年
池享「戦国期の『国』について」『戦国史研究』四九号、二〇〇五年
池享『知将　毛利元就』新日本出版社、二〇〇九年
池享編『銭貨―前近代日本の貨幣と国家』青木書店、二〇〇一年
池上裕子『日本の歴史10　戦国の群像』集英社、一九九二年
池上裕子『戦国時代社会構造の研究』校倉書房、一九九九年
池上裕子他編『クロニック戦国全史』講談社、一九九五年
稲葉継陽『戦国時代の荘園制と村落』校倉書房、一九九八年

今谷明『室町幕府解体過程の研究』岩波書店、一九八五年
宇田川武久『瀬戸内水軍』教育社新書、一九八一年
宇田川武久『鉄炮伝来―兵器が語る近世の誕生』中公新書、一九九〇年
榎原雅治『日本中世地域社会の構造』校倉書房、二〇〇〇年
勝俣鎮夫『戦国法成立史論』東京大学出版会、一九七九年
勝俣鎮夫『戦国時代論』岩波書店、一九九六年
加藤益幹「戦国大名毛利氏の奉行人制について」『年報中世史研究』三号、一九七八年
河合正治編『毛利元就のすべて』新人物往来社、一九八六年
神田千里『一向一揆と戦国社会』吉川弘文館、一九九八年
菊池浩幸「戦国期『家中』の歴史的性格」『歴史学研究』七四八号、二〇〇一年
岸田裕之『大名領国の経済構造』岩波書店、二〇〇一年
金龍静『一向一揆論』吉川弘文館、二〇〇四年
久保健一郎『戦国大名と公儀』校倉書房、二〇〇一年
蔵持重裕『中世村の歴史語り』吉川弘文館、二〇〇二年
久留島典子「領主の一揆と中世後期社会」岩波講座『日本通史9　中世3』、一九九四年
久留島典子『日本の歴史13　一揆と戦国大名』講談社、二〇〇一年
黒田日出男『日本中世開発史の研究』校倉書房、一九八四年
小葉田淳『日本鉱山史の研究』岩波書店、一九六八年
桜井英治『日本中世の経済構造』岩波書店、一九九六年
佐藤博信『古河公方足利氏の研究』校倉書房、一九八七年

三卿伝編纂所編『毛利元就卿伝』マツノ書店、一九八四年
三卿伝編纂所編『毛利輝元卿伝』マツノ書店、一九八二年
設楽薫「将軍足利義晴の政務決裁と『内談衆』」『年報　中世史研究』二〇号、一九九五年
清水久夫「将軍足利義晴期における御前沙汰」『日本史研究』二〇七号、一九七九年
末柄豊「細川氏の同族連合体制の解体と畿内領国化」石井進編『中世の法と政治』吉川弘文館、一九九二年
鈴木敦子『日本中世社会の流通構造』校倉書房、二〇〇〇年
須藤利一編『ものと人間の文化史1　船』法政大学出版局、一九六八年
瀬田勝哉「中世末期の在地徳政」『史学雑誌』七七編九号、一九七七年
田中慶治「戦国期大和国宇智郡に関する二つの史料」『日本史研究』四五四号、二〇〇〇年
田村哲夫校訂『毛利元就軍記考証　新裁軍記』マツノ書店
富田正弘「戦国期の公家衆」『立命館史学』五〇九号、一九八八年
富田正弘「室町殿と天皇」『日本史研究』三一九号、一九八九年
内藤湖南「応仁の乱に就いて」『内藤湖南全集第九巻』筑摩書房、一九六九年
中野豈任『祝儀・吉書・呪符』吉川弘文館、一九八八年
永原慶二『戦国期の政治経済構造』岩波書店、一九九七年
永原慶二『苧麻・絹・木綿の社会史』吉川弘文館、二〇〇四年
永原慶二・山口啓二編『講座日本技術の社会史5　採鉱と冶金』日本評論社、一九八三年
永原慶二監修『戦国大名論集（全一八巻）』吉川弘文館、一九八三〜八六年
仁木宏『空間・公・共同体』青木書店、一九九七年
則竹雄一『戦国大名領国の権力構造』吉川弘文館、二〇〇五年

長谷川博史『戦国大名尼子氏の研究』吉川弘文館、二〇〇〇年
早島大祐『首都の経済と室町幕府』吉川弘文館、二〇〇六年
藤木久志『雑兵たちの戦場』朝日新聞社、一九九五年
藤田達生『日本中・近世移行期の地域構造』校倉書房、二〇〇〇年
古島敏雄『日本農業史』岩波書店、一九五六年
松浦義則「戦国大名毛利氏の領国支配機構の進展」『日本史研究』一六八号、一九七六年
松浦義則「戦国期毛利氏『家中』の成立」広島史学研究会編『史学研究五〇周年記念論叢　日本編』福武書店、一九八〇年
三浦圭一『日本中世の地域と社会』思文閣出版、一九九三年
三坂圭治校注『戦国期毛利氏史料撰』マツノ書店、一九八七年
宮地正人他編『新体系日本史1　国家史』山川出版社、二〇〇六年
宮本義己「足利将軍義輝の芸・雲和平調停」『國學院大学大学院紀要』第六輯、一九七四年
宮本義己「足利将軍義輝の芸・豊和平調停（上）・（下）」『政治経済史学』一〇二・一〇三、一九七四年
村井章介『海から見た戦国日本』ちくま新書、一九九七年
百瀬今朝雄「応仁・文明の乱」岩波講座『日本歴史　中世3』岩波書店、一九七六年
矢田俊文『日本中世戦国期権力構造の研究』塙書房、一九九八年
山内譲『中世瀬戸内海域史の研究』法政大学出版局、一九九八年
山本浩樹『西国の戦国合戦（戦争の日本史12）』吉川弘文館、二〇〇七年
湯浅治久『中世後期の地域と在地領主』吉川弘文館、二〇〇二年
脇田晴子『日本中世商業発達史の研究』御茶の水書房、一九六九年

『新潟県史　通史編2中世』新潟県、一九八七年
『静岡県史　通史編2中世』静岡県、一九九七年
『村上市史　通史編1原始・古代・中世』村上市、一九九九年
『沼津市史　通史編1原始・古代・中世』沼津市、二〇〇五年
『広島県史　中世（通史）』広島県、一九八四年

あとがき

著者が本格的通史を単独執筆したのは始めての経験だが、全編書き下ろしはなかなか骨の折れる仕事だった。特に本シリーズは、「特色」として、(高校の)歴史教科書の内容を踏まえ、登場頻度の高い基本用語を網羅することをコンセプトとしているので、自分の得意な分野を詳しく展開するわけにもいかず、今回勉強し直した分野も数多くあった。

その分苦労したことになるが、通史のあり方という観点からすると、必要な作業だったと思う。周知のように、通史シリーズは幾度となく企画・出版されており、各社とも新機軸を打ち出すのに苦心しているようである。しかし、歴史像が数年でガラッとかわることなど、そんなにあるものではない。新説が提示されたとしても、その有効範囲はさまざまである。「通説」に基礎をおいた研究は「生産性」が「逓減」していくから(陳腐なものならともかく)、研究者は新分野の開拓を志向する傾向が強い。そこで、そのオリジナリティが尊重されるわけだが、だからといって「通説」が全面的に否定されるわけではない。それを通史の中に位置付けるには、どうしても歴史像の全体性が前提されなければならないのである。面白いところだけをつまみ食いすればいいというものではない、ということである。

その意味で、「歴史教科書の内容を踏まえた上で新説も取り入れ」ることとは、通史の王道を行くものといえよう。とはいえ、「言うは易く行うは難し」。どのように新説を取り入れていくのか、著者の「包丁さばき」が試されるところである。本巻が、それに成功しているかどうかは読者のみなさんに評価していただくしかないが。

他に言いたいことは本文に書いたので、この点に関して著者が意図したところをいちおう説明しておくことで、少し難しくなるが「あとがき」としたい。歴史教科書のベースとなっているのは、今も「戦後歴史学」だといえる。その内容は大きく二つに分かれる。一つは生産関係を基準に歴史を発展段階的にとらえる社会構成史であり、もう一つは民衆の主体性を重視する民衆（運動）史である。この二つが相俟って、序論で紹介したような民衆の一揆と戦国大名などの武家領主との対抗関係を軸として戦国時代史が描かれてきた。こうした二項対立的歴史像には、すでに一九八〇年代頃から批判が始まっていた。一つは、民衆の主体性を闘争に収斂させることなく（それは歴史の現実から乖離した過大評価と敗北＝挫折という評価を導く）、日常の生活・生産レベルで明らかにすべきだという批判、もう一つは、領主階級を搾取・弾圧者としてのみ捉えるのではなく、秩序維持・地域防衛という社会的役割も重視すべきだという批判である。両者が相俟って、地域社会に視点を置き秩序のあり方を軸に歴史を捉えようとする地域社会論的研究が盛んになった。

本巻も、基本的にそうした視点から叙述したつもりである。もちろん、社会秩序も生産関係と無縁には存在せず、その歴史的特徴の基礎には生産関係があると考えているが、それだけを強調しても具体的歴史像を描くことはできないのである。また、地域社会論の中には村の自立・自律性を強調する「中近世移行期村落論」の潮流があるが、そうした考え方はとらない。本文でも述べているように、実際には村民の間にも矛盾・対立関係があり、これを踏まえた領主制的支配の浸透のほうが、この時代の社会秩序の特徴としては重要だと考えるからである。

もう一つ本巻で重視したのは、東アジア地域論的視点である。これも「戦後歴史学」ではあまり取りあげられなかったが、一九八〇年代以降の国際化の進展のなかで重視されるようになってきた。戦国時代の社会変動の大きな要因として、国際関係の変化＝明王朝による冊封体制の動揺があることを強調したつもりだが、うまくお伝えできただろうか。

二〇〇九年五月十九日

池　享

著者略歴
一九五〇年　新潟県に生まれる
一九八〇年　一橋大学大学院経済学研究科博士課程修了
現　在　一橋大学名誉教授

〔主要著書〕
大名領国制の研究　戦国・織豊期の武家と天皇

日本中世の歴史 6
戦国大名と一揆

二〇〇九年（平成二十一）八月一日　第一刷発行
二〇一九年（平成三十一）四月一日　第三刷発行

著　者　池《いけ》　享《すすむ》
発行者　吉川道郎
発行所　株式会社 吉川弘文館
郵便番号一一三―〇〇三三
東京都文京区本郷七丁目二番八号
電話〇三―三八一三―九一五一〈代表〉
振替口座〇〇一〇〇―五―二四四
http://www.yoshikawa-k.co.jp/
印刷＝株式会社 三秀舎
製本＝誠製本株式会社
装幀＝蔦見初枝

© Susumu Ike 2009. Printed in Japan
ISBN978-4-642-06406-4

JCOPY 〈出版者著作権管理機構 委託出版物〉
本書の無断複写は著作権法上での例外を除き禁じられています．複写される場合は，そのつど事前に，出版者著作権管理機構（電話 03-5244-5088，FAX 03-5244-5089，e-mail : info@jcopy.or.jp）の許諾を得てください．

日本中世の歴史

刊行のことば

歴史上に生起するさまざまな事象を総合的に理解するためには、なによりもそれらを創り出している大きな潮流を捉える必要があろう。そのため、これまでもいわゆる通史を目指したいくつもの取り組みがなされてきた。「歴史研究にたずさわるものにとって、『通史』の叙述は究極の目標であり課題でもある」ともいわれるように、意図するか否かは別としても、歴史研究は常に通史の書き換えを目指しているといえよう。

しかし、それら近年の通史は、一九七〇年代以降の社会史研究が生み出した研究対象の拡大と多様化という成果を積極的に組み入れようと努力した結果、通史の部分と各論とのあいだの不整合という弱点をかかえざるを得なかった。

本シリーズは、これらの成果を受け継ぎながらも、日本の中世を対象として、政治史を中心とした誰にでも分かりやすいオーソドックスな通史を目指そうと企図された。第1巻において中世全体の時代像を示し、第2巻から第7巻までは現在の研究状況を反映させ、院政期から江戸時代初期までを範囲として最新の研究成果をふまえた基本的な論点をわかりやすく解説した。

次代を担う若い読者はもちろん、新しい中世史像を求める多くの歴史愛好家の方々に、歴史を考える醍醐味を味わっていただけるならば幸いである。

企画編集委員　木村茂光
池　享

日本中世の歴史

1. 中世社会の成り立ち　木村茂光著
2. 院政と武士の登場　福島正樹著
3. 源平の内乱と公武政権　川合　康著
4. 元寇と南北朝の動乱　小林一岳著
5. 室町の平和　山田邦明著
6. 戦国大名と一揆　池　享著
7. 天下統一から鎖国へ　堀　新著

定価各２６００円
吉川弘文館（価格は税別）